网络营销与直播电商
新形态系列教材

U0683847

短视频
营销与运营

INTERNET 微课版 MARKETING

白月华 宋晓晴／主编

马晓璐 胡倩／副主编

人民邮电出版社

北 京

图书在版编目（CIP）数据

短视频营销与运营：微课版 / 白月华，宋晓晴主编
. -- 北京：人民邮电出版社，2024.7
网络营销与直播电商新形态系列教材
ISBN 978-7-115-64326-1

Ⅰ．①短… Ⅱ．①白… ②宋… Ⅲ．①网络营销—教
材 Ⅳ．①F713.365.2

中国国家版本馆CIP数据核字(2024)第086033号

内 容 提 要

随着互联网的发展，短视频营销已经成为一种重要的营销手段。本书共 7 章，包括短视频营销与运营基础、短视频营销与策划、短视频营销实战、短视频运营与策划、短视频运营实战、短视频营销数据分析、短视频营销案例分析。本书将带领读者全面了解短视频营销的奥秘，从理论到实践，从行业案例到实战攻略，让读者轻松掌握短视频营销的知识和技能。

本书配有 PPT 课件、教学大纲、电子教案、思考与练习参考答案等教学资源，用书老师可在人邮教育社区免费下载使用。

本书可作为高等院校网络与新媒体、数字媒体技术、电子商务、市场营销、网络营销与直播电商等专业相关课程的教材，也适合对短视频感兴趣或有意从事短视频行业的个人、想通过短视频进行营销的企业工作人员学习参考。

◆ 主　　编　白月华　宋晓晴
　　副 主 编　马晓璐　胡 倩
　　责任编辑　王　迎
　　责任印制　胡　南

◆ 人民邮电出版社出版发行　　北京市丰台区成寿寺路 11 号
　　邮编　100164　电子邮件　315@ptpress.com.cn
　　网址　https://www.ptpress.com.cn
　　三河市君旺印务有限公司印刷

◆ 开本：787×1092　1/16
　　印张：13　　　　　　　　　　2024 年 7 月第 1 版
　　字数：313 千字　　　　　　　2025 年 7 月河北第 4 次印刷

定价：49.80 元

读者服务热线：(010)81055256　印装质量热线：(010)81055316
反盗版热线：(010)81055315

PREFACE
前 言

党的二十大报告指出："教育、科技、人才是全面建设社会主义现代化国家的基础性、战略性支撑。"报告明确了科技、人才、创新的战略地位，并强调了"必须坚持科技是第一生产力、人才是第一资源、创新是第一动力，深入实施科教兴国战略、人才强国战略、创新驱动发展战略，开辟发展新领域新赛道，不断塑造发展新动能新优势"，为推动当下和未来一段时间内我国科教及人才事业的发展、人才培养体系的构建指明了基本方向。

第 53 次《中国互联网络发展状况统计报告》指出，中国网民规模已达 10.92 亿人，而短视频用户规模更是达到了惊人的 10.53 亿人！短视频和直播日益成为全民新的娱乐方式，这其中蕴藏着巨大的商业机遇。抖音、快手、视频号、哔哩哔哩、小红书等平台纷纷进入短视频营销领域。

随着互联网的发展和科技的进步，短视频已成为一股无法抵挡的商业潮流。庞大的用户群体和海量的流量使短视频成为商业营销的新宠。越来越多的个人和企业开始涌入这个充满活力的领域，试图从中寻找商业机会，通过短视频吸引并影响广大用户。短视频已经成为一种无法忽视的强大营销工具。无论是期望在社交媒体上建立品牌的商家，还是寻求业务扩展的企业，短视频营销都可能成为他们的关键武器。

目前市面上有许多讲解短视频拍摄与制作、短视频运营等内容的图书，但讲解短视频营销的图书较少。短视频营销涉及不同行业的各种复杂因素，需要结合不同行业的案例进行深入分析。编者基于短视频营销现状，结合不同行业典型短视频营销案例，编写了本书，希望将短视频营销的知识和技能系统地呈现给读者。

本书特色主要体现在以下 5 个方面。

● **立德树人，落实素养教学**。本书紧跟时代发展的步伐，深入贯彻党的二十大精神，落实立德树人根本任务，专门设置了素养课堂模块，在其中融入中华传统文化、遵纪守法意识等，有助于读者形成正向、积极的世界观、人生观和价值观，激发读者的爱国主义情怀，着力培养德、智、体、美、劳全面发展的具有短视频营销与运营能力的高素质人才。

● **案例精彩，实用性强**。本书依托目前主流的短视频平台，通过结合美妆、旅游、美食餐饮、萌宠等不同领域的案例进行分析，旨在让读者更好地了解不同行业的短视频营销概况和营销策略，从而找到适合自己的策略。

● **结构清晰，理论与实践结合。**本书介绍了短视频营销与运营的概念和策略，并且将理论与实践相结合，详细介绍了短视频营销与运营的实际操作方法，能够帮助读者更好地理解理论知识并掌握短视频营销技能。

● **模块丰富，注重应用。**本书结合具体内容与特点，设计了学习目标、引导案例、提示与技巧、素养课堂、思考与练习、技能实训、任务实训等模块，有利于促进读者对知识的理解和应用。全书逻辑清晰，结构合理，符合短视频营销与运营实战教学的需求。

● **教学资源丰富，赋能立体教学。**本书配套教学资源丰富，提供 PPT 课件、教学大纲、电子教案、思考与练习参考答案等教学资源，用书教师可登录人邮教育社区（www.ryjiaoyu.com）免费下载。

在编写本书的过程中，编者得到了众多专家的支持，在此表示衷心的感谢。由于编者学术水平有限，书中难免存在表达欠妥之处，恳请广大读者批评指正。

编 者

CONTENTS

目 录

第6章
短视频营销数据分析

第7章
短视频营销案例分析

第 1 章

短视频营销与运营基础

在短视频红利爆发的时代，抓住了短视频，就等于抓住了商机。在这个时代，短视频营销与运营已经不是少数人的专属技能，而是大众必备的一项技能。特别是对于大学生来说，掌握一些短视频的营销方法和运营技巧，既能生动地表达和传播自己的思想和观点，又能为以后的就业带来更多的机会。本章主要介绍短视频的特点、短视频产业链、短视频主流平台、短视频营销概述和短视频运营概述等知识，只有掌握了短视频营销与运营的基础知识，才能更好地做好短视频的营销与运营工作。

知识目标	☑	了解短视频的特点和产业链。
	☑	熟悉短视频营销。
	☑	熟悉短视频运营。
技能目标	☑	掌握短视频营销的商业价值与核心逻辑。
	☑	掌握短视频运营的商业价值与核心逻辑。
素养目标	☑	养成遵纪守法的思维方式和行为习惯。

为什么你做的短视频无人看

随着移动互联网的高速发展，短视频行业也发展迅猛，短视频凭借"短、平、快"的内容传播优势，成为广大网民信息关注、分享和传播的阵地，也迅速获得了各大内容平台、用户以及资本等多方的支持与青睐。发展至今，短视频逐渐成为人们生活中不可缺少的一部分，短视频行业也呈现井喷式发展。这一切都显示出短视频的蓬勃生命力。短视频营销已经成为一种越来越受欢迎的营销方式。短视频发展势头火热，很多营销者想要跻身其中分得一杯羹，却又常常因短视频营销与运营不善导致短视频效果不佳而苦恼。

小刘2023年10月进入短视频行业，他每天拍摄一条短视频发布到短视频平台。3个月过去了，他已经发布了90多条短视频，每一帧都凝聚着他的心血，每一个镜头都是他创作的结晶。然而，当看到那些播放量个位数的视频时，他的心中充满了困惑和焦虑。为什么自己辛辛苦苦创作的短视频没有人看？这是困扰着无数像小刘一样的短视频营销者的难题。在巨大的短视频运营市场中，如何做好短视频营销与运营，是每一个短视频营销者都需要面对的问题。

小刘开始研究更多的短视频营销与运营技巧和策略，尝试新的视频风格和内容。通过不断的学习和尝试，小刘的视频播放量开始有了明显的提升。他的努力得到了回报，他的视频开始被更多的人看到，他的粉丝数量也在稳步增长。他的经验告诉我们，做好短视频营销与运营需要不断地探索和学习，需要掌握更多的技巧和方法，只有这样，才能获得更好的营销效果。

思考与讨论

（1）为什么你发布的短视频没有人观看？

（2）短视频为何发展这么快？

1.1 短视频概述

移动互联网的普及为短视频行业的发展提供了条件。随着智能手机的普及和移动网络的进一步完善，人们越来越习惯于使用手机观看视频，而观看短视频成为人们获取信息和娱乐的主要方式之一。

1.1.1 短视频的概念

短视频是一种时长以秒计算，主要依托移动智能终端实现快速拍摄和编辑，可在社交媒体平台上实时分享的新型视频形式。不同于文字、图片等单一的内容形式，短视频融合了文字、语音和视频，使用户接收的内容更加生动、立体。

短视频是对社交媒体原有的主要内容形式（文字、图片）的一种有益补充。同时，优质的短视频也可借助社交媒体的渠道优势实现快速传播。当下，短视频是深受互联网用户喜爱的内容形式。与文字、图片相比，短视频更加生动形象，包含的信息量更大。

市面上的短视频App有上百个，常见的有抖音、快手、视频号和小红书等，其Logo如图1-1所示。

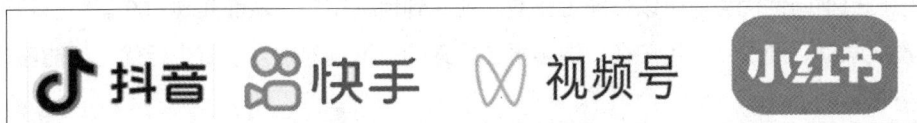

图1-1　常见的短视频App的Logo

1.1.2　短视频的特点

在制作短视频之前，运营者首先要了解短视频的特点，短视频具有以下几个方面的特点。

1．传播迅速，互动性强

短视频传播迅速，传播渠道多，容易实现裂变式传播与熟人之间的传播。短视频发布者可以和用户互动，每个用户都可以对短视频进行点赞、转发、评论等操作。用户在评论区发表评论，发布者可即时做出回复。当用户看到自己的评论被回复时，评论的积极性自然就提升了。

2．短小精悍，碎片化属性强

短视频的时长一般在15秒到5分钟，短视频短小精悍，注重在前几秒抓住用户的注意力，符合当今时代用户的碎片化阅读习惯。

短视频不仅迎合了当下用户生活方式以及思维方式的变化，而且满足了用户利用碎片化时间接收信息的需求。短视频传递的内容较为简单直观，便于用户利用碎片化时间进行观看，用户无须费心思考就能理解其中含义。

3．门槛低，制作简单

不同于电视节目等传统视频制作和推广的高门槛，短视频在制作、上传和推广等方面有很强的便利性，门槛和成本较低。短视频运营者利用一部手机就可以完成短视频的拍摄、制作、上传与分享。目前主流的短视频App大多具有一键添加滤镜和特效等功能，且各种功能简单易学，使用门槛低。

4．内容垂直化，深度聚焦

随着短视频行业的不断发展，短视频内容的垂直化倾向越发明显。深度聚焦并且满足特定群体需求的垂直化短视频内容越来越受用户的欢迎。

5．富有创意，极具个性

短视频的内容丰富，表现形式多样化，符合"90后"和"00后"个性化、多元化的审美需求。

用户可以运用充满个性和创造力的制作和剪辑手法创作出精美、有创意的短视频，以此来表达个人的想法和创意。

6．精准营销，高效销售

短视频具有指向性优势，可以帮助企业准确地找到目标用户，从而实现精准营销。短视频平台通常会设置搜索框，通过目标用户在短视频平台搜索的关键词对搜索引擎进行优化，能够让短视频营销更加精准。

1.1.3　短视频产业链

随着短视频用户规模的不断攀升，目前短视频行业已经形成了庞大的产业链。短视频行业产业链主要包括上游内容生产方、中游内容分发方以及下游用户，其中内容生产方和内容分发方是核心，短视频产业链如图1-2所示。此外，短视频产业链参与主体还包括基础支持方（如服务器提供商、电信运营商、视频技术商等）、广告商和国家监管部门等。

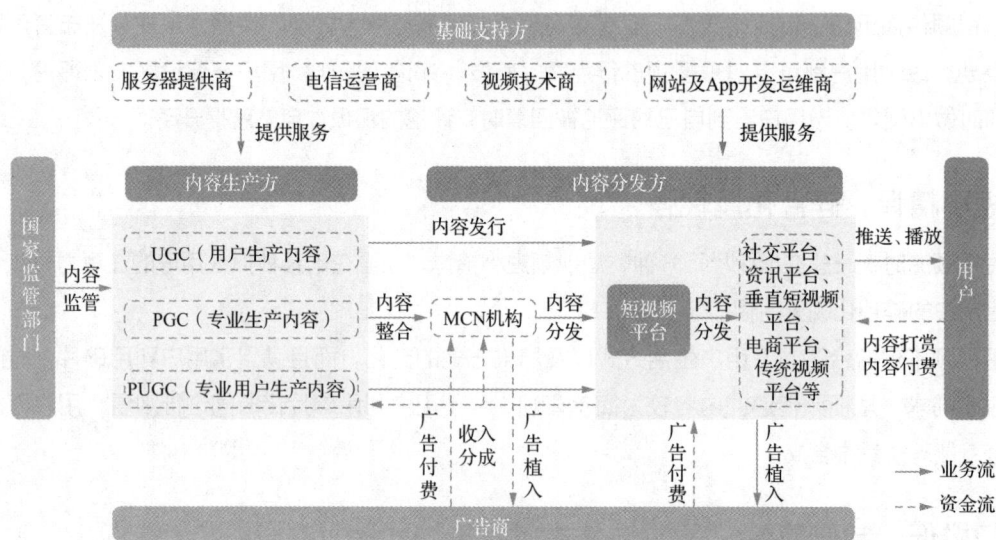

图1-2　短视频产业链

1．内容生产方

内容生产方分为用户生产内容（UGC）、专业生产内容（PGC）和专业用户生产内容（PUGC）。上游生产内容可通过MCN机构进行包装整合或者直接分发至中游内容分发方。MCN机构由于具有整合资源的强大优势，可以通过对后台大量数据的分析，优先洞察用户的需求，从而指导内容生产方进行该类内容的生产。

（1）UGC。英文全称为User Generated Content，主要指普通用户自主创作并上传的内容，特点是成本低、制作简单，具有很强的社交属性。如果UGC运营得好，不仅能节省很多内容生产成本，而且能使内容引起用户群体的共鸣。UGC可以提升用户活跃度、增强用户黏性，但普通用户创作的内容大多以搞笑娱乐或日常生活为主题，质量参差不齐、商业价值不高。

（2）PGC。英文全称为Professional Generated Content，指专业生产内容。PGC生产者具备专业的知识和资质，主要包括垂直领域的专家、传统媒体从业者、自媒体团队和专业的娱乐影视团队等，他们的专业水平保证了短视频的质量，同时也丰富了各垂直领域的短视频内容，所以占据了越来越多的流量。

（3）PUGC。英文全称为Professional User Generated Content，指专业用户生产内容。此处的"专业用户"指拥有用户基础的"网红"，或者拥有某一领域专业知识的意见领袖。PUGC的优势在于既具有UGC的广度，又能通过PGC更好地吸引、沉淀用户。这类短视频内容生产方式的特点是成本较低，但因为有人气基础，所以内容的商业价值高。

2. 内容分发方

内容分发方主要包括内嵌短视频的综合平台、垂直短视频平台、电商平台和传统视频平台。

（1）内嵌短视频的综合平台。其主要目的是利用短视频的特性增强平台自身的用户黏性，促进平台自身的短视频趋势化。综合平台主要是社交或资讯类，代表应用有微信、微博、今日头条等。腾讯系和头条系等往往利用这类综合平台为自己的独立短视频平台导流。

（2）垂直短视频平台。其以短视频功能为主，内容丰富多样，侧重个性化推荐，代表应用有抖音、快手、小红书等。

（3）电商平台。电商平台中的商品宣传内容早期以图文为主，自2019年起，很多电商平台加强了对视频生态的布局。通过短视频营销，电商平台可以帮助用户做出更好的购买决策。而对企业和品牌方来说，短视频为店铺开拓了新的流量池。由于短视频营销的效果显著，淘宝、京东、拼多多等主流电商平台都逐渐开始重视短视频营销。

（4）传统视频平台。传统视频平台已有大量用户，起点高，代表应用有爱奇艺、哔哩哔哩（后简称"B站"）和优酷等。

3. 用户

创作者在内容分发平台上传短视频后，平台将通过基础技术支持设备及智能算法将短视频发送至下游用户，形成完整的短视频产业链。

第52次《中国互联网络发展状况统计报告》数据显示：2023年6月，我国网民规模达10.79亿人，较2022年12月增长1109万人，互联网普及率达76.4%；网络视频、短视频用户规模分别达10.44亿人和10.26亿人，用户使用率分别为96.8%和95.2%。与此同时，用户使用短视频的时长也在不断增加。

1.1.4 短视频主流平台

短视频如今已经成为我们生活中必不可少的一部分，因此越来越多的短视频平台应运而生。下面介绍几个常见的短视频平台：抖音、快手、小红书和视频号。

1．抖音

抖音是一个可拍摄短视频的音乐创意短视频社交平台。在这个平台上，用户可通过选择音乐、拍摄短视频来完成自己的作品。抖音还集成了添加特效、剪辑等功能，以尽量减少对短视频进行后期处理而导致的流量转移。抖音首页如图1-3所示。

抖音采用中心化的分发逻辑，分发给短视频的流量都是从小流量开始推荐，接着选取流量较大的短视频，为其分配更大的流量池，最后把平台中最优质的内容推荐到首页。这种基于内容质量的分发逻辑很容易产生头部效应，因为名人拥有大量的粉丝，他们创作的短视频质量也比较好，所以更容易被用户看到。

2．快手

快手最初是一款图片和视频处理软件，后来转型为短视频社区。快手强调人人平等，是一个面向所有普通用户的平台。快手的定位更普惠化，为"记录世界记录你"，鼓励每一个用户都用快手记录和展示自己的生活。快手给予每个用户平等的曝光机会，因此在早期迅速获得了四、五线城市和农村用户的青睐。近年来，快手通过一系列的运营和迭代，逐渐进行品牌升级，开始获得越来越多的一、二线城市用户的青睐。快手首页如图1-4所示。

图1-3　抖音首页　　　　　　　　图1-4　快手首页

3．小红书

小红书是社交内容"种草"平台，天然具有很强的社交"种草"基因，主要以图片的形式记录生活和分享日常见闻。小红书用户先看到"种草"内容，再产生需求，并且知道了一个品牌，然后决定选择这个品牌，最后下订单，这是一个闭环。小红书平台系统可以让用户一步到位完成这个闭环过程。"种草"是小红书中分享内容最常见、最基本的方式之一。

小红书以前承载着许多"种草"环节，增加直播功能后，现在直接形成了从"种草"到"拔草"的闭环。所谓"种草"，就是用户首先与他人分享自己对商品、景区、电视剧、电影等的消费体验，然后他人在受到这样的影响后进行消费。也就是说，用户要想在小红书"种草"后获得满足感，就必须回到现实生活中去体验，即"拔草"，这样的消费链才能形成完整的闭环。可以这么说，小红书凭借丰厚的流量红利将"种草"化于无形。小红书的界面如图1-5所示。

4. 视频号

视频号依靠微信强大的用户流量优势，已经逐渐发展成一个依托于微信社交生态的全新短视频平台。其具有私域流量优势明显、用户定位精准、转化率高等特点。相比而言，视频号的优势表现为其和微信生态紧密相连，可以通过一系列手段实现"强触达""长复利"。

视频号一般位于微信中"发现"界面"朋友圈"的下方。如果"发现"界面中没有视频号，可以通过"我"→"设置"→"通用"中的"发现页管理"，启用视频号显示功能，让视频号显示在"发现"界面中。在"发现"界面中，视频号的位置高于"扫一扫"，仅次于"朋友圈"，可见微信对视频号非常重视。

视频号主页包括"关注""朋友""推荐"3个板块，如图1-6所示。

图1-5　小红书的界面　　　　图1-6　视频号主页

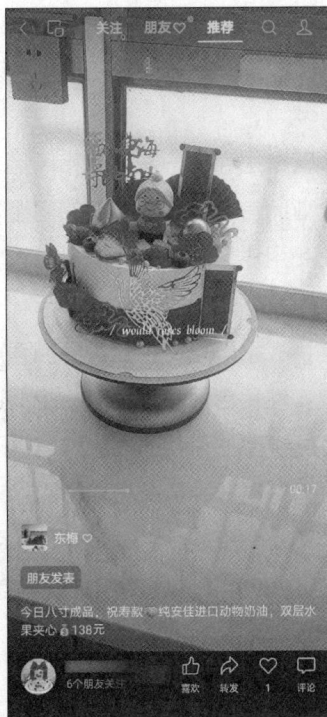

如果发布的视频内容足够优质，并有大量用户点赞和评论，甚至有用户主动转发到朋友圈或微信群中，那么该视频就有更大的概率得到平台的主动推荐，从而获得更大范围的传播。

1.2 短视频营销概述

从短视频平台的兴起到短视频用户规模的不断增长，不仅刷短视频成为人们新的娱乐方式，短视频平台也成为企业及内容创作者进行营销推广的平台。

> **课堂讨论**
>
> 什么是短视频营销？短视频营销的优势和风险有哪些？
> 短视频营销有哪些商业价值？

1-1 短视频
营销概述

1.2.1 短视频营销的基础知识

短视频营销是指在社交媒体平台上，通过制作和发布短视频，以实现吸引潜在用户的眼球、品牌推广、商品销售、增加与用户的互动和提高用户参与度等目标的一种营销方式。

随着移动互联网行业的高速发展，短视频一骑绝尘，崛起于新媒体市场，并且不断升温，短视频营销生态也愈加完善。在这种发展趋势之下，短视频营销成为企业非常喜爱的营销方式之一，也因此朝着越来越专业化的方向发展。

短视频营销的优势在于其灵活性和针对性。首先，短视频营销可以针对不同平台和用户的特点，制作出符合平台规则和用户喜好的内容，从而实现精准投放。其次，短视频营销能够充分利用社交媒体平台的互动功能，如评论、点赞、分享等，提升用户的参与度，增强用户黏性。最后，短视频营销还可以通过故事化的叙事方式吸引用户的注意力，提高品牌知名度和产品认知度。

然而，短视频营销也存在一些挑战和风险。首先，制作高质量的短视频需要一定的专业知识和技能，对于一些企业而言可能存在一定的门槛。其次，短视频营销需要不断更新和创新，以适应社交媒体平台的变化和用户喜好的变化。最后，虚假广告和不良信息也可能通过短视频进行传播，对品牌形象和用户信任度造成负面影响。

为了应对这些挑战和风险，企业需要加强短视频制作和发布过程中的质量控制和管理，确保短视频营销内容的真实性和合规性。同时，企业还需要关注社交媒体平台的变化和用户喜好的变化，不断调整和优化短视频营销策略，以提高广告投放的效率和效果。

总之，短视频营销是一种具有灵活性和针对性的营销方式，对于企业而言具有重要的意义和价值。通过不断调整和优化短视频营销策略，加强质量控制和管理，企业可以更好地实现品牌推广、商品销售、增加与用户的互动和提高用户参与度等目标。

1.2.2 短视频营销的商业价值

短视频之所以成为企业的营销利器，不仅在于短视频平台拥有庞大的用户基数，更在于短视频营销有着巨大的商业价值。

1. 短视频+电商：视频内容电商促进销售

通过短视频+电商的形式，企业可以直观地展示商品的特点和使用方法，激起用户的购买欲望。短视频平台提供了直接跳转至商品购买界面的功能，用户通过点击链接可跳转至相应界面直接购买商品，如图1-7所示。而且，通过精心制作的短视频，企业可以将理念和商品优势与用户的需求进行匹配，从而提高商品的销售转化率。

图1-7 在短视频平台通过点击链接跳转至相应界面直接购买商品

短视频和电商的结合催生了视频内容电商。传统电商平台的逻辑是，用户先有购物的需求再去购买商品；而短视频平台的逻辑是，用户先看到与商品相关的视频，然后产生购买的欲望，进而下单。从一定程度上来说，用户在短视频平台的购物需求是被视频内容激发出来的。用户一般不会专门在短视频平台中寻找商品，但视频内容会激发用户购买商品的欲望，这就是所谓的视频内容电商。

视频内容电商是一种较为新型的电商销售模式，是指在如今的新媒体时代，企业/品牌方通过传播带有商品信息的视频内容精准地触达目标用户，激发用户的购买欲望，从而实现用户购买转化的一种模式。

例如，一位时尚博主拍摄关于某款化妆品的视频，在视频中展示该化妆品的优点，如舒适的触感和令人惊叹的效果。这样的视频可激发用户的好奇心和购买欲望，用户很可能会因此下单购买。

视频内容电商的实质是视频+电商。根据平台定位，视频内容电商可分为"电商平台+视频内容"和"内容平台+电商视频"。

（1）"电商平台+视频内容"即原先的电商平台，如淘宝、京东、唯品会等典型电商平台，通过加入短视频内容吸引流量、挖掘存量。作为载体，短视频可以为用户提供更为真实直观的信息，从而帮助用户快速了解商品，并从感情层面激发用户的购买欲望。

（2）"内容平台+电商视频"即原先的短视频平台，如抖音、快手、小红书等平台，通过在内容中加入电商视频为平台带来变现渠道，推动短视频平台的价值转型。

2．短视频＋企业：助力企业推广

短视频作为一种生动、有趣的传播形式，能够帮助企业有效地推广。企业可以将自己的商品、服务、理念与短视频内容进行融合，从而向用户传递企业的价值。

为了最大化短视频营销效果，企业需要打造和运营一个有效的短视频账号矩阵，再通过有效的账号运营来强化自身在用户心中的形象。通过短视频，企业可以塑造更加立体化的形象，给用户留下深刻的印象，从而更加接近用户，实现更大范围的用户触达。

短视频平台中的企业账号功能权益较多，如免费的"流量分发"和"生意经营"等专属权益，与个人账号相比拥有更多的营销功能。建议企业在注册企业账号时进行蓝V认证，这样可以拥有更多品牌曝光、客户留资和收益转化等方面的专属权益。企业若能将这些权益充分利用，其官方账号俨然可以充当一个小型的企业"官网"。

图1-8所示为理想汽车在抖音平台的企业账号。理想汽车发布的抖音短视频没有花哨地玩梗和蹭热点，几乎全部围绕产品特点做文章，主要介绍商品能满足家庭用车需求的卖点，或讲述驾驶模式如何满足一家老小的需求，或解析座椅的舒适性，或展现小朋友是如何迷上理想汽车的。

图1-8　理想汽车企业账号

3．短视频＋直播：直播"带货"

从2019年开始，直播"带货"悄然兴起。直播"带货"以电商为基础，借助主播吸引用户并实现转化。直播"带货"不仅能让企业更好、更快地完成商品交易，还能让企业通过构建价值认同感来实现品牌的传播。直播带货能够快速提高商品销量，并能够在短时间内提高企业的品牌知名度。

直播"带货"能够快速吸引用户的注意力，因此成为深受企业欢迎的商品营销手段。一方面，企业能够借助短视频平台积累账号粉丝，而账号积累的粉丝反过来会为直播间带来基础流量，同时也是较为精准的流量。另一方面，企业可以通过发布短视频来预告直播，或者在直播前发布短视频提醒粉丝观看，从而为直播间引流，以内容助推直播"带货"。短视频+直播如图1-9所示。

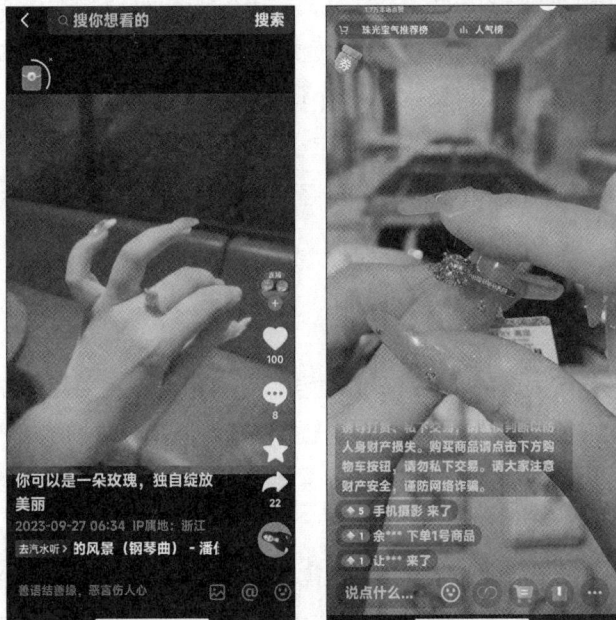

图1-9　短视频+直播

1.2.3　短视频营销的核心逻辑

随着移动互联网的普及和社交媒体的兴起，短视频营销已经成为一种越来越重要的营销方式。短视频营销的核心逻辑是什么呢？

1. 内容为王

短视频营销的核心在于内容，即短视频本身的质量和吸引力。一个好的短视频应该具备以下几个要点：有趣、有料、有创意、有情感共鸣。有趣是指短视频要有娱乐性，能够吸引用户的注意力；有料是指短视频内容要有价值，能够传递有价值的信息；有创意是指短视频要有新颖的创意和表现形式，能够让用户眼前一亮；有情感共鸣是指短视频要能够引起用户的情感共鸣，让用户产生认同感。

2．重视社交媒体平台

社交媒体平台是短视频营销的重要渠道之一，在社交媒体平台发布短视频可以让用户更方便地了解企业和商品，同时也可以与用户进行互动和收集用户反馈，提升企业的影响力和知名度。

不同的社交媒体平台具有不同的用户群体和特点，因此企业需要根据不同的平台特点来制定相应的营销策略。例如，抖音、快手等短视频平台主要面向年轻用户群体，具有较强的娱乐性和互动性；而微信、微博等社交媒体平台具有较强的传播力和影响力，适合企业进行推广和活动宣传。

3．数据分析和优化

短视频营销需要进行数据分析和优化，以便更好地了解用户的兴趣和需求，进而调整营销策略。数据分析主要通过观看次数、点赞数、评论数、分享数等指标来衡量短视频的传播效果。通过数据分析，企业可以发现哪些视频内容更受欢迎，哪些时间段的观看次数更多，进而优化视频内容和发布时间，提升短视频的传播效果。

同时，数据分析还可以帮助企业了解用户的需求和偏好，进而调整商品和服务，提升用户体验和满意度。通过数据分析，企业可以更好地了解市场和用户需求，从而制定更加精准的营销策略。

4．合作与联动

企业进行短视频营销还可以采用合作与联动的方式，与其他企业或机构合作，共同推广企业和商品。合作的方式可以是企业之间的互推、联合举办活动、共同打造IP等。合作与联动可以提升企业的影响力和知名度，增强用户对企业的认同感和提高用户忠诚度。

同时，短视频营销还可以与其他形式的营销方式进行联动，如线上线下活动、广告投放等。不同形式的营销方式的联动可以形成合力，提升营销效果和影响力。

总之，短视频营销的核心逻辑在于内容为王、重视社交媒体平台、数据分析和优化，以及合作与联动。只有注重这些方面，企业才能更好地发挥短视频营销的优势，提升影响力和知名度。

1.2.4　短视频营销的发展趋势

短视频以其独有的优势迅速成为广告市场中的新宠，在营销市场规模不断增长的背景下，短视频营销是当下最受关注的营销模式之一。短视频营销的发展趋势主要体现在以下几点。

1．内容为王

随着短视频创作者的多元化，用户需求的不断提升，以及监管部门对短视频行业管控的逐渐完善，短视频营销发展也逐渐走向纵深化。短视频创作者们的竞争日益加剧，内容为王成为越来越多人的共识，高质量的持续输出是对创作者最基本，但也是最严苛的要求。创作者创作短视频不能只看重其娱乐性和搞笑性，更需要注重其社会价值和商业价值。

2．垂直细分多元化

随着短视频市场竞争的日益激烈，垂直细分是未来短视频营销发展的必然趋势，即专注于某一个领域，甚至是在该领域下的细分领域进行精耕细作、持续输出。越来越多的短视频将在垂直领域深耕，以提供更加精准的内容和营销服务。例如，音乐类短视频可以从风格上分为古典、流行、摇滚等，也可以从内容上分为乐器教学、音乐点评、歌曲欣赏等。

3．服务线下生活

从2019年开始，抖音、快手等短视频平台相继嵌入基于位置的服务功能。用户可以在短视频平台浏览同城甚至是附近的商家发布的视频。在此功能基础之上，餐饮、旅馆酒店、运动健身、美容美发、购物等生活服务类商家开始瞄准机会，纷纷利用短视频展开营销宣传。

短视频本地生活团购不仅提高了商家门店的口碑，而且使其增加了收入并提高了复购率。商家可以在团购平台配置优惠套餐，之后将其以短视频、直播等渠道形式展现给用户，引导用户线上购买、线下核销，提升门店营业额。抖音本地生活团购如图1-10所示。

短视频本地生活服务业务不仅助力商家营销推广拓客，而且提升了商家产品知名度。商家借助短视频和信息流广告进行推广，可以实现店铺营业额的稳定增长。

图1-10　抖音本地生活团购

4．融入更多领域

现在各大互联网平台都在打造自己的生态系统，短视频无疑是各方博弈的制高点。政务、媒体、社交、电商等领域纷纷以短视频作为内容的展现形式，多种业态积极地与短视频融合。

在短视频吸引了大量的用户和流量后，各类互联网平台不断创新"短视频+"的玩法和商业模式，使短视频大放异彩。短视频作为更加符合移动互联网用户触媒习惯的内容展示形式，在内容和营销功能上都具有很大的发展空间。

例如，"短视频+直播"模式将短视频内容与直播互动相结合，为用户提供更加真实和生动的体验，同时为创作者和平台带来更多的收入来源；"短视频+政务"模式将短视频内容与政务服务相结合，更加便捷和高效地为用户提供政务信息和服务，同时为政府部门提供更加广泛和有效的宣传渠道；"短视频+媒体"模式将短视频内容与媒体报道相结合，为用户提供更加及时和全面的新闻资讯，同时为媒体机构提供更加灵活和创新的传播方式。

5．短视频营销更加注重用户参与

与传统的营销方式相比，短视频营销的用户参与度更高，参与方式也更加多样化。所以，利用短视频开展网络营销活动的企业或品牌方，往往需要更加注重提高用户参与度，并设置专门的用户参与环节或流程。针对这一特点，很多短视频平台也专门推出了针对网络营销活动的定制化互动流程。例如，设置品牌专属的音乐特效或视频特效，或者设置有奖游戏环节等，以激励用户参与。

6．短视频营销技术支持智能化

短视频平台在提供优质内容和营销服务的同时，也需要不断提升自身的技术水平和服务水平，利用人工智能、大数据、云计算等技术手段，实现对内容生产、分发、管理等环节的智能化支持。例如，利用人工智能技术进行内容审核、推荐、匹配等，提高内容质量和用户满意度；利用大数据技术进行用户画像、行为分析、市场预测等，增强用户黏性，提升市场竞争力；利用云计算技术进行数据存储、处理、传输等，增强数据安全性和提高效率。

1.3　短视频运营概述

本节我们将从短视频运营的基础知识、短视频运营的商业价值、短视频运营的核心逻辑和短视频运营团队的组建等多个方面讲解短视频运营。

> **课堂讨论**
>
> 什么是短视频运营？短视频运营的范畴有哪些？
> 如何组建一个短视频运营团队？

1.3.1　短视频运营的基础知识

随着移动互联网时代的到来和短视频的崛起，短视频运营也成为新媒体运营中一个非常重要的领域。

1．短视频运营的概念

如今短视频风口正盛，谁能赶上这个风口，谁就能获得短视频红利，因此短视频运营几乎已经成为大多数企事业单位新媒体运营的标配，尤其是随着微信、微博、B站、知乎等国内各大互联网平台纷纷布局短视频赛道，短视频运营也被越来越多的企业和个人重视。

虽然短视频行业发展迅速，但许多短视频运营者入驻短视频平台之后才发现，要把自己创作的作品推上热门，让其成为"爆款"，并实现商业转化盈利，其实并不是一件简单的事情。如果运营者不懂短视频运营策略，可能付出再多的心血来制作短视频，观看的人也寥寥无几，短视频成为"爆款"的概率微乎其微。

短视频运营作为一类全新的岗位和一种全新的职业技能，主要是指利用诸如抖音、快手、小红书等短视频平台或微信、微博、知乎等综合性平台的短视频功能，辅助企业完成各个环节的运营工作，以便企业能够更好地达成运营目标。

2．短视频运营的范畴

短视频运营可以从不同维度进行细分，表1-1展示的是短视频运营的范畴，这张表基本涵盖了短视频运营工作的主要内容。

表1-1　短视频运营的范畴

短视频运营分类	具体运营内容	举例
按平台分类	短视频平台：抖音账号的运营、快手账号的运营、小红书账号的运营等 其他平台的短视频功能：微博账号的短视频运营、微信视频号的运营、B站账号的短视频运营、知乎账号的短视频运营等	抖音账号的运营、微信视频号的运营
按流程分类	短视频的策划运营、生产运营、分发运营、互动运营、营销运营、流量运营等	短视频的批量生产
按层次分类	短视频的账号运营、内容运营、矩阵运营、公司运营、生态运营等	制造短视频矩阵的协同效应
按目标分类	短视频的"涨粉"运营、"拉新"运营、转化运营、私域流量运营、"带货"运营、变现运营等	短视频账号的"带货"选品

1.3.2　短视频运营的商业价值

短视频运营之所以备受重视，是因为其蕴含着巨大的商业价值。具体来看，短视频运营的商业价值主要体现在以下几个方面。

1．激活短视频，促进广泛传播

即使是再好的短视频也需要运营的助力，这样它才能以更快的速度实现更广泛的传播，快速提高品牌的曝光度和知名度。

越来越多的短视频在经历了短暂的传播之后就再也无法获取更多的流量和关注度，甚至沉淀为网络空间的"垃圾"，而短视频运营能够不断地激活这些短视频，让它们重新焕发传播活力。

2. 获取流量，促进粉丝量增长

移动互联网世界中最稀缺的资源就是用户的注意力，也就是我们通常说的流量。几乎所有的移动应用、新媒体产品、短视频都在激烈地争夺越来越稀缺的流量。

短视频运营可以通过互动的方式使短视频吸引用户的注意力，提高用户的参与度，获得更多用户的关注、点赞和转发。企业可以通过发布优质短视频来吸引用户，同时也可以与用户进行互动，增强用户黏性，提高用户的品牌忠诚度。

3. 避免硬性广告植入

随着运营方式的不断改进，硬性广告推广和植入已逐渐被取代，而短视频运营则因为软性广告植入，提供了较高的用户体验价值。软性广告植入可以减少用户对硬性广告的厌恶感，能够利用别具一格的广告形式吸引用户，从而培养其对企业品牌和商品的好感，提升用户对企业的忠诚度。

4. 深挖价值，实现持续获利

短视频的价值闭环和变现路径不同于传统媒体的"二次售卖"逻辑，它的底层逻辑主要包含两个方面，即"流量就是货币"和"信任就是交易"。

事实上，在"流量就是货币""信任就是交易"的全新底层逻辑之上，短视频内容、IP、账号、矩阵及生态所蕴含的潜在价值非常大，而短视频运营则是探索、挖掘并激活这座"富矿"的重要手段和有力工具，它能够帮助企业实现可持续发展，帮助个人完成多元化的商业变现。

5. 短视频运营行业提供就业新选择

如今，随着短视频行业的高速发展，越来越多具有优质教育背景的新青年群体涌入短视频运营行业。短视频运营行业在拉动灵活就业、缩小数字鸿沟等方面逐渐呈现出巨大的社会价值。短视频运营行业在乡村振兴、共同富裕、产业深耕、技术赋能等方面多角度布局，可帮助更多企业和个人发展。

小刘大学毕业后，在求职时去了一家房地产中介公司，成为一名房地产中介。之后，他凭借在学校学习的专业知识，开始在抖音发布和运营短视频，为购房者提供专业且具有针对性的置业规划。通过短视频直播，他累计为消费者提供咨询10000多次，成交268套房，并最终借助短视频运营实现从房产中介从业人员到一名地产人的蜕变，收获自我成长。

6. 服务用户，繁荣社会文化

无论是平台还是品牌，无论是企事业单位还是个人，当有了一定规模的用户或粉丝群体之后，思考的问题就不应该仅仅停留在流量获取层面，更重要的是要聚焦用户需求、满足用户需求。

用户需求，不仅是指用户对于短视频或娱乐的需求，还指更加多样化、复杂化、即时化和个性化的需求，它覆盖了用户从学习到工作、从爱情到亲情、从购物到社交等方方面面。这时候，短视频就成为各行各业的一种标配，成为影响每个人的一种生活方式。

例如，作为中国最大的旅游度假集团之一，长隆旅游度假区联动抖音生活服务平台，携手打造了线下创意打卡活动、短视频合作、用户投稿、直播亮点、热点营销等一系列创意玩法，不断丰富兴趣内容生态，高效赋能品牌增长，在实现自身的价值跃迁和提质增效的同时，也为当下千万企业入局提供了引路指南，塑造了一种全新的旅游业态和大众文化。此次合作不仅为长隆旅游度假区在抖音上发布的内容提供了场景，也让其线下场景得到了更生动、高效的宣传。

单一内容辐射范围有限，传播需要多元化内容的助力。长隆旅游度假区深谙此道，携手抖音生活服务平台，精准捕捉用户暑期出游需求，深入挖掘目标圈层喜好，打造全家出游欢聚热潮，巧妙连接暑期节点，并打造出"小动物们是怎么过暑假的""开启遛娃的主线任务""是谁又在期待夏日烟花秀"等热门话题，为亲子群体量身定制出游攻略，精准获取目标圈层注意力，登上抖音热榜26次。

1.3.3 短视频运营的核心逻辑

短视频已经成为人们日常生活中不可或缺的一部分。作为短视频运营者，了解短视频运营的核心逻辑至关重要。这需要短视频运营者从短视频运营的主要目标、短视频创作、短视频推广、短视频变现4个核心逻辑出发，综合运用各种手段和方法，实现短视频的价值最大化。

1-2 短视频运营的核心逻辑

1. 短视频运营的主要目标

短视频运营的主要目标如表1-2所示。

表1-2 短视频运营的主要目标

序号	目标	具体内容	举例
1	流量增长	提高点击量、阅读量、点赞量、转发量、评论量、完播率等	利用DOU+推广加热某条短视频
2	粉丝增长	从0到1，从100到100万，增加粉丝的绝对数量和活跃粉丝的相对数量	借助相关插件实现粉丝的裂变式增长
3	广告曝光	植入客户的品牌广告或效果广告，提升广告的曝光度和品牌的知名度	旅游类KOL（Key Opinion Leader，关键意见领袖）为汽车品牌量身定制短视频
4	"带货"销售	在短视频和直播内容中直接嵌入商品的链接，引导用户点击下单	短视频内容中的同款商品或橱窗功能
5	商业变现	增加短视频账号或企业的多元化经营收入，实现效益的稳步增长	知识付费、版权售卖周边开发等
6	留存用户	为用户提供更加丰富的产品或服务，优化用户的体验并提升用户黏性，提高用户活跃度	组织线上、线下社群活动等

2. 短视频创作

（1）账号定位。账号定位要清晰，明确要打造的短视频内容类型和受众群体。这将有助于该账号的短视频在竞争激烈的市场中脱颖而出，并吸引目标受众的关注。只有明确了这一点，短视频运营人员才能决定短视频应该做成什么样子。

例如，人民日报出品的短视频不是搞笑类型的段子，也不是特意博人眼球的段子，它传播的是正能量的内容。这就是差异化定位和标签化输出。通过定位，我们能找到短视频的擅长点，找到优势，找到突破口。

（2）选题策划。短视频运营者应该对短视频所探讨的社会热点话题、所涉及的观点、所形成的价值观及整个故事情节的起承转合进行精心的策划。除了内容，短视频运营者还要对短视频的投放平台、投放时间及与热点的结合等细节进行精心的策划。

（3）创新创意。好的短视频要以新颖独特的创意吸引用户的眼球。创意从本质上来说考验的是短视频创作者讲故事的能力。短视频创作者可以在短视频中融入幽默、搞笑、实用、科普、文艺等多种元素，增强短视频的观赏性和吸引力。

（4）制作质量。短视频制作质量也是影响用户观看体验的重要因素。专业的制作质量能够为短视频加分，而粗劣的制作质量则会影响用户的观看体验。短视频创作者要注重短视频的画质、音效、剪辑等方面，提高视频的整体质量。

3．短视频推广

（1）社交媒体平台。利用社交媒体平台进行推广，如抖音、快手、小红书、视频号等，可以提高短视频的曝光度。为了达到较好的推广效果，短视频创作者首先要掌握各大短视频平台的不同特点：它们在内容选择上分别有什么样的侧重点，它们在推荐算法上有什么不同，它们在电商导流上有哪些差异，等等。

（2）广告投放。短视频创作者可通过广告投放平台将短视频推广到更多潜在用户面前，可以根据目标用户的特点和兴趣，选择合适的广告投放平台和广告形式。

（3）合作推广。短视频创作者可与其他短视频创作者或相关机构进行合作，共同推广短视频，扩大短视频的影响力，通常可以采取互推、联动等方式进行合作。

（4）数据分析。通过对短视频的播放量、点赞量、评论量等数据进行分析，短视频创作者可了解用户的兴趣和反馈，从而调整创作和推广策略。

4．短视频变现

短视频变现是指通过短视频平台将流量转化为实际收益，从而获取商业价值的过程。简单来说，短视频变现就是将短视频的流量变为实际的经济效益。这种变现收益可能来自广告分成、电商销售、直播打赏、内容付费、品牌合作等多种途径。

在追求变现的过程中，短视频运营者需要注意遵守平台规则，注重短视频内容质量和用户体验，避免过度商业化导致用户流失，同时注意保护版权和建立良好的人际关系。

1.3.4　短视频运营团队的组建

一般来说，专业的短视频运营团队成员包括导演、编剧/策划、演员、摄像师、剪辑师、运营人员等。短视频运营团队的角色与职责如表1-3所示。

表1-3　短视频运营团队的角色与职责

角色	职　责
导演	导演是统领全局的职能角色，主要对短视频的风格、内容方向，以及内容策划和脚本进行把关，并参与拍摄和剪辑环节的工作，其具体岗位职责如下。 （1）根据项目要求挖掘选题，完成选题素材、故事的收集与整理，完成项目前期策划。 （2）负责组织和协调内外部团队工作，保持多方密切沟通，保障项目顺利完成。 （3）参与短视频的剪辑，以及后期调色、包装输出等工作。 （4）参与监督整个短视频的制作过程，并对短视频内容的整体质量负责。 （5）保持工作的创造性，根据作品运营数据与用户内容消费需求变化持续进行短视频内容的创新
编剧／策划	编剧／策划主要是进行短视频剧本的创作，负责内容的选题与策划、人设的打造，其具体岗位职责如下。 （1）根据项目要求，做出符合市场需求的短视频策划方案及完整的创作构思方案。 （2）具有较强的策划能力，能够独立撰写脚本大纲，对色彩、构图、镜头语言比较敏感。 （3）参与拍摄与录制，推动拍摄任务的实施。 （4）参与后期剪辑，负责视频包装（片头、片尾设计）等
演员	演员根据剧本进行表演，包括唱歌、跳舞等才艺表演，演员需要表现出人物特点。很多时候，团队成员也可以充当演员的角色
摄像师	摄像师通过镜头完成导演规划的拍摄任务，并给剪辑师留下好的原始素材，节约大量的制作成本，更好地达到拍摄目的
剪辑师	剪辑师是短视频制作后期不可或缺的人员。剪辑师需要对拍摄的素材进行选择与组合，舍弃一些不必要的素材，保留精华部分，还需要利用视频剪辑软件为短视频添加音乐、配音及特效，将杂乱无章的片段进行有机组合，形成一个完整的作品
运营人员	运营人员负责短视频账号的日常运营与推广，包括选择推广平台、账号信息的维护与更新、短视频的发布、与用户互动、数据收集与跟踪、短视频的推广、账号的广告投放等

思考与练习

一、填空题

1．市场上的短视频App有上百个，常见的有＿＿＿＿＿＿＿、＿＿＿＿＿＿＿、＿＿＿＿＿＿＿、＿＿＿＿＿＿＿等。

2．短视频行业产业链主要包括＿＿＿＿＿＿＿、＿＿＿＿＿＿＿、＿＿＿＿＿＿＿，其中＿＿＿＿＿＿＿、＿＿＿＿＿＿＿是核心。

3．短视频营销的核心在于＿＿＿＿＿＿＿，即短视频本身的质量和吸引力。

4．短视频营销需要进行＿＿＿＿＿＿＿，以便更好地了解用户的兴趣和需求，进而调整营销策略。

二、单选题

1．（　　）主要指普通用户自主创作并上传的内容，特点是成本低、制作简单，具有很强的社交属性。

  A．UGC   B．PGC   C．PUGC   D．PUC

2. 淘宝、京东、拼多多属于哪一类短视频平台？（　　　）

    A. 综合平台　　　　B. 电商平台　　　　C. 垂直短视频平台　　　　D. 传统视频平台

3. 下列哪一项不是短视频营销的发展趋势？（　　　）

    A. 内容为王　　　　B. 服务线下生活　　C. 视频内容综合化　　　　D. 融入更多领域

4. （　　　）是统领全局的职能角色，主要对短视频的风格、内容方向，以及内容策划和脚本进行把关，并参与拍摄和剪辑环节的工作。

    A. 策划　　　　　　B. 运营人员　　　　C. 剪辑师　　　　　　　　D. 导演

三、思考题

1. 短视频的特点有哪些？

2. 短视频营销的商业价值有哪些？

3. 短视频营销的核心逻辑是什么？

4. 短视频营销的发展趋势是怎样的？

任务实训

了解一个短视频账号运营的核心逻辑、成功的原因等，加深对本章知识的理解和认识。

一、实训要求

1. 要求调查的短视频账号的粉丝数量在200万以上。

2. 查找的数据或资料应该为最新的。

二、实训步骤

选择一个头部短视频账号完成以下任务。

1. 了解该账号的发展历程。

2. 分析该账号的用户特点、账号定位，短视频的创新创意，短视频的画质、音效、剪辑等方面的质量等。

3. 分析该账号是如何推广的，分析其发布的热门短视频的播放量、点赞量、评论量等数据。

4. 分析该账号是如何变现的，采用了哪些变现方式。

5. 分析该账号的优势及可能存在的问题和可能陷入的困境，并据此提出一些建议。

第 **2** 章

短视频营销与策划

　　短视频营销与策划在企业品牌传播中发挥着越来越重要的作用。短视频营销可以帮助品牌与用户建立更紧密的联系，增强品牌的影响力。本章主要讲述短视频营销方式、短视频营销的流程、短视频营销选题策划、短视频营销内容策划、短视频营销内容创意方法。

知识目标	☑ 熟悉短视频营销选题策划。 ☑ 熟悉短视频营销内容策划。
技能目标	☑ 掌握短视频营销的方式。 ☑ 掌握短视频营销的流程。 ☑ 掌握短视频营销内容创意方法。
素养目标	☑ 自觉抵制谣言，遵守法律法规，守法用网、文明上网。

茶颜悦色短视频营销

茶颜悦色是国内知名的奶茶品牌，以优质茶叶和创意饮品而闻名。随着互联网的普及，茶颜悦色开始尝试短视频营销，以提高品牌知名度和吸引更多消费者。

茶颜悦色进行短视频营销主要采用了以下策略。

（1）制作创意短视频。茶颜悦色制作了一系列创意短视频，展现其茶叶和饮品的独特魅力，同时融入品牌形象和价值观。

（2）社交媒体推广。茶颜悦色在各大社交媒体平台上积极推广短视频，与用户互动，提高品牌曝光度。

（3）合作推广。茶颜悦色与一些知名的KOL和"网红"合作，通过他们在社交媒体上发布的有关茶颜悦色的内容，扩大品牌的影响力。

（4）创意挑战。茶颜悦色发起一些创意挑战，如"奶茶DIY挑战""奶茶品尝大赛"等，吸引用户参与并分享到社交媒体，进一步提高品牌知名度。

（5）互动活动。茶颜悦色会定期举办一些互动活动，如"最美奶茶拍照地""奶茶寻宝活动"等，吸引用户参与活动获得优惠券、小礼品等，增强用户黏性。

通过短视频营销，茶颜悦色的品牌知名度得到了大幅提升，销售额也有所增长。同时，茶颜悦色短视频的播放量、点赞量、评论量、转发量也大幅增加，为品牌带来了巨大的流量和口碑效应。

茶颜悦色的短视频营销成功地提高了品牌知名度和销售额，展现了短视频营销在快消品行业中的巨大潜力。同时，该案例也提醒了其他品牌，要注重短视频营销与策划，以吸引更多潜在用户。

思考与讨论

（1）茶颜悦色在短视频营销时采用了哪些营销策略？

（2）茶颜悦色短视频营销的好处有哪些？

2.1　短视频营销的方式

常见的短视频营销方式有投放平台广告、与"达人"合作"种草"、用户生成内容、官方账号营销、与KOL合作等。通过这些方式，短视频营销者可以在短视频平台上有效地进行营销，吸引更多的潜在用户，提升品牌知名度和影响力。

课堂讨论

结合你对短视频营销的了解，探讨其主要的营销方式及其特点。

2.1.1　投放平台广告

企业和品牌方可以在短视频平台中投放平台广告，广告的形式主要有3种：开屏广告、信息流广告和搜索栏广告。

（1）开屏广告作为短视频平台中的强曝光广告，具有超高打开率，用户打开App第一眼看到的就是它。开屏广告一般适用于进行新品宣传，多面向全平台用户。金领冠官方旗舰店在抖音平台投放的开屏广告如图2-1所示。

（2）信息流广告是一种在短视频平台上广泛传播的广告形式，它能够根据用户的兴趣和需求，在视频流中展示相关的广告内容，从而吸引用户的注意力，提高广告的点击率和转化率。抖音、快手等短视频平台均采用了上下滑动屏幕实时更新内容的观看模式，让用户可以持续在短视频

图2-1　金领冠官方旗舰店在抖音平台投放的开屏广告

App内观看视频，同时在用户上下滑动屏幕观看视频时，不定期插入广告，用户如果对该广告感兴趣，会进一步点击该广告做进一步的了解。信息流广告如图2-2所示。

企业和品牌方可以在此类平台上投放信息流广告，以增加广告视频的播放量，达到良好的宣传效果。信息流广告可以以原生广告或者软性广告的形式来呈现，从而带来更高的播放量。

（3）搜索栏广告是一种通常出现在搜索栏中的广告形式，是根据用户在搜索时使用的搜索词自动匹配的广告。它可以帮助广告主更精准地定位目标用户，提升广告效果和转化率。这种广告需要企业和品牌方在短视频平台做好相关产品的搜索引擎优化。例如，当用户在抖音搜索"鲜花"时，界面中就会出现对应的搜索栏广告，如图2-3所示。

图2-2　信息流广告

图2-3　搜索栏广告

2.1.2 与"达人"合作"种草"

与"达人"合作"种草"是一种非常有效的短视频营销方式。企业与品牌方通过与具有影响力的"达人"合作，可以借助他们的粉丝基础和影响力，将商品或品牌推广给更多的潜在用户。

> 💡 **提示与技巧**
>
> 首先需要找到具有相关领域影响力和粉丝基础的"达人"，可以在社交媒体平台、行业网站或专业平台中搜索。与"达人"进行沟通，了解他们是否对合作的商品或品牌感兴趣，以及他们是否能够通过短视频的形式将商品或品牌推广给粉丝。

与"达人"合作"种草"有3种方式：一是将营销短视频发布在品牌自身的短视频账号上，@"达人"账号，双方互动；二是将营销短视频发布在"达人"的账号上，借助"达人"的人气来带动短视频的传播；三是将与达人合作拍摄的营销短视频以信息流广告或者开屏广告的形式发布在短视频平台上。

例如，知名企业伊利就经常在抖音和快手上进行短视频营销。伊利不仅在官方账号上发布营销短视频，还邀请多位"达人"拍摄相关的短视频发布在"达人"自身的账号上。伊利曾携手中国青年报社、中青校媒面向全国高校大学生发起"青年眼中的足球热爱"短视频征集活动，邀请高校短视频"达人"在这个冬天，为热爱上场。

2.1.3 用户生成内容

用户生成内容（UGC）是一种非常有效的短视频营销方式。通过鼓励用户创建与品牌和产品相关的短视频，企业可以提高品牌知名度，传递产品信息，并增强与消费者的联系。

以某化妆品品牌为例，该品牌在抖音上推出了"夏日度假"主题活动，通过制作精美的抖音短视频展示品牌的夏日彩妆产品和美丽度假场景，成功吸引了大量用户的关注和参与。该品牌还在抖音上发起短视频征集活动，鼓励用户通过制作抖音短视频分享使用该品牌产品的体验和感受。参与活动的用户可以获得奖品，同时他们的作品也有可能被用于品牌推广。这个案例充分利用了用户生成内容的优势，成功吸引了大量用户的关注和参与。

用户生成内容是一种创新、高效且成本低的营销方式，它能够通过引导用户分享真实、有趣的短视频，迅速吸引目标受众的注意力，增强品牌与用户的互动和黏性。以下是一些关于实施这种营销方式的建议。

（1）创建挑战。一些成功的案例表明，创建挑战是一种有效的营销策略。企业可以鼓励用户围绕特定主题或使用特定产品拍摄短视频，并给予获奖者一定的奖励。这种策略有助于吸引用户的关注，同时强化用户对品牌和产品的认知。

（2）合作内容创作。企业与有影响力的用户或群体合作，让他们创建与品牌相关的内容也是一种有效的方法。通过合作，企业可以获得有影响力的合作伙伴的推广，同时这些用户或群体也会对品牌产生好感。

（3）注重内容质量。虽然营销的重点是用户生成内容，但内容质量仍然至关重要。企业应确保获奖的内容具有吸引力，以吸引更多的用户参与。

随着互联网的发展和人们消费习惯的改变，通过用户生成内容进行短视频营销将在未来发挥越来越重要的作用。它不仅将成为企业营销策略的重要组成部分，还可能引领新的营销趋势。

2.1.4　官方账号营销

官方账号营销是指企业在短视频平台上注册官方账号，通过发布与自身业务相关的短视频，与用户进行互动，进而实现品牌传播和提升商业价值目标的一种营销方式。

官方账号的建立，一方面可以积累精准用户，为自身的短视频营销和直播带来基础流量；另一方面还可以通过粉丝团、店铺商城等功能，实现更直接、更高效的转化。而将营销短视频发布在官方账号上，不仅可以降低一定的推广成本，还可以针对账号粉丝实现更精准的营销转化。

以男装品牌海澜之家为例，该品牌在抖音平台上注册了官方账号，如图2-4所示。该品牌通过官方账号发布与男装相关的短视频，内容多为年轻男模特穿着该品牌服装，视频中所展现的服装款式也普遍迎合年轻人的审美，吸引了大量用户关注和互动。同时，该品牌还通过举办线上活动、与KOL合作等方式，进一步提升了品牌知名度。2022年，海澜之家立足品牌产品特性，追求热点资源与品牌的高度契合，借势流量的同时力求使短视频更好地贴近产品。据统计，2022年全年海澜之家官方账号发布的抖音短视频的播放量达到6亿次，热点话题短视频为产品销售助力，持续提升品牌影响力。

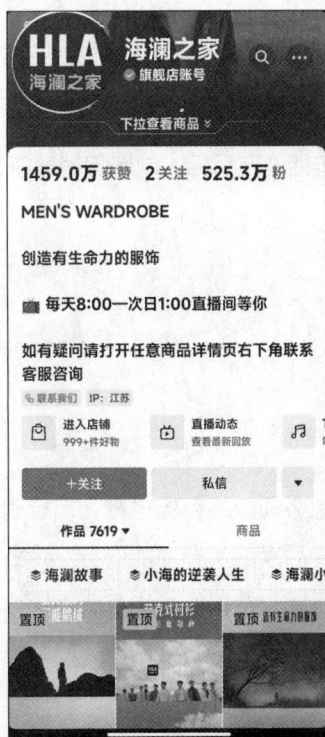

图2-4　海澜之家官方账号

2.1.5　与KOL合作

与KOL合作是一种常见的短视频营销方式。通过让KOL在自己的短视频中推荐或展示企业的产品或服务，企业可以借助他们的影响力和粉丝基础，快速提升自身的影响力和市场份额。

在当今的新媒体时代，KOL的影响无处不在。他们不仅拥有各自所在领域的专业知识，往往还拥有大量的粉丝和强大的号召力，KOL的推荐和评价往往更容易获得粉丝的信任。通过与他们合作，企业可以更好地传达品牌信息，提高品牌知名度，并吸引更多的潜在用户。

与KOL合作的关键是选择合适的KOL，下面是选择KOL的一些注意事项。

（1）匹配度。首先，要确保选择的KOL与品牌或产品有高度的匹配度，主要涉及目标市场、品牌形象、产品特点等方面。

（2）影响力。KOL的影响力大小是选择的关键因素，影响力大的KOL能够吸引更多用户的关注，并且能够将关注度转化为实际的销量。

（3）内容质量。要选择能够提供高质量内容的KOL，不仅要看他们的视频质量，还要看他们的内容风格和语言表达。

（4）合作历史。查看KOL过去的合作历史，了解他们是否诚实可靠，是否能够按时交付高质量内容。

> 💡 **提示与技巧**
>
> 与KOL合作进行短视频营销存在一些缺点，如KOL选择不当、合作费用过高、创意不足等。因此，在实施这种营销策略时，企业需要充分考虑品牌的目标、预算和资源等因素。

2.2　短视频营销的流程

一般来说，短视频营销的流程包括确定目标、制定营销策略、发布与推广短视频、复盘分析等环节。

> 📖 **课堂讨论**
>
> 短视频营销的常见流程是怎样的？

2-1　短视频营销的流程

2.2.1　确定目标

短视频营销的每个步骤和动作都必须围绕目标进行，目标确定后才能开始制定营销方案和策划，后续的步骤才能进行。企业和品牌方因营销目的和营销重点的不同，营销目标也有所不同，但通常分为以下4种，如图2-5所示。

1. 变现目标

短视频营销者需要先明确变现目标：是想通过销售商品或服

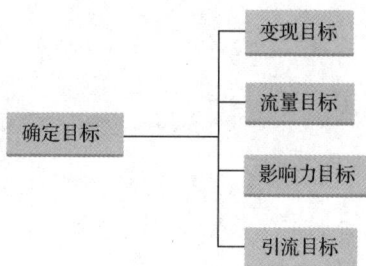

图2-5　确定目标

（确定目标 → 变现目标／流量目标／影响力目标／引流目标）

务来变现，还是想通过广告来变现？对于以新品推广和"种草"销售为目标的短视频营销，变现是首要目标。

变现目标是最直观的一种目标。相比于传统的营销方式，短视频营销的即时性强，企业和品牌方可以在视频中直接添加购物车来销售商品，对于销售情况可以实时统计，对于目标完成情况也可以随时追踪，这样有利于企业和品牌方在营销过程中根据销售情况及时做出后续的优化和调整。

2．流量目标

流量目标是企业和品牌方在短视频营销过程中的重要数据指标。对于以品牌宣传为目的的短视频营销，流量数据的高低是衡量营销目标达成与否的依据。流量数据可以展现短视频营销的扩散程度和触达用户数量。

流量目标包括短视频播放量、点赞量、评论量、转发量、话题阅读量、话题参与用户数量等，还包括官方账号"涨粉"数量、购买转化率等。

3．影响力目标

影响力目标即企业和品牌方通过短视频营销使品牌或商品达到一定的排名或者取得一定的榜单成绩，适用于需要在短视频平台做商品搜索引擎优化的企业和品牌方，也适用于想要在电商平台上提升品牌或商品排名的企业和品牌方。

对于企业和品牌方来说，短视频营销已成为一种强大的工具，能够帮助他们提升品牌或商品的影响力，并达到特定的排名或取得一定的榜单成绩。

以短视频平台为例，影响力目标包括但不限于企业官方账号排名、账号行业榜单排名、商品品类排名、商品销量排名、话题热度排名、品牌相关关键词的搜索指数等。目前有多个专门收录新媒体数据的第三方网站，如新榜、蝉妈妈、飞瓜数据等。企业和品牌方通过这些网站可以查询账号指数、行业榜单及各种排名等，从而预估品牌或商品的上升空间。

4．引流目标

对于旅游服务、房产销售、培训、餐饮等服务行业来说，其利用短视频开展营销更多的是为了引流获客。引流目标不能仅仅设定为吸引多少用户，即不能直接以数字来衡量。比较科学的方法是看转化率，因为从短视频发布到最后促成成交可能涉及多个环节。

2023年上半年，全国旅游市场强势复苏，端午节假期，国内出游1.06亿人次，按可比口径恢复至2019年同期的112.8%，这背后，短视频营销的力量不可忽视，山东淄博便是较好的案例。淄博通过短视频的形式，最大限度地展现其特色和亮点，吸引了许多人的关注，这对推动当地旅游业发展、特产消费，以及塑造城市形象都起到了积极作用。

例如在淄博案例中，短视频营销将烧烤文化作为核心，展现了淄博独特的烧烤风情和美食文化，如烧烤"灵魂三件套"等，这种特色饮食文化吸引了许多游客和用户的关注。淄博烧烤的火热有其偶然性，但也有其必然性，这一案例的背后意味着地方政府对当地旅游资源禀赋挖掘的深度更深，且通过一系列落地服务，将"流量"变成了"游量"。

2.2.2　制定营销策略

制定短视频营销策略主要有明确目标受众、内容创作、选择推广渠道、制订计划和跟踪评估效果等步骤，如图2-6所示。

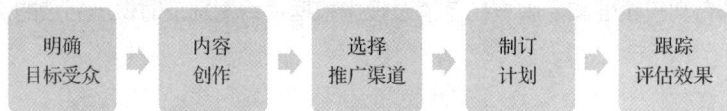

图2-6　短视频营销策略的制定步骤

（1）明确目标受众。明确短视频的目标受众是谁，了解他们的年龄、性别、兴趣爱好、职业特点等，这样才能针对他们的需求和兴趣制作有针对性的短视频；此外，短视频营销者还需要了解目标受众的购买力、行为习惯等信息，以便制定更精准的营销策略。

（2）内容创作。制作高质量、有趣、有吸引力的短视频，可以包括商品展示、评测、互动等形式，确保视频内容与品牌形象和商品特点相符。

（3）选择推广渠道。根据目标受众的特点和喜好，选择合适的推广渠道，如社交媒体平台、短视频平台、广告投放平台等。同时，考虑与相关KOL合作，扩大推广效果。

（4）制订计划。根据短视频内容和推广渠道，制订相应的营销计划，包括发布时间、频率、宣传文案、优惠活动等。

（5）跟踪评估效果。跟踪评估短视频和营销策略的效果，包括播放量、点赞量、评论量、转化率等指标，以便及时调整内容和策略。

制定短视频营销策略是一个持续优化的过程。短视频营销者需要根据市场变化、用户反馈和数据分析结果不断调整和优化短视频内容和营销策略。例如，可以分析短视频的点赞量、分享量和互动数据，了解用户的兴趣和需求，从而调整视频内容和标题，以提升传播效果和收益。

2.2.3　发布短视频

短视频制作完成、各方面准备工作做好以后，短视频营销者就可以准备发布短视频了。企业和品牌方可能是在多个平台同时开展短视频营销，不同平台的用户特点、热门话题、用户习惯都有所不同。短视频营销者在发布短视频时要注意发布时间、发布文案等问题。

1. 发布时间

不同的时间段，用户的活跃度和关注度也有所不同。一般来说，7:00—9:00，人们在锻炼之余或上班路上，空闲时间较多，此时发布的短视频可以为他们带来愉悦感；中午时段是上班族吃午餐、休息的时间段，此时发布短视频可以吸引他们的注意力。此外，19:00—21:00也是发布短视频的好时机，这个时间段是下班后的休闲时间，人们更愿意将时间用在娱乐上。

若营销活动是针对特定节假日或特殊日期的，如品牌周年庆、新品上新日等，短视频营销者可以同一天在全平台同时发布短视频，从而达到强势、集中的营销效果。若营销活动是日常活动，目的仅仅是品牌强化和商品"种草"，短视频营销者可以依次在不同平台发布短视频，待其中某一两个平台有数据反馈后，根据数据进行优化和调整，再在其他平台发布。

不论是同一时间发布还是分开发布，需要注意的是，不同平台的用户活跃时间段不同。例如，抖音的用户活跃时间多集中在19:00—22:00，小红书的用户活跃时间集中在7:00—9:00和18:00—22:00，而视频号的用户活跃时间多集中在7:00—9:00。短视频营销者要尽可能根据平台的特点，在用户活跃的时间段发布短视频。

2. 发布文案

一篇吸引人的短视频文案不仅能吸引用户的注意力，还能激发他们的情感共鸣，提升视频的传播效果。短视频文案应简洁明了，避免使用过于复杂的句子和词汇，尽量控制在30字以内，让用户一眼就能看懂。

发布短视频时，短视频营销者应该根据不同平台的特点有针对性地准备不同的发布文案。例如，抖音的短视频文案有很强的引导性，很多用户可能会因为文案而看完整个短视频，但抖音的短视频文案不宜过长，否则容易被折叠。在今日头条和小红书上，用户会习惯性地先看文案而不是直接打开短视频，所以在此类平台上，文案的补充作用很重要，文案可以适当长一些。在B站上，用户观看短视频不是采用单屏沉浸式的浏览模式，而是根据短视频标题和封面手动选择打开短视频，所以短视频的标题和封面更加重要。

2.2.4 推广短视频

为了在竞争激烈的市场中脱颖而出，推广短视频也是关键的一步。在以下几种情况下，发布短视频以后，短视频营销者可以考虑购买平台流量，推广短视频。

（1）若短视频以本地人群为目标群体，短视频营销者通过购买平台流量进行系统投放，自定义选择人群和位置属性，可以提高短视频传播的精准度，获得更高的转化率。

（2）以流量目标或品牌宣传为目的的短视频，若短视频发布后与预期有一定差距，短视频营销者可以在预算范围内选择购买一定的平台流量来加大短视频传播力度。

（3）以"种草"或"带货"为主要目的的短视频，若短视频发布后较大地带动了商品的销售，营销效果明显，短视频营销者更应该趁热打铁，购买平台流量并计算投入产出比，使营销效果最大化。

2.2.5 复盘分析

复盘分析是对短视频营销过程进行回顾、分析和总结的过程，目的是优化未来短视频的制作和传播。短视频营销者通过复盘分析找出短视频营销的不足之处，从而查漏补缺，不断地优化营销过程，提高短视频营销的转化率。

一般情况下，复盘分析可分为回顾目标、分析原因、总结经验3个部分，如图2-7所示。

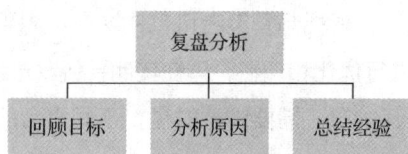

图2-7　复盘分析

1. 回顾目标

目标是评判短视频营销结果的标准。将营销的实际结果与目标进行对比，短视频营销者就可以明白短视频营销成绩如何、有何差距。只有了解了差距，短视频营销者才能在后续的复盘分析过程中分析造成这种差距的原因，探究实现目标的有效方法。

2. 分析原因

分析原因是复盘分析的核心步骤。只有将原因分析到位，整个复盘分析过程才是有成效的。

通常情况下，短视频营销者可以从差距入手，采用连续追问"为什么"模式，经过多次追问后，往往就能找出问题背后的原因，从而找出真正的解决办法。追问"为什么"时，短视频营销者可以从以下3个角度展开。

（1）从"导致结果"的角度，问"为什么会发生"。

（2）从"检查问题"的角度，问"为什么没有发现"。

（3）从"暴露流程弊端"的角度，问"为什么没有从系统上预防（事故/糟糕结果）"。

短视频营销者从以上3个角度连续多次追问"为什么"，往往可以得出每个角度的结论。这些结论可能就是导致差距出现的根本原因。

3. 总结经验

分析原因后，短视频营销者往往已经能认识到一些问题，甚至还能总结出一些经验，讨论出一些方法。然而，这样归纳出来的经验和方法并不能直接使用，任何一个结论都需要进行逻辑推演，看看是否符合因果关系，即是不是符合"因为做了哪些事情，所以出现了什么结果"的逻辑。只有符合因果关系的结论，才是可参考的结论，这样总结出来的经验和方法才是有指导价值的。

2.3　短视频营销的策划

想在竞争激烈的市场中脱颖而出，短视频营销策划至关重要。短视频营销者只有做好短视频营销策划，才能在进行短视频营销时做到有的放矢，从而使其对后续的短视频推广起到事半功倍的作用。

2.3.1　短视频营销选题策划

要想做好短视频营销，选题策划是关键。选题不能脱离用户，短视频营销者只有保证短视频主题鲜明，为用户提供有价值、有趣的信息，才能吸引用户关

2-2　短视频
营销选题策划

注。短视频营销选题策划主要包括寻找选题的维度、遵循选题策划的基本原则、建立选题库3部分内容，如图2-8所示。

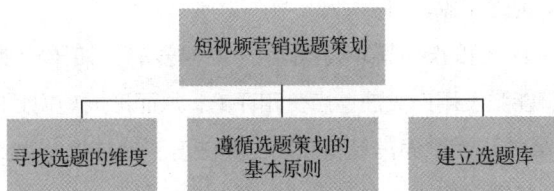

图2-8 短视频营销选题策划

1. 寻找选题的维度

短视频营销选题是创作过程中非常重要的一环。通过合适的选题，短视频营销者可以更好地把握创作方向，吸引更多的用户并提升短视频账号的影响力。很多人在创作短视频时总是找不到选题思路，其实只要找到选题的维度，并根据维度拓展思路即可。选题的5个维度分别为人物、工具和设备、精神食粮、方式方法和环境，如图2-9所示。

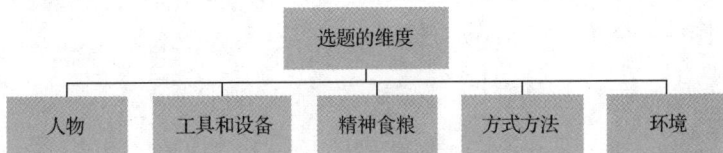

图2-9 选题的维度

（1）人物。人物主要涉及属性、职业、身份、年龄和兴趣等信息，短视频营销者可以把人物按照年龄或身份进行划分，如目标用户是学生，那么短视频的内容就要能引起学生的共鸣，短视频的主角往往也应是学生。

（2）工具和设备。确定好人物后，就要根据人物选择合适的工具和设备。例如，喜欢运动健身的人一般会用到跑步鞋、瑜伽垫等；爱好旅游的人一般会用到登山棍、太阳帽等。

（3）精神食粮。精神食粮主要包括书籍、电影、音乐、讲座、展览、培训课程等。短视频营销者要分析目标用户喜欢什么书籍、电影、讲座，这样才能了解其需求，从而制作出符合其需求的短视频。

（4）方式方法。选题的方式方法主要有瘦身方法、教育方法、美食方法等。例如，短视频的目标用户是一位美食爱好者，则可以拍摄介绍美食制作方法的短视频。

（5）环境。由于短视频的剧情不同，环境也会发生相应的变化。拍摄环境可以选择常见的场景，如学校、商场、公园、办公室、餐厅等。

2. 遵循选题策划的基本原则

不管短视频的选题是什么，其都要遵循一定的原则，并以此为宗旨，落实到短视频的创作中。短视频选题策划的基本原则可以归纳为以下几点。

（1）站在用户的角度。短视频一定要以用户为中心，即内容不能脱离用户，应满足用户的需求。短视频营销者在策划选题时，要优先考虑用户的喜好和需求，这样才能够获得用户的认可。

（2）内容要有创意。有创意是短视频选题策划中非常重要的一个原则，具有创新性和独特性的选题往往能够给用户留下深刻的印象。

（3）内容要有价值。有价值的短视频内容是用户最喜爱的。如果短视频内容对用户而言有价值，满足了他们的需求，就能激发用户关注、点赞和评论，从而形成短视频的裂变式传播。

（4）结合热点。热点事件和话题通常具有较高的关注度，抓住这些热点进行短视频选题策划，可以提升短视频的曝光率和传播效果。

（5）与品牌定位相符合。选题的策划要符合品牌的定位和形象，确保视频内容与品牌价值观一致。

（6）与平台规则相符。要时刻关注平台规则的变化，确保选题的合规性。短视频营销者应多关注各平台的动态，了解各平台官方发布的一些通知，避免账号出现因违规而被封禁、封号的情况。

> 💡 **提示与技巧**
>
> 很多热点话题会涉及一些时政类内容，短视频营销者应尽量避开这些敏感话题，因为一旦内容的尺度把握不好，就很容易陷入旋涡，甚至可能会遭受封禁、封号等处罚。

3. 建立选题库

要想持续输出优质内容，短视频营销者就必须拥有丰富的储备素材，这就需要建立选题库。短视频营销者可根据短视频定位规划好选题范围，并对定位所涵盖、拓展的内容进行分类，逐一列出分类后形成选题库。建立选题库主要有以下途径。

（1）日常积累。短视频营销者一定要养成日常积累选题的习惯，将身边的人或事，以及每天阅读的书籍和文章等有价值的内容纳入选题库，训练自己发现选题的灵敏性；短视频营销者需要细心观察生活，留意周围的人和事，随时记录好的创意点，不断拍摄和累积原始素材。

（2）分析竞争对手的选题。短视频营销者可以搜集竞争对手的选题，并对其进行整合与分析，从而获得灵感和思路，拓宽选题范围。短视频营销者可以进入飞瓜数据等网站，获取竞争对手的账号数据，如粉丝量、点赞量、评论量、分享量。

（3）通过视频平台收集素材。各类短视频平台、综合视频平台的内容种类繁多，涉及人们生活的方方面面，短视频营销者可以在短视频平台和主流视频网站中寻找合适的素材，并以此为基础进行二次创作，赋予其自身特色，使作品契合自己的账号定位。

（4）经典影视片段。许多经典影视桥段或台词往往能够引发用户共鸣，给人留下深刻印象，短视频营销者可以在征得原影视版权人许可的情况下，结合影视片段中的部分素材，融入自己的观点和想法，创作出富有创意的短视频作品。

> 💡 **提示与技巧**
>
> 在寻找选题时，短视频营销者可以使用不同的搜索引擎搜索关键词，然后对搜索到的有效信息进行提取、整理、分析与总结。常用的搜索引擎有百度、微博搜索、微信搜一搜、头条搜索等。

2.3.2 短视频营销内容策划

短视频营销内容策划是决定短视频质量、吸引力和传播效果的关键因素。只有做好短视频营销内容策划，并定位清晰、准确，短视频营销者才能在制作短视频时做到有的放矢，从而对后续的短视频推广起到事半功倍的作用。

1. 优质内容的特质

优质的短视频不仅可以吸引用户，还能引发思考、传播知识，甚至改变人们的观念。什么样的短视频才算优质呢？

（1）人设鲜明。鲜明的人设是短视频给用户留下深刻印象的关键因素，它能使用户在看到短视频时，就知道其分享的是什么类型的内容。短视频有自己鲜明的人设，是吸引精准用户并留住用户的关键。

（2）创意独特。一个好的短视频，不仅要能吸引用户的眼球，还要能给用户带来新的视角和观点。创意独特的内容往往能够引发用户的思考，让用户在观看的过程中有所收获。同时，创意独特的内容也更容易在社交媒体上传播，从而带来更多的关注和流量。

独特的创意是吸引用户观看短视频的关键因素。创意独特因素占比较高的通常为生活小技巧、文化艺术等类型的短视频。图2-10所示为有独特创意的短视频。

（3）具备知识性。用户对知识性内容的需求度较高，不管是传授科普类知识还是专业类知识，短视频营销者只要能让用户通过观看短视频有所收获，就能吸引用户关注。图2-11所示为某Photoshop教学短视频，短视频营销者将专业、枯燥的Photoshop使用技巧通过生动有趣的短视频进行解析，这对想要学习如何使用Photoshop的用户来说相当有价值。

图2-10　有独特创意的短视频 　　图2-11　教学短视频

（4）具备娱乐性。娱乐性已经成为现代传媒的本质属性之一。很多短视频内容都以富有娱乐性的形式展现，以求带给人们趣味性的、放松的、愉悦的感官享受。有关数据显示，观看短视频的用户中，有85%倾向于观看有趣的内容。那些能吸引用户的短视频都有一个不可忽视的特质，就是具有娱乐性。图2-12所示为娱乐性抖音账号的主页，短视频营销者将日常生活中的小事通过娱乐、搞笑的形式展现出来，直抵用户内心，触动用户心灵。

（5）具备情感性。不论是微信兴起的时候，还是短视频平台崛起的时候，情感性的内容一直都是热门。图2-13所示为情感性抖音账号的主页。情感性的短视频能引发用户的情感共鸣，折射社会现象，其内容由浅入深、由小及大、层层递进，能抓住用户的痛点，赢得用户的青睐。

图2-12　娱乐性抖音账号的主页　　图2-13　情感性抖音账号的主页

（6）具备真实性。真实性是新媒体内容的基础。无论是文字、图片还是视频，只有内容真实才能引起用户的共鸣。对于短视频来说，真实性更是至关重要。如果短视频中的内容是虚构的，或者夸大其词，那么用户就会产生反感，甚至会质疑短视频营销者的人品。因此，策划短视频营销内容时，一定要保证内容的真实性。

📖 素养课堂

网络不是"法外之地"

网络不是"法律盲区"，也绝非"法外之地"，人人都要为自己的言行负责，坚守网上言论自由底线。在网络上散布或指使他人散布虚假信息、起哄闹事、扰乱公共秩序，属于违法犯罪行为，严重的将追究刑事责任。

《中华人民共和国治安管理处罚法》第二十五条规定，有下列行为之一的，处五日以上十日以下拘留，可以并处五百元以下罚款；情节较轻的，处五日以下拘留或者五百元以下罚款：

（一）散布谣言，谎报险情、疫情、警情或者以其他方法故意扰乱公共秩序的；

（二）投放虚假的爆炸性、毒害性、放射性、腐蚀性物质或者传染病病原体等危险物质扰乱公共秩序的；

（三）扬言实施放火、爆炸、投放危险物质扰乱公共秩序的。

2. 内容的垂直细分

调查报告显示，深度垂直日益成为短视频内容生产的趋势，用户也更愿为专业化、垂直化的内容买单。那么如何创作垂直领域的短视频呢？

（1）聚焦某类用户群。创作垂直领域短视频的常见方法是聚焦某类用户群，利用直击该类用户群痛点的内容吸引他们，再通过符合其特质的内容和调性增强其黏性。例如，育儿类账号面向的是年轻妈妈群体，旅游类账号面向的是爱好旅游的群体。

（2）聚焦某类主题场景。根据短视频用户的主题场景进行纵深挖掘，在内容表达上突出场景，与相应的用户进行深度对话。例如，旅行类账号聚焦旅游主题场景，健身类账号聚焦健身主题场景。

（3）聚焦某类生活方式。短视频除了要塑造品牌形象外，还要打造一种用户愿意践行的生活方式。

例如，很多年轻人说："若我不在咖啡店，那我就在去咖啡店的路上。"年轻人认为喝咖啡是一种生活方式，那品牌就可以打造这样一种理想的生活方式，将商品嵌入其中，创作出垂直化的短视频。

3. 内容的痛点切入方法

痛点是指用户未被满足的、急需解决的需求。短视频的内容只有戳中用户的痛点，才具有吸引力和说服力。但是想要戳中用户的痛点并不那么容易，很多短视频营销者就是没有找准用户的痛点，弄错了用户的真正需求，才导致短视频运营效果不理想。进行短视频策划时，可以按照以下3个维度找到内容的痛点切入方法。

（1）深度。优质的短视频需要具有一定的深度。它不仅要有视觉上的冲击力，还要能引发用户深度的思考和感悟。因此，策划短视频时，要尽可能地挖掘内容的深层含义，引发用户的共鸣和思考。同时，深度也意味着短视频营销者要有一定的知识储备和思考能力，这样才能策划出有深度的短视频。短视频营销者在创作短视频时需要多问几个为什么，多去想想有没有更多的可能性。

例如手机刚面市的时候，用户对其最本质的需求就是打电话，后来手机又陆续新增了发送短信、彩信，播放音乐和拍照等功能。现在，手机已经成为智能移动终端，用手机进行社交、打车、购物等成为用户的日常行为。图2-14所示的美食短视频账号为了让用户持续关注，进一步扩展用户需求并进行分析。大部分人都爱吃，但受到地域的限制，很多人吃的食品都比较单调，而该账号的运营者到各地"探店"，或者探索更多美食的吃法和做法，为用户带来了不一样的美食体验，解决了大多数用户想吃又不知道吃什么的痛点，所以获得了用户的支持和持续关注。

（2）细度。细度是指将用户的痛点细分再细分，精准地抓住用户的需求，为用户提供更优质、更个性化的体验。

首先对用户需求进行深度剖析，了解他们的痛点。只有深入了解用户，才能针对他们的需求和喜好定制个性化的内容。例如，针对年轻人工作压力大、缺乏时间锻炼的问题，可以推出健身类短视频；针对老年人不会使用智能设备的问题，可以制作适合老年人观看的、简单易懂的教学类短视频。

在理解用户痛点的基础上，短视频营销者需要进一步细分用户群体，以便为他们提供更精准的内容。例如，针对不同年龄段、职业、兴趣爱好的用户，可以制作不同类型的短视频，如美食、旅行、科技、教育等。同时，还可以根据用户的地理位置、生活习惯等因素进行细分，提供更贴近用户需求的内容。

例如，舞蹈是一个大的垂直领域，包括街舞、拉丁舞等细分领域，图2-15所示的短视频就属于街舞这一细分领域。还可以按地域来细分，如"成都美食""深圳美食"；也可以按兴趣、生活场景、知识单元来细分，如瑜伽是垂直类，那么亲子瑜伽就是垂直细分，周末亲子瑜伽就是重度垂直细分。

（3）强度。强度是指用户解决痛点的急切程度。如果能够找到用户的高强度需求，短视频受欢迎的概率就很大。用户的高强度需求是用户主动寻找解决途径、宁愿花钱也要解决的需求。短视频营销者要及时发现这些需求，给用户提供反馈的渠道，或者在短视频评论区仔细分析用户的评论内容，从中寻找用户急需解决的需求。

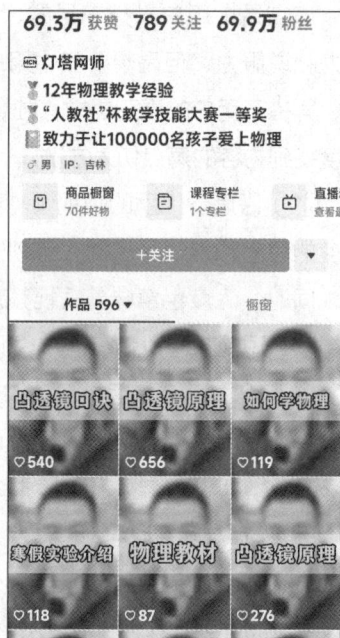

某物理老师的抖音账号主页如图2-16所示。这位老师一边教学物理，一边用有趣的方法做科普短视频，深度剖析了物理中的一些实验以及常见的物理现象，唤起用户对物理的热爱，让更多的用户获得了高质量的免费教育资源，满足了他们学习物理知识的需求。

| 图2-14 美食短视频账号 | 图2-15 街舞短视频 | 图2-16 某物理老师的抖音账号主页 |

4. 短视频营销内容策划因素

短视频营销内容策划指的是在制作短视频之前，对视频内容进行系统规划的过程。这个过程包括对目标受众、短视频主题、内容形式、表现手法、时长等因素的考虑，如图2-17所示，旨在制作出符合目标受众需求，具有吸引力和传播效果的短视频。

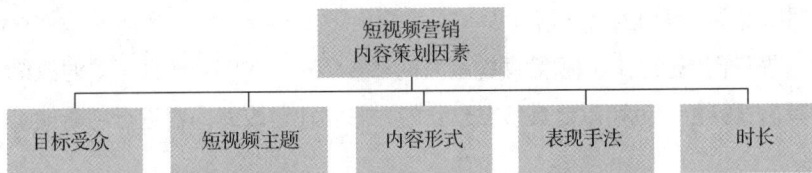

图2-17　短视频营销内容策划因素

（1）目标受众。了解目标受众的需求、兴趣和习惯，是进行短视频营销内容策划的基础。通过对目标受众的研究，短视频营销者可以确定视频的主题和内容形式。

（2）短视频主题。根据目标受众的需求和兴趣，确定短视频的主题，如美食类、旅行类、音乐类、宠物类、美妆类、教育类、正能量类、实用价值类等。主题要有针对性，既能够吸引目标受众，又能够覆盖更广泛的用户群体。

（3）内容形式。短视频的内容形式多样，如Vlog、短剧、微电影等，短视频营销者可以根据主题和目标受众的特点选择合适的内容形式；同时，要注重内容的创新，避免同质化，增强短视频的吸引力。

（4）表现手法。在短视频营销内容策划因素中，表现手法也是非常重要的。短视频营销者要注重视觉、听觉和情节的结合，运用特效、音乐、对话等手段，营造出吸引人的氛围。

（5）时长。短视频的时长通常在几十秒到几分钟，短视频营销者要根据主题和内容需要，合理控制时长，既要避免过长导致用户失去耐心，又要避免过短无法充分表达内容。

2.3.3　短视频营销内容创意方法

创意是短视频营销的关键，短视频营销者需要结合目标用户的需求和兴趣点，制作出有趣、有创意、实用的短视频。短视频营销者要想持续生产优质内容，就要找到正确的内容创意方法，可以按照下列方法进行操作，做好短视频营销工作。

2-3　短视频营销内容创意方法

1．改编法

改编法适用于有一定创作能力的人，可以对已有的短视频剧本进行改编，通过这种方式获得灵感，或者根据已有的歌曲改编短视频的剧本。改编法需要讲究技巧，不能直接照搬照抄他人的内容，而要对内容进行深加工和个性化创新。

（1）内容获取的渠道。短视频内容获取的渠道通常有以下3种。

① 社交媒体。各大社交媒体是成熟的内容制作平台，如微信公众号、百家号上的图文信息，以及微博里的热搜信息，今日头条、抖音、快手里的各种短视频等，都可以作为改编的内容。短视频营销者要善于在社交媒体上发现有创意的内容，并将其应用到自己的短视频创作中。

② 经典影视剧。优酷、爱奇艺、腾讯视频等视频网站平台中有很多经典影视剧都非常吸引人。在作品版权方允许的情况下，短视频营销者可以重新演绎这些经典影视剧中的片段，也可以重新剪辑某些经典镜头，从而创作出非常精彩的短视频。

③ 关注名人。名人本身自带巨大的流量，其一言一行都容易成为热点。借助名人效应，短视频

营销者也可以创作出令人瞩目的短视频。

（2）对内容进行创新加工。短视频营销者时刻都要明白"改编≠照抄"。对改编的内容进行创新加工，赋予其自身特色，就可以让其焕发出新的光彩。在对改编内容进行创新加工时，可以采用以下2种方法。

① 创新展现形式。创新展现形式是指改变原来的内容展现形式。例如，如果改编的内容是纯文字的，那么可以把纯文字的内容转换为人物的台词，使用朗诵、说唱等人物表演的形式来呈现。

② 创新框架结构。创新框架结构也是一种对改编内容进行创新加工的方法。例如，如果改编内容有一个大的框架，就可以把这个大的框架分成几个小板块。

2. 模仿法

模仿法是一种比较简单且常用的短视频内容创意方法，可以通过模仿热门视频或电影中的经典场景，打造出搞笑、有趣、有创意的短视频。短视频营销新手由于还不具备原创能力，可以通过模仿来积累创作经验。模仿法又分为随机模仿和系统模仿两种类型。

（1）随机模仿。随机模仿是指短视频营销者发现哪条短视频比较火，就参考该条短视频拍摄同类型的短视频。例如，"变装"短视频因给用户带来直接的即时视觉刺激而在抖音上快速走红，如图2-18所示，不少短视频营销者开始模仿创作此类短视频。

（2）系统模仿。系统模仿是指短视频营销者寻找到一个与自己短视频账号运营定位相似的账号，并对其进行长期的跟踪与模仿。短视频营销者要先分析该账号短视频的选题方向、拍摄技巧、剪辑手法、语言表达等，根据对方的短视频内容和风格，制订自己的模仿计划，如参考对方的视频时长、节奏、镜头切换等，然后将其运用到自己的短视频创作中，进行模仿拍摄。

在模仿时，要尽量保持与对方相似的风格和节奏，同时也要加入自己的创意和元素。例如，某短视频账号的运营风格就是运用各种特效场景，如图2-19所示，吸引了其他短视频营销者纷纷研究模仿。

图2-18 "变装"短视频

图2-19 某短视频账号运用各种特效场景

需要注意的是，模仿并不是完全照搬，短视频营销者要在模仿的基础上加入自己的创意和元素，制作出有自己特色的短视频；同时，也要注意遵守相关的法律法规和道德规范，避免侵犯他人的权益。

3. 扩展法

扩展法是指运用发散思维，由一个中心点向外扩散、不断延展内容的方法。具体做法是首先确定一个明确的主题或故事线，然后围绕主题列出可能用到的元素，如人物、场景、事件等，根据这些元素，尝试从不同的角度进行创意发散，如角色设定、情节发展等，最后筛选出最具创意和吸引力的元素，进行进一步的优化和整合。

扩展法可以分为人物扩展、场景扩展、事件扩展3个层次，如图2-20所示。

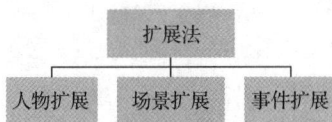

图2-20　扩展法

（1）人物扩展。运用扩展法首先要进行人物扩展。拿一张白纸，先画一个正方形，再将其分割成九宫格，然后将核心关键词写在正中间的格子内。将联想到的与核心关键词相关的任意关键词写在旁边的8个格子内，尽量凭直觉填写，不要刻意寻求正确答案。

例如，"儿童教育"时不时就会成为热点话题，要拍摄与这个热点话题相关的短视频，可以将短视频的主人公设定为孩子和家长，拍摄与亲子相关的内容。那么，短视频营销者可以6～12岁的孩子为核心，进行人物扩展，得到相关的内容。

（2）场景扩展。罗列出人物扩展关系以后，要围绕人物扩展关系进行场景扩展，这样角色之间的冲突就会在每一个场景里都体现出来。短视频营销者可以扩展出多段对话，为短视频内容创意提供参考。这种方法能够持续不断地扩展出符合现实场景的多种内容。

（3）事件扩展。有了人物和场景以后，还需要构思事件，并进行事件扩展。如选取"孩子与父母"这组人物关系，选择"做家务"这个场景，可以扩展出若干个事件，如孩子帮父母洗碗、父母教孩子做家务等。有了具体的事件以后，就可以根据事件编写出对话和动作，以情景短剧的形式进行演绎。

4. 五步创意法

五步创意法是一种简单而实用的创意思维方法。五步创意法，顾名思义就是需要用5个步骤来完成创意内容的方法，如图2-21所示。

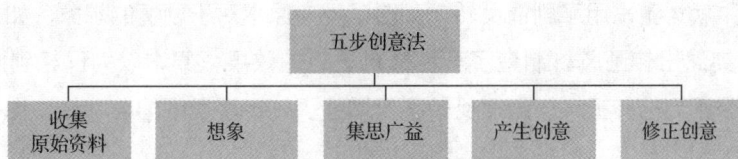

图2-21　五步创意法

（1）收集原始资料。原始资料分为一般资料和特定资料。一般资料是指人们在日常生活中听闻的令人感兴趣的主题事实；特定资料是与主题有关的各种资料。短视频营销者所需要素大多从这些资料中获得，因此要获得有效的、理想的创意，原始资料必须丰富。

（2）想象。思考和检查原始资料，对所收集的资料进行理解性的吸收，开始想象可能的解决方案。这个阶段非常重要，因为它能帮助我们拓宽思路，产生新的创意。

（3）集思广益。让团队成员提出自己的创意，可以通过头脑风暴、小组讨论或网上讨论等方式进行。每个人都有机会分享自己的创意，集思广益能帮助我们得到更多的创意。

（4）产生创意。收集了各种创意后，需要筛选出最好的解决方案。这个阶段需要对大量的创意进行筛选和提炼，确保我们的最终创意方案具有创新性和可行性。

（5）修正创意。一个新的创意不一定很成熟、很完善，它通常需要经过加工或改造才能符合现实情况。

5. 反转法

反转法是一种创新思维方法，主要用于激发和促进创意的产生。这种方法主要是通过思考事物的反面或相反的情况，从而激发新的创意。使用反转法，可以打破原有的思维框架，开拓新的视野，产生新的创意。从某种现象的反面制作内容，更容易出奇制胜，这种方法适用于对短视频行业有一定了解的人群。

反转法是短视频内容创作中常见的手法，采用反转法既容易制造戏剧化效果，又容易使用户观看时代入自我，产生奇妙的心理体验。反转法常用的手段有以下几种，如图2-22所示。

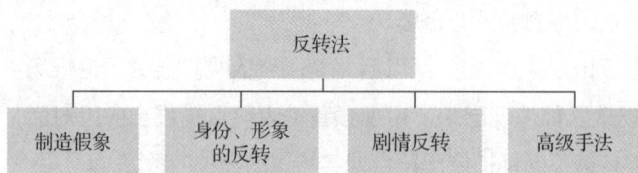

图2-22　反转法常用的手段

（1）制造假象。反转本身就是揭示真相的过程，揭示真相前要铺垫和制造假象，让用户形成错误的思维定式，待剧情明确给出判断信息后，就会导致结果与用户的心理预期形成巨大反差。

（2）身份、形象的反转。身份、形象的反转目前被运用在多种类型的短视频中。例如，较多美妆博主发布的短视频并不是传统的美妆教学类视频，而是通过设计不同的剧情来实现前后身份以及外在形象的反转。

（3）剧情反转。在搞笑短视频中，剧情反转是经常被用到的一种方法。设置让人啼笑皆非的结局，可以增强短视频的戏剧性，放大喜剧效果，提升用户观看视频的娱乐体验感。例如，一些搞笑类短视频中就大量采用了剧情反转，颠覆了用户原本对于剧情的想象。如原本以为是煽情走向的结局，却突然扭转画风，制造了一种意料之外的效果；原本以为已经到此为止的故事，却又突然出现意想不到的转折……剧情反转不仅增强了搞笑短视频的趣味性，也提升了用户的参与性。

（4）高级手法。高级手法是对其他要素的反转，如博弈双方的实力反转、利用读者思维定式反转、反转中套着反转……一个让人捉摸不透的视频开头加上意料之外的反转结尾，往往会让人感到惊喜，达到令人意想不到的效果。

反转是为了让内容更加丰富、更有可看性而采取的一种技巧，内容才是短视频营销者应该关注的核心。如果为了博人眼球、赚取流量，为反转而反转，那么只能获得一时的关注，而不会走得太长远。

6. 嵌套法

嵌套法就是在故事里套故事、在场景里套场景，使视频内容更丰富有趣、信息量更大。例如，可以将一个精彩瞬间嵌入你的短视频中，以增加趣味性和吸引力。

具体来说，嵌套法的应用方法如下。

（1）制作一个故事脚本。

（2）制作另一个故事脚本。

（3）通过一个嵌入点，将第二个故事脚本嵌入第一个故事脚本。

（4）如此循环往复。

短视频营销者在生活中要注意观察，多积累短视频创作素材。如果在媒体平台中看到有趣的素材，但是这个素材时长太短，不足以拍成一条完整的短视频，就可以运用嵌套法，把素材嵌入已有的故事，让短视频更丰富有趣，包含的信息量更大。

利用嵌套法，短视频的信息量会增加，其表达就会更具戏剧性，更能激发用户观看的兴趣。因此，合理利用嵌套法对提升短视频的内容创作质量大有裨益。

技能实训——借助热点策划"爆款"萌宠选题

在短视频平台上，萌宠已成为人们关注的焦点，它们可爱的模样和有趣的互动吸引了大量的粉丝。因此，借助热点策划"爆款"萌宠选题，不仅有助于提高品牌知名度，还能吸引更多的潜在客户。借助热点策划"爆款"萌宠选题的具体实训步骤如下。

1. 在微信公众号文章中寻找热点

微信公众号上有许多结合热点、能够引发读者共鸣的阅读"10万+"文章，如图2-23所示，短视频营销者可以将这些文章的内容作为拍摄萌宠类短视频的素材，这样打造出"爆款"短视频的概率会更大。

2. 在微博热门中寻找热点

微博是当前人们使用较多的社交平台之一，短视频营销者可以利用微博搜索热门的萌宠短视频，如图2-24所示，短视频营销者可以将这些热门话题作为拍摄萌宠类短视频的素材。

图2-23　在微信公众号文章中寻找热点　　　　图2-24　在微博热门中寻找热点

3．在抖音寻找热点

抖音作为一款短视频平台，每天都在产生大量的热点话题和热门视频。这些视频不仅吸引了大量的用户观看，也成为许多短视频创作者灵感和创作的源泉。短视频营销者可以直接搜索"萌宠"热门短视频，也可以在抖音中搜索"萌宠"话题，如图2-25和图2-26所示。

图2-25　搜索"萌宠"热门短视频　　　　图2-26　搜索"萌宠"话题

4．在资讯聚合类平台中寻找热点

一些资讯聚合类平台自身并不生产内容，所有内容都由创作者发布，这些平台会根据用户可能感兴趣的程度把内容推送给用户，如今日头条App的"宠物频道"，如图2-27所示。短视频营销者在这些平台上找到适合自己的萌宠图片或视频后，以此为选题切入点制作短视频，很容易引发用户共鸣。

图2-27　今日头条App的"宠物频道"

短视频营销者可从以上渠道中找到热点题材作为制作短视频的素材，再围绕热点评论中的精华部分策划短视频选题。

思考与练习

一、填空题

1．企业和品牌方可以在短视频平台投放平台广告，广告的形式主要有3种：＿＿＿＿＿＿＿＿＿、＿＿＿＿＿＿＿＿＿、＿＿＿＿＿＿＿＿＿。

2．＿＿＿＿＿＿＿＿＿指的是企业和品牌方在短视频营销过程中希望达到的流量数据目标。

3．＿＿＿＿＿＿＿＿＿是一种比较简单且常用的短视频内容创意方法，可以通过模仿热门视频或电影中的经典场景，打造出搞笑、有趣、有创意的短视频。

4．扩展法可以分为＿＿＿＿＿＿＿＿＿、＿＿＿＿＿＿＿＿＿、＿＿＿＿＿＿＿＿＿3个层次。

二、单选题

1. （　　）是一种在短视频平台上广泛传播的广告形式，它能够根据用户的兴趣和需求，在视频流中展示相关的广告内容。

　　A．信息流广告　　　B．开屏广告　　　C．搜索栏广告　　　D．贴片广告

2. （　　）是一种创新、高效且成本低的营销方式，它能够通过引导用户分享真实、有趣的短视频，迅速吸引目标受众的注意力，增强品牌与用户的互动和黏性。

　　A．投放广告　　　B．用户生成内容　　C．与KOL合作　　D．自有账号宣传

3. （　　）是对短视频营销过程进行回顾、分析和总结的过程，目的是优化未来短视频的制作和传播。

　　A．制定营销策略　　B．确定目标　　　C．复盘分析　　　D．短视频策划

4. （　　）是指将用户的痛点细分再细分，精准地抓住用户的需求，为用户提供更优质、更个性化的体验。

　　A．强度　　　　　　B．深度　　　　　　C．痛点　　　　　　D．细度

三、思考题

1. 短视频营销的方式有哪些？
2. 短视频营销内容创意方法有哪些？
3. 选题策划的基本原则有哪些？
4. 什么样的短视频才算优质呢？

任务实训

短视频营销与策划任务实训是一个综合性的过程，涉及多个步骤和关键点。以下是一个旅游短视频营销与策划的实训方案。

一、实训要求

1. 了解目标受众的兴趣、需求和行为习惯，以便制作符合他们需求的短视频。

2. 在实训过程中，可以分组进行，每组分配不同的任务，如短视频策划、短视频拍摄、短视频剪辑、营销推广等，以便更好地协作和交流。

3. 可以在短视频中设定一些有趣的角色，如当地的导游、冒险家、美食家等，以他们的视角来展示景点。

4. 发布时使用标签和关键词，使用相关的标签和关键词可以使用户更容易看到短视频。

二、实训步骤

1. 确定目标：明确短视频的目标，如推广旅游目的地、吸引潜在游客、增加账号粉丝量等。

2．制定内容策略：制定详细的短视频内容策略，包括主题、拍摄地点、拍摄时间、参与人员等。

3．短视频制作：根据内容策略进行短视频制作。可以使用手机、专业相机或其他设备进行拍摄；可以拍摄旅游地的风景名胜、美食、文化古迹等，以吸引用户的注意力；同时，选择高质量的编辑软件进行剪辑，添加音乐、音效等，以增强短视频的吸引力和引发用户的情感共鸣。

4．短视频发布与推广：选择合适的平台发布短视频，如抖音、快手、视频号等。要注意短视频应与社交媒体平台的定位和目标受众相匹配，并可以考虑与其他旅游相关的账号进行合作，以提高曝光率。

5．跟踪和优化：使用各种工具跟踪短视频的播放量、点赞量、评论量等数据指标，以便了解哪些短视频最受欢迎，哪些策略有效，哪些需要改进；分析用户的兴趣和反馈，不断优化短视频内容和发布策略。

第 3 章

短视频营销实战

短视频营销非常重要。有趣、有创意的短视频可以让更多的人了解和认识企业的品牌和商品，从而提高企业品牌知名度和销售业绩。同时，短视频营销也可以增强互动性，降低营销成本，是一种非常有效的营销方式。本章主要介绍短视频优化、官方平台营销推广、短视频付费推广、其他短视频营销方法等内容。

知识目标	☑ 熟悉短视频标题优化。 ☑ 熟悉短视频内容简介文案优化。 ☑ 短视频封面优化。
技能目标	☑ 掌握官方平台营销推广方法。 ☑ 掌握短视频付费推广方法。 ☑ 掌握其他短视频营销方法。
素养目标	☑ 杜绝虚假、违规信息，遵纪守法，树立科学的世界观、人生观、价值观。

奥克斯抓住短视频红利营销再创新

随着生活方式、消费方式的变化，以及科技的快速发展，商业的形态将不断更新迭代。每一次商业形态的变化都会带来新的机会。

从实体店零售到电子商务，产生了新的机会，造就了一批人。

从传统平台电商到短视频，再到直播"带货"，又迎来了新一轮红利。

作为家电行业新风尚的领导品牌，奥克斯一直不断创新思变，近几年通过短视频营销、名人直播等多种营销形式，收获了一大批粉丝，找到了新型营销的流量密码。

深谙营销之道的奥克斯，在营销道路上一直走在前列。奥克斯营销团队发现，兴趣被内容激发，可以促进短期转化；兴趣也会延伸，有持续性，能被更多自然场景承接。而短视频传播速度快、范围广，同时降低了品牌传播的流量门槛，让商品得以更好地展示。为此，奥克斯通过制作有故事性、有看点的短视频激发潜在用户兴趣，还开设直播间，通过品牌背景设置，直播间装扮，线上讲解商品特色、功能及品牌理念等获得用户关注，并由兴趣引发成交，为家电行业进行短视频营销树立了标杆与典范。

为什么奥克斯的短视频营销能成功？

首先，在出发点上，奥克斯短视频营销的成功来源于对用户的深度洞察。奥克斯认识到在消费升级时代，用户更在意购物体验及商品品质，特别是年轻用户注重商品的个性化与情感诉求，因而奥克斯注重短视频的内容质量，从用户的兴趣出发，从而让用户产生共鸣，然后付诸购买行动。

其次，在内容形式上，奥克斯能真正地做到知用户所想，了解用户所需，其短视频很多以故事展开，还通过动画影片的形式，利用故事情节渲染引发观众强烈的情感共鸣，充分展现了其"有家的地方就有奥克斯"的品牌理念，随之而来的口碑效应及品牌影响力提升水到渠成。

最后，在营销推广上，奥克斯采用了多种营销推广方法，如在短视频官方平台发起挑战赛，还在短视频平台采用了付费推广和直播引流。奥克斯的直播不仅仅有大幅度的优惠福利，最大限度让利给用户，还强调与年轻用户的关联互动，从品牌层面俘获用户，让用户从情感共鸣出发而产生品牌认同及购买行为。

奥克斯成功抓住短视频红利，融合直播、短视频等新传播渠道，实现营销再创新，不仅在业界获得了极佳口碑，还给企业发展带来了新机遇，为企业与时俱进及高质量发展提供新动能。

思考与讨论

（1）奥克斯是怎样进行短视频营销的？

（2）为什么奥克斯的短视频营销能成功？

3.1 短视频优化

短视频优化就是在短视频发布的过程中，通过优化短视频的关键词、标题、内容简介文案、封面等元素，提升短视频被搜索到的概率，从而获得更高的点击率和播放量，提升短视频的排名。

课堂讨论

什么是短视频优化，短视频优化包括哪些内容？

3.1.1 短视频关键词优化

短视频关键词是用户在搜索时使用的词汇，是用户找到视频的关键。优化短视频关键词可以提升短视频在搜索结果中的排名，增加短视频的曝光量，进而提高转化率。此外，关键词优化还能帮助短视频账号在竞争激烈的市场中脱颖而出，吸引更多潜在用户。

短视频关键词优化策略如下。

（1）了解目标用户的需求和搜索习惯，选择与商品或服务相关的关键词。

（2）选择与短视频内容高度相关的关键词，提高搜索匹配度。

（3）合理控制关键词在视频标题、文案和标签中的数量，使短视频获得更好的排名。注意不要过度堆砌关键词，否则可能会引起反效果。

（4）使用简洁明了、具有吸引力的标题，突出短视频的核心内容，确保标题中包含目标关键词。

（5）优化内容简介文案，在内容简介文案中提供更多有关短视频内容的信息，使用户易于接受的语言，适当使用关键词。

（6）为短视频添加具有代表性的、相关的标签，确保足够数量的用户能够搜索到视频。

（7）关注搜索引擎算法变化，根据关键词排名和流量变化，定期调整优化策略，保持竞争力。

3.1.2 短视频标题优化

一个好的短视频标题应该简短且清晰，避免使用过多的字符和无关紧要的词语。标题如果能迅速传达短视频的核心信息，就能吸引用户的注意力。在标题中使用与短视频内容相关的关键词可以提升短视频的搜索排名，从而增加曝光量。

短视频标题优化是一项重要的营销策略，以下是一些短视频标题优化的方法。

3-1 短视频
标题优化

1. 数据法

数据法是指将短视频中最重要、最引人注目的内容以数据形式呈现在标题中，带给用户直观、具体的感受，使用户快速接受，吸引用户打开短视频观看。数据化标题一方面可以利用引人注目的数据引起用户的注意，另一方面可以有效提高标题的阅读效率。数据代表的是精确、权威、客观和

专业，在标题中加入数据不仅能很快建立可信度，还能以一种有冲击力的方式迅速、准确地抓住用户的注意力。

例如，"8个习惯，让你更健康""90%的人不知道的省钱秘诀""让你工作效率翻倍的10个小技巧""智能家居的10个好处，你知道吗？""让你提高销售业绩的5个秘诀"等。

这些标题都利用数据直截了当地将短视频的主要内容概括出来了，让用户一目了然，从而产生学习或了解短视频内容的想法。

2．名人法

名人法是指将一些名人（如权威专家、知名人士）的名字作为标题的关键词，利用这些名人本身的影响力达到吸引用户观看的目的。如果所拍摄的短视频内容和名人有联系，借助名人的影响力，短视频会吸引不少用户观看。

例如，"贝多芬：音乐界的传奇人物""居里夫人：科学界的荣耀与挑战""从李小龙到李连杰：武术之魂的力量""林徽因的诗意人生：才华与情感的交织""贝佐斯：如何将创新精神融入日常工作中"等。短视频营销者在拟定此类标题时将名人的名字作为关键词是一个非常有效的方法，通过这种方法，可以吸引目标受众的注意力。

3．提问法

提问法是指在标题中用提问的方式引起用户的关注，提问的方式包括反问、疑问、设问等。该类型的标题旨在通过提问激发用户的好奇心，促使用户对短视频产生兴趣。提问式标题通常包含"为什么？""如何？""怎么办？"等字样，带问号的标题会促使用户在浏览标题时思考，迫切想知道答案，因此用户就会不由自主地点击观看短视频，以满足自己的好奇心。

例如，"如何克服拖延症？""如何保持健康的饮食习惯？""如何快速减肥并保持身材？""最省钱的留学方案是哪种？""有什么让你能够早起的好方法？""怎样做才能有更好的睡眠质量？"等。

这些标题都是通过提问的方式，引起用户的兴趣和思考，激发他们的好奇心和探索欲，为了消除疑惑，他们就会观看短视频。同时，这些标题所反映的问题也都是很多人在日常生活中会遇到的问题，因此也容易引起共鸣。

4．制造悬念法

制造悬念法是指在标题中设置一个悬念，吸引用户的注意力，引导用户产生追根究底的心理，使其在寻求答案的过程中不自觉地对短视频产生兴趣。好奇是人的本能，悬念式标题利用了用户的好奇心，激发其继续观看短视频。

例如，"意外之喜！一场奇遇背后的惊人真相！""如果你只有一天生命，你会做什么？""吃了这么多次闭门羹，为什么还对她念念不忘""一个意外发现，颠覆你的认知！"等。

这些悬念式标题带给用户较大的悬念，激发用户的好奇心，让用户产生联想，进而点击观看短视频。

5．第二人称法

第二人称法是指在标题中使用第二人称"你"，这可以快速拉近与用户之间的距离，使用户不自觉地将自己代入相应场景。这种标题可以引导用户从自己的角度出发，思考问题并表达自己的观点。使用第二人称法时，需要确保语气恰当、内容符合实际情况，以避免引起用户反感或不必要的误会。

例如，"这个技能，对你很有用！""把你的一生拍成电影，你想取什么名字？""如果时光可以倒流，你会回到过去弥补什么遗憾？""你会如何处理工作中的困难情况？"等。

尽管短视频要呈现给所有的用户，但使用第二人称可以给用户一种为其量身定制的感觉，使其产生强烈的代入感，从而更愿意点击并观看短视频。

6．对比法

对比法是利用人的认知心理，在短视频标题中将事物放在一起进行比较，目的是突出事物的本质特征，制造冲突性看点。对比的事物差异越大，短视频标题往往越能吸引人。

例如，"婚后和婚前相比有什么不同？""传统烹饪VS现代烹饪：哪种方法更适合你？""高质量材料VS低质量材料：两者的区别在哪里？""实体书VS电子书：你的阅读方式选好了吗？""免费体验课程VS付费课程：哪一个更值得你投入？""线下购物VS在线购物：你更倾向于哪种购物方式？"等。

这些标题都是通过对比两种不同的事物来突出它们的优缺点，旨在引起用户的兴趣，并引导他们进一步点击与观看短视频，了解相关的信息。

7．直言法

直言法是目前常用的一种短视频标题优化方法，这类标题一般会直接告诉用户其能获得的利益或服务。这类标题的特点是直观明了、实事求是，通过简明扼要的说明使人一目了然。这类标题虽然创意不足，但胜在平实、自然。

例如，"5分钟学会一道美味佳肴""5个超级实用的生活小窍门""旅行必备！这份超强攻略让你玩转景点不再迷路！""大自然的秘密！揭秘不为人知的山水之美！"等。

这些标题都直接向用户传达某种信息，简洁明了，易于理解，非常适用于各种宣传文案和在社交媒体上推广。使用直言法优化标题，可以快速吸引用户的注意力，激发他们的好奇心，从而提高短视频的点击率和转化率。

8．体验法

体验法就是利用一些文字信息将用户带入特定场景，使用户产生前所未有的体验或精神上的认知、共鸣。

例如，"终于吃到了这家蛋包饭""卖了26年的麻辣烫，搭配鸡架，真的是太好吃了""旅行中千万不要去的景点，我怕你回不来！""与大自然深度接触的徒步之旅""挑战极限运动，感受心跳——滑翔伞体验"等。

这些标题都是体验式的，它们通过描述具体的体验场景和感受，激发用户的好奇心和探索欲，吸引用户点击与观看短视频并产生共鸣。

9．热词法

热词法是把最新的热点新闻、流量热词、热门事件等添加在短视频标题中，利用用户对社会热点的关注来引导他们关注短视频，从而提高短视频的热度。热词本身具有广泛的传播基础，在标题中添加热词能吸引用户点击并观看短视频，再加上有趣的文案，短视频更能够引起人们的共鸣，得到迅速传播。

例如，"人工智能的未来：超越想象""健康科技：未来的医疗革命""社交媒体营销：新的商业战壕""全球变暖：我们如何应对？"等。

这些短视频标题中使用了热词，使短视频受到了很多用户的喜爱和点赞。

短视频营销者在使用热词设计标题时，要确保标题与短视频的自身定位保持一致。例如，美食类短视频的标题中一般不宜出现娱乐热词，如果短视频的内容与娱乐热点没有太大关联，即使短视频获取了巨大的流量，用户也难以转化为粉丝，这样短视频的推广效果并不明显，甚至有可能起反作用，引起用户的反感。

3.1.3 短视频内容简介文案优化

短视频内容简介文案优化对于提升内容质量、增加用户互动和实现传播具有重要意义。下面将介绍如何优化短视频内容简介文案。优化短视频内容简介文案时，需要考虑以下要点。

1．明确主题

在优化短视频内容简介文案之前，需要了解短视频的主题。通过了解短视频的主题，可以更好地把握短视频内容简介文案的方向和重点，从而吸引更多的用户关注。如果短视频的主题是美食，可以使用"不容错过的美食之旅，你准备好了吗？"这样的文案；如果短视频的主题是旅游，可以使用"揭秘神秘之地，你敢来探险吗？"这样的文案。

2．简明扼要

短视频内容简介文案应简洁明了，突出核心内容，避免冗长和复杂的描述，最好控制在几十字以内，以方便用户快速浏览和记忆，如"想要快速提升拍照水平？看这个简单技巧，让你事半功倍！""惊险刺激！看看这个视频会带给你什么惊喜！"

3．使用关键词

在短视频内容简介文案中，可以使用一些关键词来提高短视频的曝光率。这些关键词可以是与短视频主题相关的热门词汇，也可以是用户搜索频率较高的词汇。使用这些关键词可以提高短视频的搜索排名，吸引更多用户的关注。

4. 突出亮点和特色

在短视频内容简介文案中突出短视频的亮点和特色，让用户一眼就能看出这个视频与其他视频的不同之处。例如，如果短视频的主题是餐饮，可以强调餐厅的特色美食等亮点，如"你是否也厌倦了常规的菜色，想要尝试一些新口味？今天，让我们一起去一家新开的特色餐厅，品尝那些只有在这家餐厅才能尝到的美食"。

5. 引人入胜

好的短视频内容简介文案应具有吸引力，能够引起用户的兴趣和好奇心。可以通过描述场景、展示道具、设置悬念等方式，引导用户采取行动，如点击并观看视频、关注账号等。如"你有没有想过，在你的脚下隐藏着什么？点击短视频让我们一起探寻未知的秘密，你敢来吗？""在月光下的秘密森林，究竟隐藏着什么神秘故事？别犹豫，快来观看我们的短视频，获取更多神秘惊喜！"同时，文案中可以加入一些优惠或福利信息，激发用户的参与热情。

6. 注意语言风格

短视频内容简介应根据短视频类型和目标用户选择合适的语言风格。如果是娱乐搞笑类视频，文案可以选择轻松幽默的语言风格；如果是教育科普类视频，文案的语言风格则应严谨专业。适当使用流行语和表情符号可以增强文案的趣味性，吸引更多用户的关注。同时，要注意表情符号的使用应符合目标用户的习惯和喜好。

3.1.4　短视频封面优化

封面决定了用户对短视频的第一印象，其重要性不言而喻。一个精心设计的封面不仅能够吸引用户的注意力，还可以提升用户的观看体验，增强品牌传播力，从而使短视频在竞争激烈的短视频市场中取得优势。如果想增加短视频的播放量，短视频营销者就要设计精彩的短视频封面。短视频封面优化要符合以下要求。

（1）有吸引力。封面要想达到吸睛效果，就必须有足够的吸引力，能够快速抓住用户的眼球。提升封面吸引力的方法有以下几种。

- 封面中的人物表情要夸张，夸张的表情可以传递丰富的情绪信息。
- 可以在封面各元素之间制造强烈的对比，对比效果越好，吸引力就越大。
- 引发好奇心，使用户在好奇心的驱动下产生期待感，促使其点击观看短视频。

（2）有亮点。短视频封面要将短视频内容中的亮点和精华展示出来，让用户直接了解短视频的意图。如果短视频的内容是干货，短视频营销者可以把短视频中讲解干货的清晰截图设置成封面；如果短视频内容属于幽默搞笑段子，短视频营销者可以选择其中夸张的人物形象图片作为封面。

（3）与内容领域相关。短视频营销者在为短视频设置封面时，要根据其所属的领域选择相应的封面，让封面与短视频内容保持一致，具有相关性。如果用户点击观看短视频后发现内容与封面并不相关，可能会产生厌恶心理，甚至会取消关注。

（4）符合平台规范要求。确保封面图符合各短视频平台的规范要求，避免出现违规或违禁内容。抓住各个平台的特点，设置符合平台风格的封面，这样更容易获得相应平台用户的认可，从而增加短视频的播放量。

（5）注重原创。短视频营销者在设置短视频封面时要创建属于自己的风格，或者专门为短视频设计一个封面，贴上个人标签，形成个人特色。

（6）封面视觉效果好。选择高质量的图像作为封面，避免使用模糊、低质量或质量不高的图像。封面的视觉效果要符合以下要求。

● 封面要完整，如果封面上有人像，人脸要显露完整，不能用文字遮盖，也不能只露半张脸。

● 封面图的比例要协调，不能变形。

● 封面构图要主次分明，要将主体放在焦点位置，突出重点。根据情况调整原图的清晰度、亮度和饱和度等，让封面的效果更好，更能吸引用户的眼球。

● 封面上的文字要尽量少，并且要放在最佳展示区域，不能被播放按钮、播放时间等要素遮挡或覆盖。字体大小要适宜，给用户良好的观感。

● 不要设置纯文字封面，否则很容易与标题混在一起而显得杂乱。

3.2　官方平台营销推广

随着近几年短视频行业的飞速发展，越来越多的人利用官方平台进行短视频营销推广。下面以抖音平台为例介绍如何利用官方平台进行短视频营销推广。

> **课堂讨论**
>
> 你是如何在抖音官方平台推广短视频的？采用了哪些方法？

3.2.1　添加话题

短视频营销者可以在发布短视频时添加话题，这样平台就会根据所添加的话题，将视频推荐给相应用户，从而提高短视频的热度。话题通常以"#+短语"的形式体现。话题的种类多种多样，如与某个流行事件挂钩的事件话题、与某个活动挂钩的活动话题、与某个主题挂钩的主题话题等。

热门话题是重要的流量入口，添加热门话题可以提高视频曝光率。如果热门话题与短视频内容匹配度较高，可以为短视频带来更多流量和关注度。许多官方活动通过话题聚集流量，但是短视频营销者在添加话题时一定要注意选择已通过平台审核并被大量用户使用的热门话题。

添加话题的具体操作如下：以抖音为例，在抖音App的"发布"界面中，作品描述编辑框下方有"#话题"和"@朋友"按钮。短视频营销者点击"#话题"按钮，此时作品描述编辑框中会出现"#"符号，如图3-1所示，输入关键词，界面中就会出现与关键词相关的热门话题，选择一个合适的话题，即可完成添加话题的操作，如图3-2所示。

图3-1　点击"#话题"按钮　　　　　　图3-2　添加话题

通过添加优质的话题，能够吸引更多潜在用户，提高短视频的曝光率。如何选择优质的话题呢？下面是一些参考建议。

（1）参考同行。研究优秀同行的短视频，看看他们都在使用哪些话题，了解哪些话题被广泛使用且具有较高的热度。

（2）与短视频内容相关。选择与短视频内容高度相关的话题，确保用户能够通过话题了解短视频主题，这样，用户才会对短视频产生兴趣，并点击查看。

（3）将目标用户群体作为话题。添加话题时不仅可以根据短视频内容选择话题，还可以根据短视频的目标用户群体选择话题。例如，对于运动、健身类短视频，短视频营销者可以将"运动达人"作为话题。

（4）关注热门话题。观察短视频平台上的热门话题，热门话题自带流量，选择热门话题可以让你事半功倍；当然，也要注意不要盲目跟风，选择与自己视频内容相符的话题。

（5）话题添加要准确化、细节化。添加话题时要做到准确化、细节化。以服装穿搭类短视频为例，如果为其添加"女装"话题，则涵盖范围太广。更好的做法是，添加"秋冬穿搭""时尚穿搭""温柔风穿搭"等具有限定性的话题，这类精确性更高的话题，能使短视频在分发时深入垂直领域，找到真正的目标用户群体。

（6）需要注意的是，虽然综合类短视频平台对于话题的字数与数量没有过多限制，但切忌添加过多与内容无关的话题，使系统无法识别推荐领域，或将短视频分发给不相关的用户。

3.2.2　使用"@朋友"功能

"@朋友"功能是抖音短视频平台的一个特色功能，它允许我们在发布短视频时提及特定的用户，从而引起他们的关注，扩大我们的社交圈。在发布短视频时@朋友，不仅可以提醒朋友观看我们发布的作品，有效地提高短视频的曝光率，让更多的人看到短视频，还可以让朋友了解到我们的动态，增加彼此之间的互动。同时，平台也为朋友之间搭建了一个交流的平台，让他们可以更好地了解彼此的生活。

在文案中添加"@×××"，朋友"×××"就会收到提示，进而通过提示查看这条短视频。如果短视频内容好，朋友也会转发分享这条短视频，所以使用"@朋友"功能可以提高短视频的点击量和转发量，增加朋友间的互动。短视频营销者可以与平台内其他账号进行合作，相互推广。合作的账号越多，综合开发利用的价值就越大，账号推广的效果也就越好。

以抖音为例，短视频营销者在抖音App的"发布"界面中进行设置时，点击"@朋友"按钮，从列表中选择一个朋友即可，如图3-3所示。

图3-3　使用"@朋友"功能

💡 **提示与技巧**

短视频营销者选择需要@的朋友时，需要注意以下3点：一是相关性，即所选择的朋友账号要与短视频内容有一定的关联；二是朋友账号的热度，即所选择的朋友账号应该粉丝比较多，以便利用优质内容吸引对方粉丝关注自己的账号；三是在发布短视频时@过多的朋友可能会引起一些用户的反感，建议在发布短视频时只@那些确实想知道你动态的朋友。

3.2.3　添加位置

在发布短视频的过程中，添加位置能帮助短视频营销者在推广短视频的同时，提高品牌的知名度。短视频营销者在发布短视频时添加位置，短视频不仅会出现在短视频账号的粉丝和朋友的首页中，还会被推荐给所有在这个位置附近的人。这样不仅增加了短视频被看到的机会，还可能为短视频账号带来新的粉丝。对于企业来说，这是一个很好的推广商品或服务的方法，企业可以通过添加位置来定位目标市场，从而提高品牌知名度。

用户在浏览短视频时，会发现短视频左下角的账号名称上方显示了地址信息，图3-4中所显示的位置为上海市外滩。

短视频营销者在抖音App的"发布"界面中设置内容简介文案、添加话题标签、@朋友后，下一步就是添加位置信息，点击"添加位置/门店推广"按钮，如图3-5所示，就会打开"门店推广"界面，然后根据需要选择位置即可，如图3-6所示。

图3-4 短视频显示位置

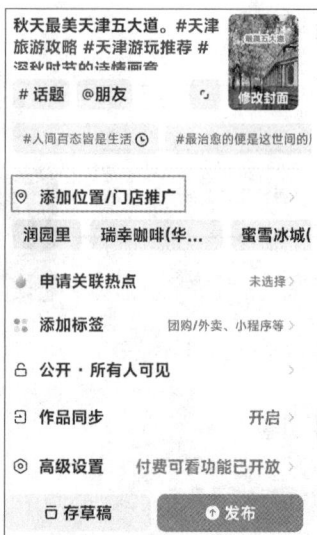

图3-5 点击"添加位置/
门店推广"按钮

图3-6 选择位置

添加位置可以起到一定的宣传效果。例如，包含有本地特色的美食店铺、建筑、旅游景点等内容的短视频都可以添加位置，以提高曝光度和知名度，达到宣传目的。如果短视频关联了线下店铺，那么用户可以直接通过点击位置找到店铺，实现店铺的精准引流，如图3-7所示。

图3-7 通过地理位置精准引流

3.2.4　私信引流

私信引流是指利用抖音的私信功能进行引流。私信引流是一种有效的营销推广策略，可以吸引潜在用户。这种方法虽然效率比较低，但是精准度很高。

在直播的时候，既有粉丝观看，也有其他用户观看，短视频营销者可以在小黑板上写出"给我们发送私信领福利"，这样可以激发用户主动发私信，然后回复事先编辑好的引流内容等。

以下是一些有关抖音私信引流的建议，可以帮助短视频营销者更有效地利用抖音私信引流。

（1）明确目标。在开始使用私信功能之前，短视频营销者需要明确目标，如想要吸引什么样的潜在用户，用户想要的商品或服务是什么。明确目标将帮助短视频营销者更有针对性地发送私信。

（2）制定吸引人的问候语。问候语是让潜在用户愿意回复你的私信的关键。要确保问候语具有吸引力，能够引起用户的兴趣。问候语可以包含有趣的表情符号、个性化的语言或与企业相关的信息。

（3）提供有价值的内容。在私信中提供有价值的内容是一个吸引潜在用户的好方法。短视频营销者可以通过私信与用户分享与商品或服务相关的信息、有趣的视频片段或独家优惠等。

（4）引导关注。通过私信引导潜在用户关注抖音账号是一个好方法，可采取一些激励措施，如提供独家优惠或赠品等。

（5）定期发送私信。定期发送私信有助于保持与用户的联系，并让他们知道你一直在关注他们的需求，但要注意保持一个合理的发送频率，保证不会过度打扰他们，同时也不会让他们错过任何重要的信息。

（6）安装自动营销工具。这样就可以通过工具自动关注评论、私信，从而节省很多时间和人力。短视频营销者借助自动营销工具，可以选择账号昵称中有相关关键字的用户，对他们设置自动发送私信的功能，这样就可以实现自动营销。

在使用私信功能时，要遵守平台的规定和政策，避免任何违规行为，以免影响账户安全和引流效果。

3.2.5　发起或参与挑战赛

抖音挑战赛是一种基于视频挑战的活动，通过官方的引导性发布，邀请用户参与挑战。用户按照挑战规则制作视频并发布，便有机会获得平台发放的奖金。这种挑战赛可以刺激视频数据增长，增强短视频营销者的影响力，并增强抖音平台的用户黏性。这种形式非常适合平台与用户共同探索新的内容形式，同时也为优秀的短视频营销者提供了展示和发声的机会。

要想更好地推广短视频，短视频营销者可直接在短视频平台发起或参与挑战赛活动。挑战赛不仅充满趣味性，还具有强烈的代入感，可以在很大程度上满足用户的好奇心。因此挑战赛往往能引发用户的关注，增强其参与感，带来可观的粉丝和流量。

短视频营销者在发起或参与挑战赛时要注意以下两点。

（1）活动要有一定的难度。只有具备一定难度的活动，才能激发用户的挑战欲望和竞争意识。

判断用户挑战成功要有一个较高的标准，只有达到此标准才算挑战成功。

（2）活动要有一定的奖励。设置奖励是激发用户参与的有效手段之一，奖励既可以是物质奖励，如优惠券、精美礼品等，也可以是精神奖励，如授予用户某种荣誉称号等。在抖音平台中可以关注"抖音小助手"账号，它会定期推送火热的挑战赛，图3-8所示为"抖音小助手"账号主页。图3-9所示为"抖音美食"挑战赛。通常情况下，这些挑战赛有几千万人甚至几亿人观看和参与。因此，积极参与热度高的挑战赛，适当发布优质视频，短视频营销者就有可能获得高点击率，赢得曝光。

图3-8 "抖音小助手"账号主页

图3-9 "抖音美食"挑战赛

当然，短视频营销者不能每一个挑战赛都参与，要选择适合自己的挑战赛，在参与时细心阅读挑战赛的要求；同时，要写好短视频文案，通过分析数据找到合适的挑战赛，然后制作出优质的短视频并上传，这样推广的精准度就会有所提高。

3.2.6 多平台推广

除了可以在短视频平台内部进行推广外，短视频营销者还可以利用其他平台，如微信、微博、今日头条、QQ等进行推广，如图3-10所示。

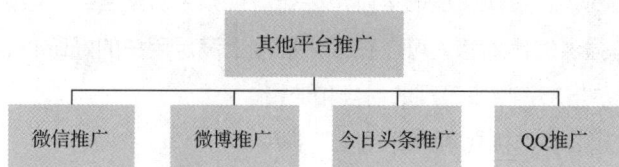

图3-10 利用其他平台进行推广

1. 微信推广

微信具有其他平台无可比拟的优势，如用户黏性强、覆盖面广、互动频率高、信息传播范围大。短视频营销者可以将短视频分享到微信朋友圈、微信群、微信公众号等，这有利于短视频的传播。

第一，在微信朋友圈发布推广短视频，吸引微信好友的注意力。如果发布的短视频有趣好玩，好友就会关注。需要注意的是，短视频封面决定了好友对短视频的第一印象，所以封面一定要美观、突出短视频特色，同时做好文字描述，把重要的文字信息放上去，从而吸引微信好友点击播放短视频。图3-11所示为在微信朋友圈推广短视频。

第二，在微信群中定期发布自己的短视频，以增加曝光率。当然，这和朋友圈推广有一个共同点，那就是选择发送的短视频的质量要高，发送频率要适当，并且要注意合理安排发布时间。同时，可在微信群中定期发布短视频，保持群成员的关注度。图3-12所示为在微信群发布推广短视频。

图3-11 在微信朋友圈推广

选择合适的微信群进行推广是关键。首先要了解目标用户所在的群组类型，如行业群、兴趣群、地区群等。根据群成员的特点，有针对性地发布短视频。同时，注意观察群内互动情况，了解群成员的兴趣爱好，以便更好地把握推广时机。

第三，通过微信公众号推广短视频。首先可以在公众号内开设视频专栏，定期更新，引导用户观看，丽江玉龙雪山公众号开通的视频专栏如图3-13所示。这种方式需要保证视频的质量和内容的吸引力，以留住用户并吸引他们观看更多视频。其次可以在公众号文章中插入短视频，并在文章中通过引导语或奖励机制鼓励用户分享短视频，扩大短视频的传播范围。

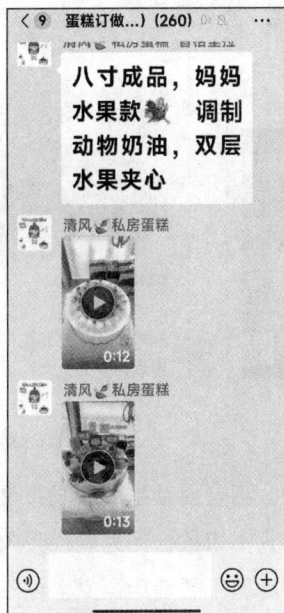

图3-12 在微信群推广

图3-13 微信公众号推广

2．微博推广

微博的用户基数很大，信息传播范围自然很广。利用微博来推广短视频的具体方法如下。

第一，利用微博与粉丝互动，不定期在微博中发福利，表达对粉丝的重视和关爱。发布的内容受到粉丝的喜欢，粉丝就会自觉转发，短视频就会获得更多关注。短视频营销者只有用心经营粉丝群，持续与粉丝对话，才能达到推广和转化的效果。

第二，短视频营销者可以在微博发布短视频以及创作花絮、心情，表达自己的想法，让粉丝更近距离地了解短视频创作的过程。图3-14所示为通过微博推广短视频。

第三，利用微博的"@"功能来推广引流。短视频营销者可以在微博上"@"名人、媒体或企业的微博账号，如果他们回复了，就能借助其庞大的粉丝群体扩大自身影响力，以引起更多人的转发和关注。

第四，利用微博话题进行推广。短视频营销者可以借助与短视频内容相关的话题进行推广，添加"#"标签，同时在微博正文中阐述自己的看法和感想，从而借话题提高微博的阅读量和短视频的播放量。短视频营销者应根据自己要推广的商品来选择相应的话题。如果从事餐饮行业，那么可以选择"餐饮""美食"等话题，实现引流效果。

3．今日头条推广

短视频在今日头条平台上的推荐量是由智能推荐引擎机制决定的，一般与热点相关的短视频会被优先推荐，热点的时效性越强，短视频获得的推荐量就越高。今日头条上的热点每天都会更新，所以短视频营销者在发布短视频之前要查看平台热点，找出与将要上传的短视频相关联的热点关键词，并根据热点关键词来撰写短视频的标题，以提高短视频的推荐量。图3-15所示为通过今日头条推广短视频。

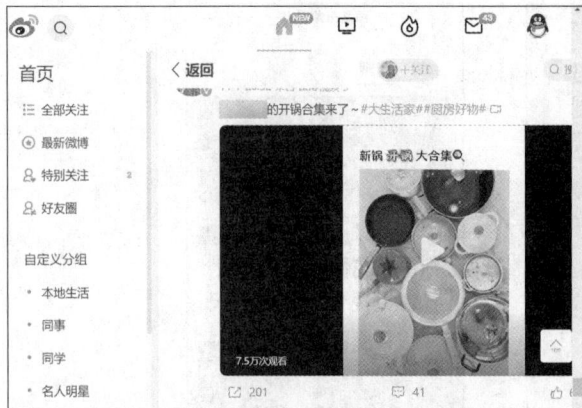

图3-14　微博推广　　　　　　　　　图3-15　今日头条推广

今日头条的短视频审核工作由机器与人共同负责。当短视频营销者发布短视频后，首先是由智能引擎对短视频进行关键词审核，其次是由平台工作人员审核。因为短视频内容的初次审核是由机器完成的，所以短视频营销者在确定短视频标题时，尽量不要使用语义含糊不清的文字或者非常规用语，以免增加机器的审核障碍。

4．QQ推广

QQ是办公、日常生活交流必不可少的一款社交软件，它让人们的社交更加方便；同时，QQ也是非常好的短视频推广工具。利用QQ推广短视频时，可以从以下几个方面着手。

（1）巧妙设置QQ头像、昵称。可根据自己的短视频性质把QQ昵称设置为与短视频账号相同的名称，把QQ头像设置为与短视频账号相同的头像，等等。

（2）提高QQ日志浏览量。QQ日志也可以用来推广短视频，这需要短视频营销者经常编辑日志，更新动态。

（3）空间送好友礼物。通过赠送好友礼物，在礼物中设置留言，如在留言中加入短视频账号、短视频内容简介等进行推广。

（4）个性签名。QQ的个性签名也可以用来进行短视频推广，可设置个性签名与QQ空间的说说同步，并在个性签名中加入短视频。

（5）QQ空间的评论。短视频营销者应经常评论别人的日志、说说，在对方空间留下相关信息。

上述推广平台还有很多，短视频营销者可以根据自己的喜好、习惯及其他标准进行选择；选择时要考虑每个平台的独特属性和用户群体特征，使所选择的推广平台与自己想要获取关注的群体高度吻合，以实现最大范围的推广。

3.3　短视频付费推广

为了更好地帮助短视频营销者推广自己的短视频作品，一些短视频平台相继推出付费推广服务，如抖音DOU+投放推广、快手粉条投放推广、视频号付费推广等。

3.3.1　抖音DOU+投放推广

DOU+是抖音为短视频营销者提供的视频/直播间加热工具，能够有效提升视频的播放量与互动量，增加视频的热度和人气，吸引更多感兴趣的用户进行互动和关注。DOU+可以很好地帮助短视频营销者提高视频的播放量、互动率、转粉量等数据。

> 💡 提示与技巧
>
> DOU+分为视频DOU+及直播DOU+，分别适用于短视频加热场景以及直播间引流场景。
>
> （1）视频DOU+是一款为抖音短视频营销者提供的视频加热工具。它不仅能有效提升视频的播放量与互动量，还能增加视频的热度与人气，吸引更多用户互动与关注，实现提升视频互动量、增加粉丝量等目标。除了可以为自己的视频投放DOU+，还可以为他人的视频投放DOU+，这一操作在移动端即可完成。
>
> （2）直播DOU+是一款为抖音主播提供的直播间加热工具。它能够增加直播间的热度、曝光率，从而吸引更多用户进入直播间，帮助商家解决直播间人数少、粉丝量少和冷启动难等问题。

投放DOU+需要一定的技巧，盲目投放可能导致事倍功半，达不到预期效果。投放DOU+的技巧如下。

1．确保短视频符合投放要求

只有通过抖音系统审核的短视频才可以投放DOU+。短视频营销者在投放DOU+之前，要保证短视频的质量，如短视频要具有创新性和独特性，清晰、完整，不包含任何形式的违规内容。

2．选择合适的投放时间点

短视频营销者投放DOU+要选择合适的时间点。短视频发布初期是投放DOU+的黄金时期，这个时期短视频营销者投入较少的资金就能让短视频进入更大的流量池内，获得更多的流量。随着短视频发布的时间越来越长，为短视频投放DOU+的效果会越来越不明显。如果是新号，一条短视频首次投放的价格最低为100元，应选择上午10点左右投放，时长为6小时；或下午5点左右投放，时长为6小时。

3．精准确定目标用户群体

短视频营销者可以自己设置目标用户群体的属性，包括目标用户群体的性别、年龄、地域等，如图3-16所示，以提高DOU+投放的精准度，让短视频出现在更多精准用户的主页，为短视频吸引精准流量。

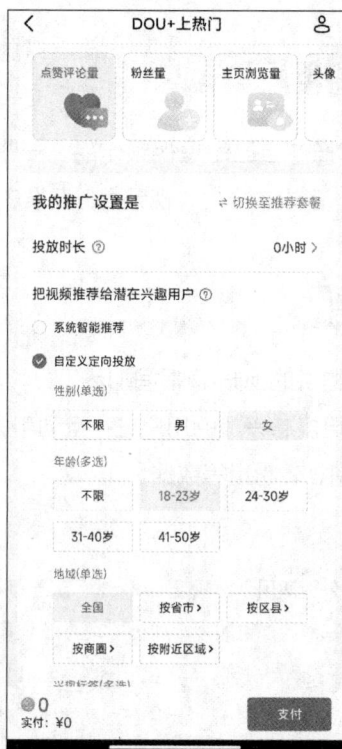

图3-16　设置目标用户群体的属性

4．进行小额多次投放

短视频营销者在投放DOU+时需要遵循小额多次投放的原则，即每次投放较少的资金，进行多次投放。假设短视频营销者有2000元的DOU+投放预算，那么就可以选择每次投200元，共投放10次的策略，而不要一次性将2000元全部投完。小额多次投放有利于短视频营销者控制投放DOU+的试错成本。

在投放DOU+之前，要对视频内容进行充分的测试和验证，了解目标用户的需求和兴趣，以制定合适的投放策略。可先拿出一个商品进行测试，拍几个高质量的短视频并发布，不做任何包装，直接投100元的DOU+基础套餐，看能带来多少价值。其中，目标用户的年龄、地域和兴趣可根据需要进行选择。然后选择有潜力的短视频进行包装，包装好之后再投放DOU+，这一次至少投入500元，同时维护用户的评论和点赞等行为。

5. 调整和优化投放方案

在投放DOU+期间，短视频营销者要随时查看短视频的数据表现，并据此及时调整和优化投放方案，以增强投放效果。

> 💡 **提示与技巧**
>
> **哪些领域的账号不建议投放DOU+？**
>
> 　唱歌、跳舞、影视、剧情、搞笑、萌宠等泛娱乐领域的账号不建议投放DOU+，主要原因是这些领域本来受众群体就很广泛，而且该领域受众群体的点赞数、评论数、转发数、关注数的转化率很高。

3.3.2　快手粉条投放推广

快手粉条是快手官方推出的一款增加短视频曝光量的付费营销工具。短视频营销者购买并使用该工具后，能够将短视频快速推荐给更多的用户，提高短视频的曝光量、播放量、点赞量、评论量，从而实现快速"涨粉"。短视频营销者想通过快手粉条投放推广获得较好的投放效果，可以运用以下技巧。

3-2　快手
粉条投放推广

1. 保证作品质量

快手粉条投放推广对作品有要求，一定要确保是优质原创作品、格式为高清竖版、有优质封面、内容垂直且非违规的视频。如果短视频营销者想投放快手粉条，首先要保证自己的短视频作品符合相关要求，否则无法通过平台审核，也就无法投放快手粉条。

2. 投放账号质量高

短视频营销者要保证短视频账号的定位与账号发布的短视频内容相一致。如果账号早期发布的短视频质量较差或者与账号定位不符，短视频营销者可以将其删除或隐藏，以免影响用户的观看体验。如果短视频营销者运营的是一个新账号，则可以在账号中预先发布一些作品，然后从中选择在没有投放快手粉条的情况下自然流量较高的作品进行优先推广，以降低引流"涨粉"的成本。

3. 选择合适的投放时间

进行快手粉条投放推广要选择好时间，如在高峰时间投放推广优质的作品，这样短时间的播放量会高于其他作品。短视频营销者在首次为自己的短视频投放快手粉条时，可以选择较短的投放时长，后续及时查看投放效果。如果短视频的各项数据表现良好，就可以增加投放金额，延长投放时间。

4. 根据目的选择投放目标

短视频营销者要明确自己投放快手粉条的目的，并选择合适的推广目标。在"快手粉条"界面中，"希望提升"一栏有"点赞评论数""涨粉数""播放数""主页浏览数"等目标，如图3-17所示。短视频营销者要明确自己的投放目的，并选择合适的推广目标。

使用快手粉条推广自己的作品的具体操作步骤如下。

（1）打开快手App，进入首页，点击左上角的三图标，在展开的界面中点击下方的"设置"按钮，如图3-18所示。

（2）进入"设置"界面，在"服务"分类中，选择"快手粉条"选项，如图3-19所示。

图3-17 选择希望提升目标　　图3-18 点击"设置"按钮　　图3-19 选择"快手粉条"选项

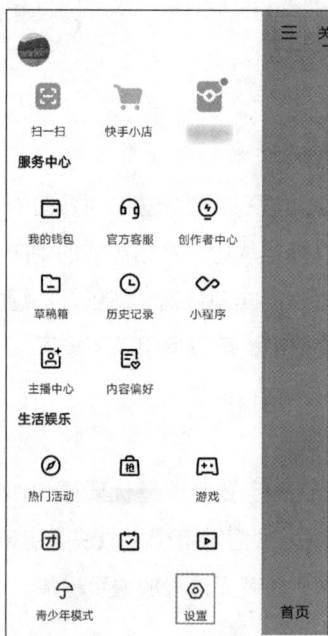

（3）进入"快手粉条"的"速推版"界面，选择自己的作品，选择要推广的人数，完成后点击"立即支付"按钮，如图3-20所示，就可以推广自己的作品了。

（4）还可以进入标准版界面，选择希望提升的目的和套餐，完成后点击"立即支付"按钮，如图3-21所示。

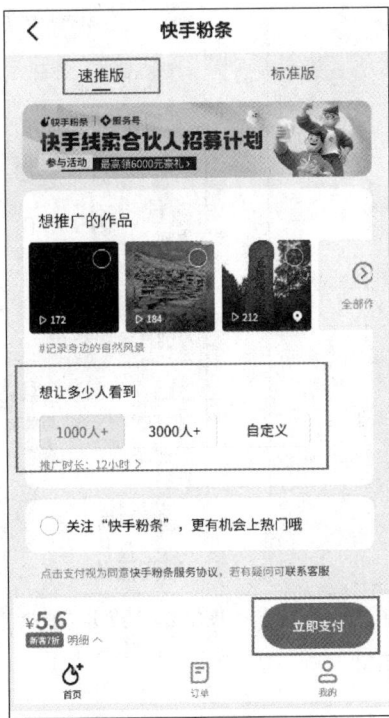

图3-20　"速推版"界面

图3-21　"标准版"界面

3.3.3　视频号付费推广

付费推广是指短视频营销者作为广告主在视频号平台内购买一定的流量，为自己的短视频或直播间增加浏览量或观看人数的推广手段。付费推广手段可以让短视频、直播间在恰当的时间被更多、更精准的用户看到。

视频号付费推广的优势在于其巨大的用户基数和广告覆盖范围。通过视频号付费推广，短视频可以轻松触达巨大的用户群体，提高企业或品牌的曝光率。此外，视频号付费推广还具有定位精确的特点，可以根据用户的兴趣、地理位置等因素进行广告推送，从而提高广告的点击率和转化率。

3-3　视频号
付费推广

当前视频号中的推广工具主要包含微信豆、ADQ两种。微信豆作为视频号的一款加热工具，可帮助短视频营销者高效完成内容推广，它的核心应用场景是直播间，可以对标账号的粉丝，根据粉丝兴趣爱好进行投放，更多是为了对视频号的老粉进行召回，使其复购。而ADQ（ad.qq.com，简称ADQ）是腾讯广告投放平台，覆盖视频号、朋友圈、公众号、小程序、腾讯新闻、腾讯视频等多个腾讯系场景。

下面介绍通过视频号加热工具向目标用户群体推广，具体操作步骤如下。

（1）从手机端进入视频号账号主页，点击右上角的···图标，如图3-22所示。

（2）进入"账号管理"界面，选择"创作者中心"选项，如图3-23所示。

（3）进入"创作者中心"界面，点击"加热工具"按钮，如图3-24所示。

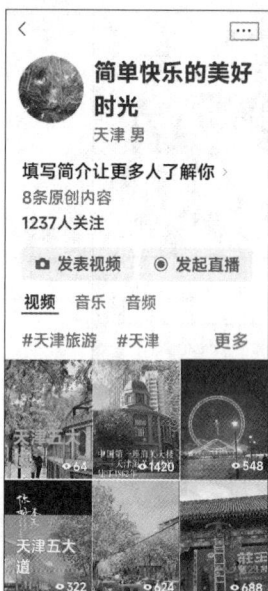

图3-22　点击•••图标

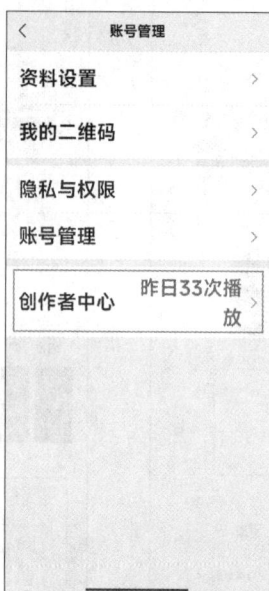

图3-23　选择"创作者
中心"选项

图3-24　点击"加热工具"按钮

（4）在界面顶部选择"视频"选项，接着点击"去加热"按钮，如图3-25所示。

（5）在"我的视频"界面中轻触视频即可选择想要加热的视频，如图3-26所示。

图3-25　点击"去加热"按钮

图3-26　轻触选择视频

（6）进入"创建加热计划"界面，如图3-27所示。首先选择"优先提升目标"，包括"点赞数""关注数""播放数"等数据，系统将优先对有相关高频行为的用户进行视频推荐，达到投放推广的目的；接着选择"下单金额"；最后选择"加热方式"。加热方式包括"智能加热"和"定向加热"。"智能加热"是根据视频号算法对视频信息的分析，帮助用户找到合适的推送场景和人群。"定向加热"可根据用户自定义的人群（如作者粉丝、群聊成员）、用户感兴趣的领域，以及用户性别、年龄段、地域（支持省/地级市）等维度投放，并支持设置投放时间。

（7）点击"下一步"按钮，进入支付界面，如果微信豆不足，还需要充值，如图3-28所示，充值完成后即可成功加热。

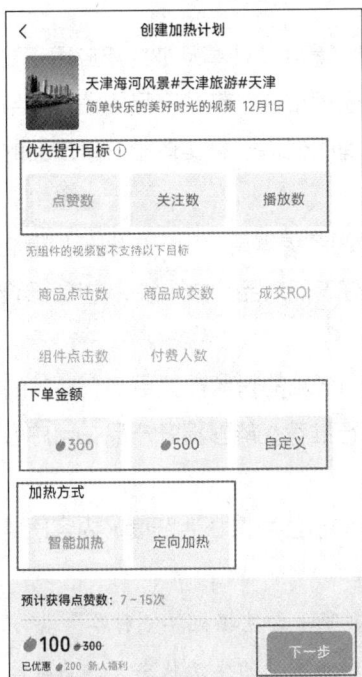

图3-27 "创建加热计划"界面

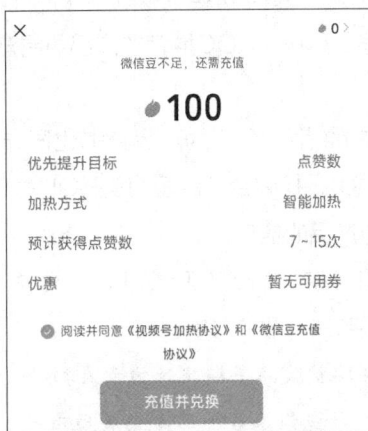

图3-28 微信豆充值界面

3.4 其他短视频营销方法

除了前面介绍的常见短视频营销方法，还有一些其他的方法，包括短视频种草引流、短视频在线获客引流和短视频直播引流等。

3.4.1 短视频"种草"引流

短视频"种草"引流是指通过制作和分享短视频，向目标用户展示产品的外观、功能、特点，从而激发用户的购买欲望的营销方法。这个过程类似于播种和收获，所以称之为"种草"。在这个过程中，短视频营销者以自身真实使用经验和喜爱程度来推荐产品，这种推荐具有一定的信任度和号召力。短视频"种草"引流的优势在于互动性更强、传播速度更快，能够激发用户分享，形成多级传播。

利用短视频"种草"引流，可以采取以下营销策略。

1. 发动 KOC 和 KOL "种草"

近年来，随着社交媒体的快速发展，KOC（Key Opinion Consumer，关键意见消费者）和

KOL在营销领域的重要性日益凸显。在短视频平台发动KOC和KOL"种草"，已经成为许多品牌的重要营销手段。

KOC和KOL的"种草"内容通常具有较高的可信度，能够引起用户的共鸣，提高产品认知度，可以激发用户的购买欲望，促进产品销售。

KOC对应着平台的"达人"、"网红"、垂类博主等。"种草"被广泛应用于营销推广中，因为弱化了营销属性，所以更容易将内容场景和消费场景相结合，带动产品的销售。与品牌以开屏广告或信息流广告等方式宣传产品相比，由"达人"和博主们基于真实体验分享产品的方式更有"种草"氛围，也更容易赢得用户的信任。

相比于KOL，KOC的粉丝数量较少，但其优势是内容更垂直，用户更细分和精准，"种草"转化的可能性更强。用户对KOC推荐的产品更易产生信任，而对品牌方来说，与KOC合作的成本也相对较低。

除了KOC的推荐，KOL为产品背书也同样重要。KOL的粉丝数量更多，覆盖的群体相对更广泛，影响力也更大，找到合适的垂直类KOL对产品进行推荐，能够提升产品在用户心中的级别和分量，增强用户对产品的信任。

短视频营销者在选择KOC和KOL时，要关注他们的粉丝数量、活跃度、内容质量等因素，确保他们能够为产品带来有效的影响。

例如，某品牌护肤品早期就致力于在微博、小红书等平台挖掘极具"种草"潜力的KOC和部分KOL，通过图文和视频等多种形式来展现有趣、健康和正能量的生活状态。该品牌依靠中腰部KOL和尾部KOC来连接用户，由点到面地影响用户决策，增强用户转化和复购的可能性。

2. 多样化"种草"形式

越来越多的人开始通过各种平台分享自己的生活和购物经验。在这个过程中，"种草"成为一种流行的消费行为模式。多样化的"种草"形式正在不断涌现，下面介绍常见的短视频"种草"形式。

（1）揭秘"种草"。揭秘"种草"是指通过拍摄短视频来揭秘一款产品的制作过程、成分、参数、使用效果等内容。揭秘类的"种草"短视频，可以直观地展示产品的制作过程，从而让用户产生一种信任感，而且揭秘类的短视频其实也是在向用户展现自己产品的货真价实。例如，可以在制作鞋子的车间拍摄短视频，让用户看一看一双鞋是如何制作出来的。但需要注意的是，这类短视频应该以事实为基础，不能夸大宣传。

（2）开箱"种草"。开箱"种草"是一种十分直观的"种草"形式，此类短视频的主要内容是从新用户的视角进行拍摄，进行拆包裹、开箱、拆标签等行为，向用户全方位地展示产品并试用，满足新用户的好奇心，激发其对产品的好感和购买欲。这类"种草"形式尤其适用于外包装设计比较有特色的产品或者新上市的产品。例如，短视频平台中有专门拍摄开箱"种草"视频的"达人"，他们通过拍摄收到礼物后打开，并简单试用后进行评价来向用户"种草"。

（3）试用"种草"。试用"种草"是指"达人"试用产品，并向受众分享自己的使用感受、产品性能等的"种草"形式。在此过程中，"达人"直接通过镜头将使用效果展示出来，真实性强，并且全方位地向用户传递产品信息。例如，某知名口红"达人"通过对热门口红进行试色，将口红的真实颜色向受众展示，并对其进行评价推荐，他凭借自身出色的"种草"能力俘获了不少女粉丝的心，经他推荐的产品都曾一度卖断货。

（4）测评"种草"。测评"种草"突出测评，测评过程要能体现产品的实际使用感受和使用前后效果对比，所以此类视频更有真实感和代入感，能够打消用户的疑虑，转化潜在用户。测评"种草"的可信度高，能更有效地促进"种草"转化。

（5）短剧"种草"。在剧情演绎类短视频中，"达人"展示品牌或穿插产品。因为短视频的剧情能够吸引大批用户，所以可以使品牌或产品获得较高的关注度与曝光度。此类"种草"形式适用于搞笑、生活、励志、穿越类剧情。

（6）才艺"种草"。才艺达人通过展示自己的才艺，围绕品牌元素进行原创或二次创作，将创意融入作品，植入表演中。此类"种草"形式适用于音乐、舞蹈、专业技能类才艺。

（7）搭配"种草"。同一款产品的多种搭配能够丰富产品的使用场景，增加产品的用途，从侧面提升产品在用户心中的价值。搭配不仅仅指服饰穿搭和美妆产品的搭配，也可以是与其他产品的生活场景搭配。这种短视频看似是在输出干货，其实是在展示自己产品的外观、实用性、质量，用户在不知不觉之间就被"种草"了。

（8）Vlog"种草"。Vlog"种草"是指通过Vlog的形式，记录个人对某一产品的使用体验和推荐理由，以激发用户的购买欲。Vlog是一种视频日志，通过记录日常生活、旅游经历、美食体验等个人经历和感受，展现个人风格和生活态度。"种草"则是指向用户推荐某产品或品牌，以引起用户的购买兴趣，将产品融入Vlog中，能够实现潜移默化且自然的"种草"。

3.4.2　短视频在线获客引流

短视频在线获客引流指的是很多传统的线下行业利用短视频平台的高流量来获取潜在用户，常见于一些不能直接在线上销售的行业，如房地产、汽车、美容美发等。

在竞争激烈的短视频市场中，如何通过有效的在线获客引流策略吸引并留住用户，成为每个短视频营销者必须面对的问题。利用短视频在线获客引流，可以采用以下营销策略。

1. 设置引流入口

在线获客引流的关键是与用户建立联系，使用户主动联系账号或留下联系方式，从而产生进一步沟通的可能。所以引流入口很重要，引流入口越明显、越多，成功获客引流的可能性就越大。以抖音为例，短视频账号可以通过如下方式设置获客途径。

（1）使用账号主页的"联系方式"或者"联系电话"功能，直接导入企业客服电话，使用户直接与账号联系，如图3-29所示。

（2）使用账号主页的"粉丝群"功能，引导粉丝加入抖音粉丝群。企业通过粉丝群与粉丝建立私域关联，以进行进一步沟通，并将其转化为客源，如图3-30所示。

图3-29　账号主页设置"联系方式"功能

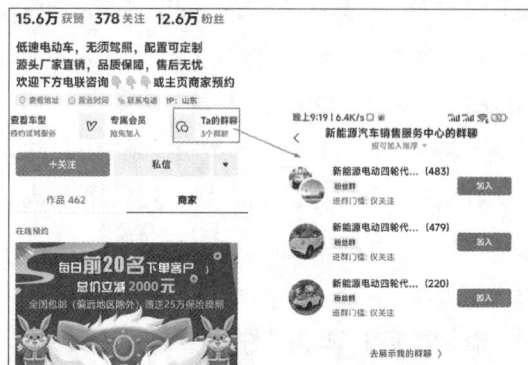

图3-30　抖音粉丝群

（3）在发布的视频中直接设置与商品相关的预约咨询服务，用户点击后可以直接咨询，如图3-31所示。这样做能简化获客步骤、降低获客难度，简单直接。

（4）在视频的评论区设置与视频内容相关的导流链接，感兴趣的用户点击链接后可以进行咨询或留下联系方式，这样的方法也较为简单直接。

（5）直播时设置引流入口。商品可以以弹出窗口的形式在直播间上架，如图3-32所示，引导用户下单购买，即可直接获客。

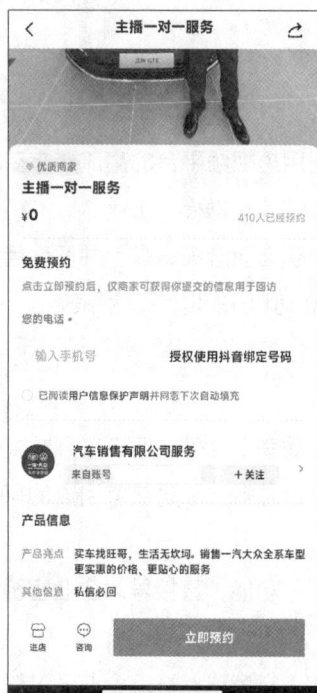

图3-31　预约咨询服务

图3-32　商品以弹出窗口的形式上架

2．引导并回复评论

　　通过在评论区与粉丝进行更好的互动，短视频营销者可以为账号带来更多的人气。短视频营销者可在视频的结尾或者标题中使用问句或祈使句，这样更容易引发用户评论、激发用户的表达欲。

　　针对用户在评论区的评论，短视频营销者要做好评论互动，促使用户转发短视频，帮助自身吸引更多的用户。回复用户评论时短视频营销者需要注意以下几点。

　　（1）要尽可能第一时间回复用户的评论，这样可以让用户感受到短视频营销者对他们的重视，使其产生强烈的好感。回复得越快，就代表短视频营销者对用户的重视程度越高，用户对短视频营销者的好感也就越强烈。

　　（2）顺着用户的思路互动。有时用户的评论可能言语过激、语气尖锐，此时短视频营销者切不可"针尖对麦芒"式地进行回击，而要顺着用户的思路与其展开互动，显示出自己按照其期望不断改进的决心，增强他们的期待感。

　　（3）除了在评论区进行回复，还可以对用户的评论进行整理，在下条短视频中进行整体答复。当短视频账号发展到一定阶段后，短视频营销者可以就用户评论单独开通一个问答环节，这样可以极大地增强用户的参与感。

　　（4）当面对大量评论时，首先挑选重点评论进行回复，可以优先回复有负面情绪的用户、提出建议的用户，以及互动频繁的用户等，然后回复其他的评论，尽量做到有咨询必回复。通过评论功能，短视频营销者可以和粉丝进行更好的互动，从而带来更多的人气。用户评论如图3-33所示。

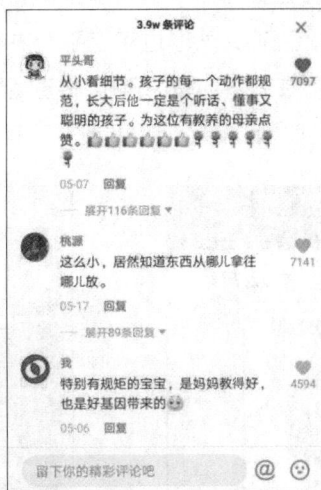

图3-33　用户评论

　　（5）还可以借助评论来引发用户互动。当在评论区发现高质量的评论时，可以将其置顶，引导用户进行更大范围的互动。

3.4.3　短视频直播引流

　　短视频直播引流是一种全新、高效的营销方式，它利用短视频直播平台的优势，实现了更直接、更深入的营销效果。相比于短视频在线获客引流，直播引流更加直接和高效。

1. 直播预告引流

直播预告引流是指通过提前预告、提前宣传推广的方式，吸引用户关注和参与直播，通常表现为在社交媒体平台上发布预告信息，如直播时间、主题、内容等，同时可以配合一些宣传图片或视频来提高曝光度。

这种推广方式可以在直播开始前就吸引潜在用户，提高直播间的关注度和人气，促进互动和提高转化率。在进行直播前预告引流时，需要注意选择合适的宣传渠道，制定合理的推广策略，确保信息准确、吸引人，并且与直播主题相符。

> 💡 **提示与技巧**
>
> 营销人员在设计直播预告时，要确保直播预告能够迅速吸引用户的目光。营销人员可以采用图文和视频结合的方式讲明直播的重点内容，同时还要为直播确定一个吸睛的标题，因为吸睛的标题能够让更多用户关注直播。

常见的直播预告引流渠道有社交媒体平台、电商平台、企业官网、线下实体店等。

（1）社交媒体平台。在抖音、快手、小红书、微博、微信等社交媒体平台上发布直播预告，可以分享直播时间、主题、嘉宾等信息，并邀请用户互动，提高直播曝光率。营销人员及其团队要了解这些平台的用户活跃时间，并在用户活跃时间内发布直播预告信息。如在短视频平台账号名称中备注直播信息，在账号简介文案中说明直播时间（如"每天19:30开始直播"）。图3-34所示为在账号简介文案中说明直播时间。

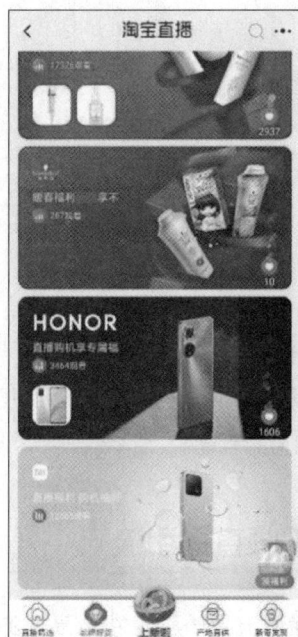

（2）电商平台。电商平台是连接主播和用户的重要渠道，因此营销人员可以通过电商平台进行直播预告引流。以淘宝平台为例，营销人员通过淘宝平台进行直播预告引流的优势是十分明显的。淘宝平台首页有直达淘宝直播的入口，营销人员可以将直播预告发布在淘宝平台上，如图3-35所示。

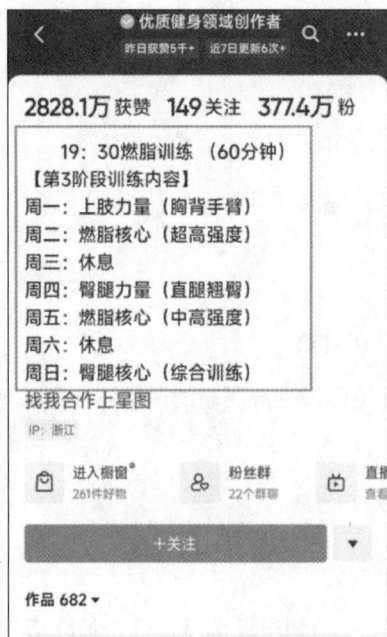

图3-34 在账号简介文案中说明直播时间

图3-35 淘宝平台上的直播预告

（3）企业官网。企业官网拥有新闻发布、口碑营销、商品展示等功能，是企业面向社会的重要窗口。因此，主播和企业合作推销商品时，可以利用该企业的官网进行直播宣传预热。有些用户并不关注直播，但是他们会通过企业官网关注自己心仪的商品。主播通过企业官网进行直播宣传预热，就能够吸引这些关注该企业的用户前来观看直播。

例如，某主播与某手机品牌达成合作，以首席体验官的身份体验并推销该品牌的新款手机。在直播之前，为了吸引更多用户观看直播，该主播在该手机品牌的官网上发布了直播预告。一些以前不关注直播，但是关注该手机品牌的用户通过官网上的直播预告了解到新款手机的直播信息，可能就会在直播当天进入主播的直播间购买手机。也就是说，这位主播通过在企业官网发布直播预告的方式吸引了更多用户的关注。

（4）线下实体店。当自身拥有线下实体店或者与拥有线下实体店的品牌商合作时，主播也可以把直播预告投放到线下实体店中。许多习惯于在线下实体店购物的用户或许没有接触过直播，但对该品牌的商品是有需求的，他们极有可能成为直播间的粉丝。因此，主播要吸引这部分用户关注自己的直播信息。

主播可以在店内宣传自己的直播间，还可以把直播预告印在传单上，发放给用户，图3-36所示为直播预告传单。实体店内的店员在用户结账时也可以向用户宣传直播信息："您好，我们店为了回馈新老粉丝，将在今晚于某某平台开启直播，直播间中的商品价格更加优惠。"对于追求实惠的用户而言，他们在听到价格更加优惠后，很有可能会按捺不住好奇心去观看直播。

图3-36 直播预告传单

主播可以在实体店的店外放置用于展示直播信息的展板。在设计展板时，主播需要注意将直播的重点内容突出表现在展板上，让用户在看到展板第一眼时就能看到与直播相关的重点内容，如直播平台、直播间的房间号、直播时间及直播中的惊喜福利等。

2．直播中的引流推广策略

短视频直播引流具有高转化率的特点。精心策划的直播内容可以有效地引导用户的注意力，激发他们的购买欲望，从而实现更高的转化率。同时，直播中的优惠活动也能够进一步刺激用户的购买行为。直播中的引流推广策略有很多，如派发红包、进行抽奖活动、发放优惠券、发起互动小游戏等。

（1）派发红包。一场完美的直播离不开主播与用户之间的互动，用户越活跃，直播效果越好。派发红包是直播间比较常见的一种促销策略。

对于新主播来说，前期粉丝数量很少，可以采用派发红包的方式来提升直播间的人气，派发的红包如图3-37所示。派发红包要在介绍完商品，并等待用户输入指定内容、下订单以后进行。主播可以这样说："好了，现在又进入我们的发红包环节了，主播马上就要派发红包了！"主播可以倒计时，让用户做好准备，并在派发完红包以后展示领到红包的人数。

（2）进行抽奖活动。抽奖活动是主播与直播间用户互动、拉新"涨粉"的利器，不但有助于活跃直播间气氛，提升直播间流量，还能通过用户拉新助力的方式产生裂变、促进"涨粉"，帮助主播增加用户的直播间停留时长。同时，用户在参与抽奖活动时可以帮助直播间提升转化率。

主播通过进行抽奖活动来吸引用户观看直播，可以大幅增强用户黏性。大多数用户有追求实惠的心理，抽奖活动则能够带给用户直接的实惠。在观看直播的过程中，用户追求实惠的心理得到了满足，自然会关注主播的直播间，主播就会因此获得更多粉丝。直播间抽奖活动如图3-38所示。

图3-37　派发红包　　　　　　图3-38　直播间抽奖活动

（3）发放优惠券。优惠券是虚拟电子现金券，用户在直播间购买商品时，可以使用优惠券抵扣现金。发放优惠券的促销策略具有较强的灵活性，优惠券的面额、发放对象及发放数量由主播决定。

发放优惠券的成本很低，并且发放对象多是直播间的用户，因此发放优惠券能实现精准投放。发放优惠券可以加强用户与主播的互动，同时能够强化直播间的变现能力。如果用户对主播推销的商品比较满意，那么此时主播向用户发放优惠券就能够有效刺激其将消费想法转化为行动，从而产生消费行为。在腾讯视频直播间中发放优惠券的方法如图3-39所示。

主播在发放优惠券时要设置一定的规则，创建定向优惠券，如用户需要关注账号后才可以领取。主播通过发放这种优惠券可以将对商品感兴趣的用户转化为直播间的粉丝，增加账号的粉丝数量。图3-40所示为关注主播以后才可以领取的定向优惠券。

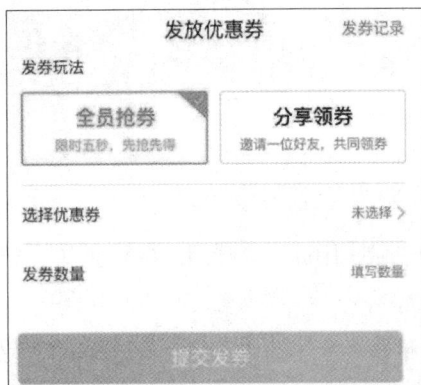

图3-39　在腾讯视频直播间中发放优惠券的方法

图3-40　关注主播以后才可以领取的定向优惠券

（4）发起互动小游戏。互动小游戏是指以挑战赛的形式让主播与用户互动，用户点赞会影响主播的分值，而主播只有挑战成功才能送出福利。主播要通过小游戏和用户形成良好的互动，游戏过程中要营造出挑战感、紧张感和综艺感。

在直播间发起互动小游戏可以让直播间的互动率大幅提升、观看时长大幅增加。直播开始时，主播要发出互动小游戏预告，让用户有动力为了好玩的互动内容和预期的权益准时进入直播间，从而增加直播间的观看时长。预告形式可以是直播间顶部公告通知、直播间贴纸预告，也可以是主播不断直播预告。直播间贴纸预告如图3-41所示。主播要为互动小游戏匹配一定的权益，可以是大额优惠券、红包或小样等。

图3-41　直播间贴纸预告

📖 素养课堂

短视频直播严禁虚假宣传

短视频直播营销人员在通过短视频平台直播的过程中，必须遵守不得虚假宣传的相关规定。虚假宣传违规情形包括但不限于以下内容。

小实验展现：使用小实验展现商品效果，但实验本身与所分享商品的效果并无直接因果关系。

吹嘘夸大：非特殊化妆品宣称有特殊化妆品功效，普通食品宣称有医疗保健功效等，进行效果性保证或承诺，以违背常识、夸张演绎的形式演示商品效果。

假冒伪劣：无客观依据进行专利、荣誉、研发团队、销量相关宣传，或无授权借以具有名人效应人物的音频、形象或名义进行商品宣传。

宣传信息与实际不符：所宣传的商品各项参数信息与实际情况不符。

夸张对比：以使用商品前后的对比效果为宣传点，明示或暗示商品效果，混淆用户认知，传达不实的商品效果信息。

虚假活动信息：利用口播、视频字幕、购物车等发布分享"关注领奖品""免费送"等活动信息，但活动信息与实际情况不符。

违规宣传语：在分享商品的过程中，宣传养生、保健或医疗等相关专业领域的信息。

极限词：在口播、视频字幕、购物车/视频标题中有"国家级""最高级""最佳""全国第一""绝无仅有""顶级"等《广告法》中的禁用词汇。

虚构原价、优惠价、政府定价：以任何原因虚构原价和降价原因，使用"全网最低价""政府定价""极品价"等用户无法做出比较及参考的价格表述进行宣传。

其他法律法规、平台规定禁止出现的虚假宣传内容。

3. 直播后的引流推广策略

主播做直播并不是只做一场，而是会持续不断地去做。因此，直播后主播需要将"流量"变成"留量"。这就需要主播在直播后做好后端的变现和维护。

每次直播后主播都要对直播进行总结和复盘，分析每场直播的优缺点，及时跟进订单处理、奖品发放等，确保用户满意度保持在合理水平。

做好用户的维护，以提高老用户的复购率，同时进行口碑宣传以引起新用户的关注，从而吸引更多的流量。粉丝发消息，主播看到后要尽可能回复，让粉丝感受到主播的真诚和关心。

在直播后，主播还可以将直播视频剪辑成有趣画面汇总、直播干货等，并放入推广软文中或做成精彩的短视频，将这些直播视频上传到短视频平台、流量大的自媒体平台，让每一个感兴趣的用户都能看到并分享到自己的社交圈中，从而获得更大的流量。同时，主播也可以将这些干货直播类视频上传到问答类平台，以吸引更多的潜在用户。

▍技能实训——为旅游短视频投放DOU+

短视频已经成为当今社会中最受欢迎的内容形式之一，旅游短视频更是其中的热门领域，它们通过展示各地的美景、美食、文化等元素，吸引着越来越多的观众。然而，要想让旅游短视频在抖音平台上获得更多的曝光和关注，可以通过投放DOU+的方式快速推广短视频。

在投放DOU+之前，需要对旅游短视频进行优化，包括视频质量、标题、描述等，以确保视频内容有趣、有吸引力，符合目标受众的需求。

短视频营销者在抖音平台为自己的旅游短视频投放DOU+的操作步骤如下。

（1）登录抖音账号，进入账号后台主页选择想要投放的短视频，如图3-42所示。

（2）点击作品界面右侧的 ··· 图标，如图3-43所示。

（3）点击"上热门"按钮，如图3-44所示。

（4）进入"DOU+上热门"界面，设置"我想要"和"更想获得什么"等选项，如图3-45所示。

（5）选择套餐和投放金额，然后点击"支付"按钮进行支付即可，如图3-46所示。在选择DOU+投放套餐时，需要根据实际情况制定合理的预算。选择适合自己的投放金额，并根据投放效果及时调整预算和投放策略。

图3-42　选择想要投放的短视频

图3-43　点击•••图标

图3-44　点击"上热门"按钮

图3-45　设置选项

图3-46　选择套餐和投放金额

（6）还可以批量选择多个短视频投放DOU+，如图3-47所示，完成后点击"确定"按钮。

（7）批量选择多个短视频后点击"支付"按钮，如图3-48所示，支付成功后即可批量投放DOU+。

（8）订单审核通过后，在订单详情中可以看到最终的推广效果如图3-49所示。通过观察投放后的视频数据，可以了解视频的播放量和点赞量是否有所提高。如果数据增长明显，说明投放效果良好；如果数据增长不明显或下降，则需要考虑调整投放策略或优化视频内容。投放DOU+后，可以通过数据分析和反馈来评估粉丝数量是否有增长，增长的粉丝与目标受众是否相符。

图3-47　批量选择多个短视频　　　图3-48　点击"支付"按钮　　　图3-49　最终的推广效果

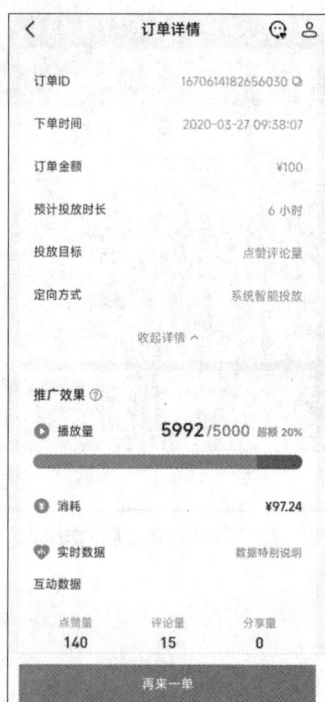

思考与练习

一、填空题

1. _____是用户在搜索时使用的词汇，是用户找到视频的关键。

2. _____就是利用一些文字信息将用户带入特定场景，使用户产生前所未有的体验或精神上的认知、共鸣。

3. 除了可以在短视频平台内部进行推广外，短视频营销者还可以利用其他平台进行推广，如_____、_____、_____、_____。

4. _____是抖音为短视频营销者提供的视频/直播间加热工具，能够有效提升视频的播放量与互动量。

二、单选题

1. 下面哪一项不是短视频关键词优化策略？（　　　）

　　A. 关键词数量越多越好　　　　　　　B. 选择与商品或服务相关的关键词

　　C. 选择与短视频内容高度相关的关键词 D. 定期调整优化策略

2.（　　）是利用人的认知心理，在短视频标题中将事物放在一起进行比较，目的是突出事物的本质特征，制造冲突性看点。

  A．悬念法   B．对比法   C．提问法   D．直言法

3.下面哪一项不符合短视频封面优化的要求？（　　）

  A．有吸引力   B．有亮点

  C．符合平台规范要求   D．色彩越丰富、文案越多越好

4.（　　）是抖音短视频平台的一个特色功能，它允许我们在发布短视频时提及特定的用户，从而引起他们的关注，扩大我们的社交圈。

  A．添加话题 B．添加位置 C．添加标签 D．"@朋友"功能

三、思考题

1.短视频内容简介文案优化要考虑的要素有哪些？

2.如何选择优质的话题标签？

3.在抖音投放DOU+的技巧有哪些？

4.常见的短视频"种草"形式有哪些？

任务实训

为了更好地理解短视频营销实战方法，我们将进行下述实训。

一、实训要求

1.选择自己熟悉的短视频平台，如抖音、快手、小红书、视频号等。

2.多渠道进行短视频营销推广。

3.根据短视频营销推广过程中存在的问题，提出针对性的建议，以优化营销推广的效果。

二、实训内容

1.在推广前进行短视频优化，包括标题优化、内容简介文案优化、封面优化。

2.进行官方平台营销推广，采用的方法包括添加话题、使用"@朋友"功能、添加位置、私信引流、参与挑战赛等。

3.进行短视频平台付费推广，包括抖音、快手、视频号的付费推广。

4.进行短视频"种草"引流、短视频在线获客引流和短视频直播引流。

第 **4** 章

短视频运营与策划

短视频运营与策划的核心目标是提升短视频的曝光量和互动率，成功的短视频运营与策划能够吸引更多的用户观看和参与，增强用户黏性，提升用户的忠诚度，通过持续提供高质量的内容和服务，增强用户对企业的信任和依赖性。短视频运营与策划涵盖多个环节和层面，包括短视频运营定位、短视频运营流程和短视频运营策划等。短视频营销者只要掌握了这些知识，拍摄出优质的短视频并不难。

知识目标	☑ 熟悉短视频运营目的定位和用户定位。 ☑ 熟悉短视频展示形式定位和账号人设定位。
技能目标	☑ 掌握用户分析。 ☑ 掌握内容策划。 ☑ 掌握短视频运营流程。
素养目标	☑ 恪守道德规范，加强道德修养，抵制不良内容侵袭。

《重庆云海列车》短视频火爆出圈点燃"重庆印象"

2022年3月，由重庆市文化和旅游发展委员会官方视频号、微博、抖音等新媒体平台首发的短视频《重庆云海列车》在各社交平台上火爆出圈。该短视频独具匠心、别具一格。短视频中，旭日东升、云雾蒸腾，重庆轨道交通6号线列车徐徐驶来，如梦如幻、如临仙境。该短视频借助重庆"3D魔幻"的独特城市地貌，以轨道交通破题，运用极致的东方美学表达，绘就了一幅充满诗意与禅味的水墨山水画卷。

《重庆云海列车》短视频以航拍、大场面进行展现。短视频中既运用了超广角镜头，呈现晨雾中列车犹如在云端穿行的壮美全景画面，恢宏大气，又通过"俯拍+推拉镜头"，为受众展示了两列对开列车在蔡家嘉陵江轨道专用桥上相遇的场景以及鳞次栉比的高楼、生机葱茏的树林、美轮美奂的云海、飞驰而过的列车。该短视频凭借专业的空中调度，通过高空、低空等多角度、多层次的影像呈现，使画面张弛有序、大气流畅，视觉效果震撼人心，令受众一览大美重庆，助力大众体验重庆、爱上重庆。

该短视频被人民日报、环球网、文旅中国、中工网等70多家媒体转发报道，全网播放量累计突破千万，相关微博话题阅读量累计超过1.4亿次，讨论数超过2万。相关话题曾一度成为微博热搜同城榜第一名，并进入全国热搜榜。许多网友表示，一定要来重庆看一看，体验这如梦如幻的美景。

此短视频展现了重庆独特的城市魅力、丰富的文化和旅游资源，也见证了公众参与城市形象传播和文旅宣传的强大力量。重庆众多市民群众踊跃参与短视频拍摄与运营，无疑形成了全民关注、全民互动、全民推介重庆的时尚新潮。这种强效交互、合作共赢的方式，激活了重庆文旅发展的巨大潜力，展现了公众参与城市形象传播的强大力量。

思考与讨论

（1）旅游城市如何通过短视频做好推广？

（2）短视频前期拍摄怎样做好策划？

4.1　短视频运营定位

明确的短视频运营定位，可以帮助短视频运营者更方便地使用短视频输出内容，打造特定人设。短视频运营定位包含短视频运营目的定位、短视频用户定位、短视频展示形式定位、短视频账号人设定位等内容。

课堂讨论

假如你是一位短视频运营者，你认为应该从哪些方面做好短视频运营定位？

4.1.1　短视频运营目的定位

要想做好短视频运营，首先要做好短视频运营目的定位。常见的短视频运营目的包括高效获取精准用户、企业宣传、开拓销售渠道、展示自我。

1．高效获取精准用户

一些企业进行短视频运营的目的是发现或挖掘用户需求，让用户了解企业的商品，并最终形成消费黏性，培养、挖掘一批品牌的忠实用户。

可以通过KOL获取精准用户。KOL是营销学上的概念，通常被定义为拥有更多、更准确的商品信息，且为相关群体所接受或信任，并对该群体的购买行为有较大影响力的人。KOL以其品位、知识为主导，进行商品选款和视觉推广，在社交媒体上聚集人气，依托庞大的粉丝群体进行精准营销，从而使粉丝将关注转化为购买行为。

2．企业宣传

部分企业通过短视频提高知名度和美誉度，增强影响力。在"媒体视频化"的趋势下，短视频代替了传统的文字和图片，成为更多企业的选择。在短视频中添加企业的商品信息、活动介绍等资料，不但能使用户与企业实时对话，而且能加深用户对企业的印象。

在传播形式日益多元化的今天，越来越多的企业发现了短视频的宣传推广价值。短视频已成为企业建立品牌形象的必要工具，企业品牌形象的建立几乎都是围绕着"品牌曝光"进行的。只有让品牌尽可能多地被用户了解、熟知，企业才能真正达到建立品牌形象的目的。小米是较早使用短视频进行宣传的企业，目前小米在抖音已经有几百万粉丝，如图4-1所示。小米通过拍摄抖音短视频塑造了品牌形象。

3．开拓销售渠道

近年来，短视频平台逐渐成为企业开拓销路的新渠道。地方政府和短视频平台积极组织和推动大批企业开始进行短视频直播卖货。随着短视频直播的工具价值不断被开发，平台、商家、MCN机构、主播的踊跃进入，以及用户的认同追随，短视频平台已成为最具潜力的新兴销售渠道之一。

目前很多短视频平台都设置了购物车功能，短视频运营者可以在短视频中添加商品链接来销售商品。凭借短视频巨大的流量和极低的成本，很多短视频运营者都将短视频作为一个强大的商品销售渠道。

以抖音为例，抖音小店是商家的运营阵地，商家在抖音小店中主要可进行商品管理、交易履约、售前售后服务等操作。通过将抖音账号与抖音小店进行一对一的绑定，商家可以实现对抖音电商的高效整合管理，消费者在购物过程中也能享受更加完整的一站式体验。抖音小店和淘宝店铺性质类似，都可以卖货。某品牌的抖音小店如图4-2所示。

商家通过运营店铺，可以上架商品进行售卖，消费者进入店铺后可以浏览商品、加入购物车、下单购买。

图4-1 企业宣传

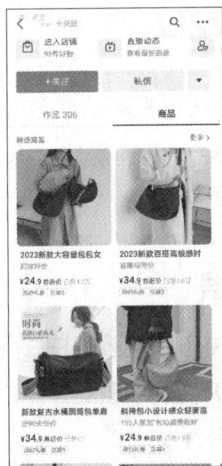

图4-2 抖音小店

4．展示自我

有些人运营短视频账号是为了借助短视频平台展示自我，将自己打造成某个领域中的"达人"。目前，在短视频平台上，常见的"达人"类型有以下几种。

（1）才艺型"达人"。才艺型"达人"拥有唱歌、跳舞、绘画、美食制作、特效制作等才艺。

（2）搞笑型"达人"。搞笑型"达人"借助幽默、搞笑的剧情或表演娱乐大众。

（3）情感型"达人"。情感型"达人"善于洞察人的心理，通过剧情演绎、心理解读等方式抒发情感，引发用户情感共鸣。

（4）专家型"达人"。专家型"达人"通过向大众分享某些领域的专业知识、资讯等树立自己专家的形象。

短视频运营者如果想要在短视频平台中将自己打造成某领域的"达人"，可以根据自身条件从自己擅长的领域切入，这样更容易成功。例如，某短视频运营者擅长制作各种美食，他在抖音上发布各种美食制作短视频，吸引了众多粉丝的关注。该账号主页如图4-3所示，其发布的美食制作教学短视频如图4-4所示。

图4-3 账号主页

图4-4 美食制作教学短视频

4.1.2　短视频用户定位

　　短视频用户定位是指在短视频运营过程中，分析用户信息数据，对目标用户群体进行精准画像，明确他们的社会属性、兴趣爱好、行为习惯等信息，从而为进行有针对性的内容创作奠定基础。

1. 分析用户信息数据

　　这里的用户信息是指基于短视频用户在网上观看和传播短视频而产生的各种数据。通过收集这些数据，如用户的年龄段、性别、职业等用户信息，短视频运营者可以归纳出短视频用户的特征属性，为短视频运营定位提供方向。

　　进行短视频用户定位的第一步是对用户信息数据进行分类。用户信息数据分为静态信息数据和动态信息数据两大类，如图4-5所示。

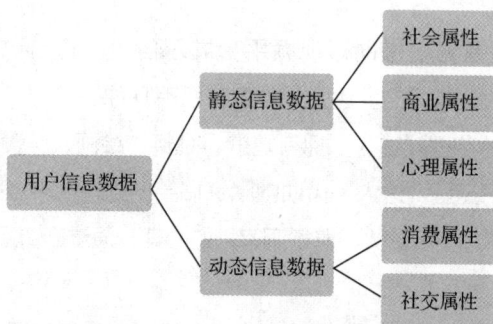

图4-5　用户信息数据分类

　　静态信息数据是进行用户定位、构建用户画像的基本框架，展现的是用户的固有属性，一般包含社会属性、商业属性和心理属性等信息。这些信息的收集一般无法穷尽，短视频运营者选取符合需求的即可。

　　动态信息数据是指用户的网络行为数据，如消费属性和社交属性等。这类信息的收集也要符合短视频的内容定位。

　　常见的用户信息数据如下。

　　（1）用户规模。用户规模是指某个行业、领域中用户的数量。用户规模越大，说明该行业、领域的商业盈利能力和发展潜力越大。

　　（2）日均活跃用户数量。日均活跃用户数量是指一日之内，登录或使用某个平台的用户数（去除重复登录的用户）。在短视频领域，日均活跃用户数量是短视频平台的每日活跃用户数量的平均值，能够反映短视频平台的运营情况、用户黏性。

　　（3）用户行为特征。通过分析短视频的播放量、点赞数、评论数、分享数等数据，短视频运营者可以了解用户的观看习惯和喜好，即用户行为特征，如喜欢哪种类型的内容、观看时间、是否对某种形式的内容满意等。这些信息可以帮助短视频运营者优化内容质量和数量，提高用户满意度和忠诚度。

（4）使用时长。使用时长是指短视频平台程序界面处于前台激活状态的时长，通常以日使用时长为单位。

（5）性别分布。性别分布可以反映不同性别的用户对短视频的关注和喜爱程度。男女的爱好存在一定的差异，如在内容上，女性可能更喜欢美食、八卦、美妆等类型的短视频，而男性则相对更喜欢军事、财经、科技、游戏等类型的短视频，这就为短视频运营者策划短视频提供了指引。

（6）年龄分布。年龄分布可以反映不同年龄的用户对短视频的偏好和认知程度。不同年龄的用户所关心的重点往往大相径庭，所以短视频运营者输出的内容要迎合目标用户的喜好。

（7）地域分布。通过地域分布可以分析不同省、市或地区的用户规模。了解用户地域信息可以分析不同地区用户的兴趣爱好和消费习惯，为不同地区的用户提供定制化的内容和广告服务。

（8）活跃度分布。活跃度分布可以反映用户的黏性。活跃度分布可以按一天二十四小时进行数据统计，也可以按工作时间和节假日的不同时间段进行数据统计。

（9）教育背景。一般来说，受教育程度越高的用户，对内容的要求越高。

（10）行业特征。用户的行业特征应该从两个层面进行关注：一是行业对他们的生活习惯以及思维方式的影响；二是他们所喜欢的行业具有什么特征。

2．形成用户画像

在分析用户信息后，短视频运营者就可以根据这些信息构建完整的短视频用户画像。这里的用户画像其实就是根据用户的属性、习惯、偏好和行为等信息抽象描述出来的标签化用户模型。短视频运营者应对这些用户模型进行分析，找出其中共同的典型特征，再将其细分为不同的类型。构建好用户画像以后，短视频运营者就可以充分了解用户的需求，并在此基础上进行内容的输出和营销策略的制定。

如某搞笑类短视频账号的用户画像，具体如下。

性别：女性占比为60%～70%，男性占比较少。

年龄：18～24岁用户占比约为42%，25～30岁用户占比约为38%，30岁以上用户占比约为10%。

地域：北京、上海、广东、浙江的用户占比最高。

婚姻状况：未婚者占绝大多数。

最常使用的短视频平台：抖音。

使用频率：一天3～4次。

活跃时段：7:00—9:00、12:00—13:00、19:00—22:00。

使用地点：家、公司、学校。

感兴趣的搞笑话题：推送到首页的各类搞笑短视频。

什么情况下会关注账号：账号持续输出优质内容。

什么情况下会点赞：内容搞笑且不低俗。

什么情况下会评论：内容引起共鸣。

什么情况下会取消关注：内容质量下滑，账号停更。

其他特征：喜欢新鲜事物，生活压力大。

4.1.3　短视频展示形式定位

短视频展示形式定位主要从图文形式、录屏形式、解说形式、情景剧形式、Vlog形式等方面进行，如图4-6所示。

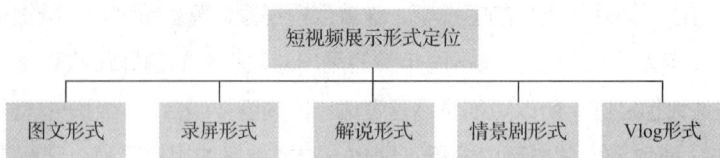

图4-6　短视频展示形式定位

1.　图文形式

图文形式是最简单、成本最低的短视频展示形式。简单的图文形式是将单张或多张图片合成一个短视频，图片中包含的信息量较大，这种形式适用于干货知识分享、系列好剧推荐、好物推荐等类型的短视频。这种形式虽然制作流程简单，容易操作，但如果图片选择不当，就会导致呈现出来的效果较差，容易让人感觉枯燥。

图文形式的短视频一般没有主人公，就是简单地把要表达的信息以文字的形式放在图片或视频中，以传递价值观或表达情感。在抖音、快手、小红书等平台上，有许多以图文形式展示的短视频，如图4-7所示。图文形式的短视频制作简单，适合新手，而且时长普遍较短，相比采用其他展示形式的短视频更易获得较高的完播率。

2.　录屏形式

录屏形式的短视频多为教学类短视频或实操类短视频，如图4-8所示，就是通过录屏软件把计算机等设备上的一些操作过程录制下来，最终将内容导出为视频格式的文件。

图4-7　图文形式的短视频　　　　图4-8　录屏形式的短视频

这种形式的短视频谈不上特别精美，但会吸引很多人观看学习，从而体现其内容的价值。不过，此类短视频不容易获得平台的推荐。这种形式的短视频制作起来比较容易，经过简单的学习之后，每个人都可以轻松上手。

3．解说形式

解说形式是运用较多的一种短视频展示形式。解说形式的短视频受短视频平台的认可和支持，由创作者搜集素材并进行剪辑加工，然后配上片头、片尾、字幕和背景音乐等，其中最重要的是添加配音。优质的解说形式的短视频可以申请原创认证，但平台会对其中一些素材进行审核，这类短视频很容易因为素材的问题被判定为非原创短视频，也就不容易获得平台的推荐。

解说形式的短视频重点考验创作者的剪辑、脚本撰写和配音的水平，创作者所选择的素材一定要适合所选的短视频领域，这样短视频才能获得平台的推荐，吸引更多用户的关注。例如，在制作美食类短视频时，创作者要向受众讲述某道美食的由来、做法、味道等，受众通过短视频往往只能看到美食的外观，这时就需要通过解说让其感受到美食的魅力，产生想要品尝的冲动，如图4-9所示。

解说形式的短视频通过声音的传递和直观画面的吸引，很容易触发受众的情绪，达到与受众进行心灵沟通的效果，受众也就会进行关注、点赞和评论等操作。解说形式相比其他展示形式能更直观、全面地让受众了解内容，更适合专业性较强的账号。

4．情景剧形式

情景剧形式就是通过表演把想要表达的核心主题展现出来，常见的情景剧形式主要分为情感类、搞笑类、剧情类等，情景剧形式的短视频如图4-10所示。

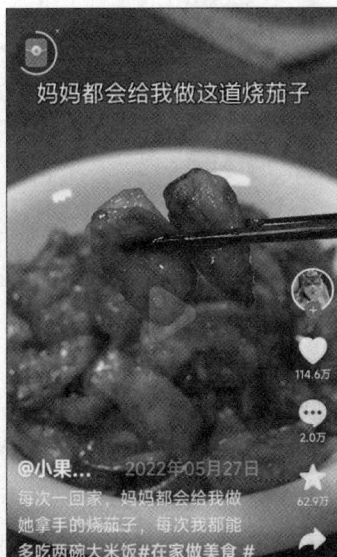

图4-9　解说形式的短视频　　　图4-10　情景剧形式的短视频

此类短视频创作难度较大，成本也高，耗费时间长，对演员、拍摄设备、视频脚本、拍摄场景等都有一定的要求。后期既要进行剪辑，保证短视频的连贯性、完整性，还要添加字幕、进行特效处理等。

此类短视频一般有情节、有人物、有条理，能够清晰地表达主题，很好地调动受众的情绪，引发情感共鸣。因此，一条精心制作的情景剧形式的短视频往往能收获意想不到的流量，比其他展示形式的短视频更能留住受众。例如，此类短视频的剧情能够带给受众跌宕起伏的感受，充分调动受众的情绪，吸引其不断地观看，以轻松、幽默的内容收获大批粉丝。如果资金、人力等条件允许，创作者可以考虑拍摄这种很受欢迎的短视频。

5. Vlog 形式

Vlog即视频博客，其主要用于记录日常生活、工作、学习，通过对细微生活场景的展示来满足用户的好奇心。随着短视频的兴起，越来越多的人开始拍摄自己的Vlog，就像写日记一样，只不过是以视频的形式来展现的。

Vlog的内容非常广泛，不局限于特定的生活范围，我们可以围绕自己擅长的领域展开创作。旅游Vlog如图4-11所示。

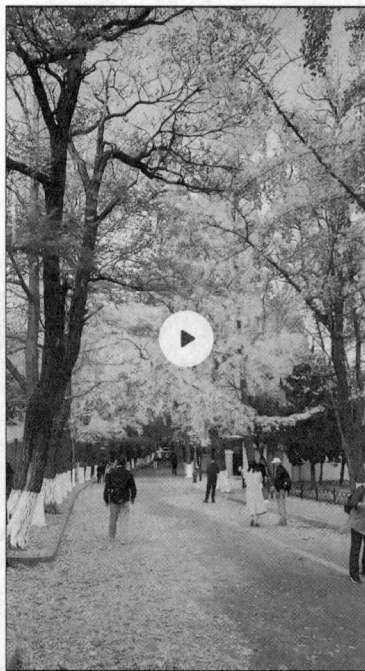

图4-11 旅游Vlog

Vlog有着炫酷的转场和巧妙的情节设计，很容易抓住受众的眼球，受到受众的喜爱。目前，Vlog已逐渐从传统的记录生活的Vlog向微电影过渡。超高清的画质、丰富多彩的镜头剪辑手法以及非常成熟的视频拍摄构思，都是Vlog的显著特点。拍摄Vlog，关键在于有主题，而且要主次分明、突出重点，不能像记录流水账一样。此外，还要注重拍摄效果，多运用一些专业的视频拍摄技巧。

4.1.4　短视频账号人设定位

短视频账号人设定位是指为短视频账号设定一个形象标签，这个形象标签应该与账号所呈现的内容和风格相符合。人设的作用是在海量的短视频内容中，让账号的形象更鲜明、更独特，更容易被用户记住。

通过下面的方法可以做好短视频账号人设定位。

1. 分析优劣势

定位人设首先要找到自己的优势，并且了解自己的劣势，然后做好分析总结，主要分为以下两个步骤。

（1）分析自己的优势和劣势。分析优势，主要从个人是否有突出才艺、与众不同的表达能力或表达方式等多个维度进行。分析劣势，主要分析自己有哪些不足的地方，如才艺少、表达能力一般等。

（2）分析完成之后，再进行总结，如果以自身的优势来定位人设，则要看是否会对受众产生足够的吸引力，并且自身的劣势是否可以规避。

2. 分析形象特点

短视频运营者应结合自己的形象特征（如外貌特征、声音特征、行为特征）进行定位，打造出符合自己特色的人设，以此吸引更多用户，并建立稳定的内容传播渠道。

3. 分析兴趣爱好

人设最好与短视频运营者感兴趣的领域或方向相关，否则持续的内容输出会令人十分疲惫，并且也很难达到预期效果。例如，美食领域的创作达人@麻辣德子，本身就是一个"家庭煮夫"，有一定的烹饪兴趣和基础，所以在进行人设定位前，短视频运营者要明确自己的兴趣爱好。

4. 分析目标人群，找准定位

短视频运营者应通过账号人设定位展示自身个性和商品特点，让用户知道你是谁、你在干什么。账号人设可以帮助企业在用户心中塑造品牌形象并占据一定位置。企业账号的人设要契合品牌调性，这就需要企业针对其面向的主要消费群体进行深入分析，然后对短视频内容风格进行统一规划。

5. 短视频封面展现统一人设

短视频封面要展现人设的统一性和可信度，充满视觉张力。短视频运营者在设置短视频封面时，要建立属于自己的风格，或者专门为短视频设计封面，打上个性化标签，形成个人特色，要通过封面将短视频的亮点和精华展示出来，让用户直接了解短视频的内容，吸引其点击观看。

6. 持续输出优质内容

短视频运营者通过长期优质内容的输出，持续吸引用户，并使老用户不断沉淀下来，以此强化品牌的人格化形象。通过持续输出高质量的短视频内容，企业能够打造更正面的品牌账号人设。

💡 **提示与技巧**

短视频运营者可以寻找多个同领域的优质账号，并且通过对对方的短视频账号设置、作品发布类型、封面类型、视频长度、发布时间等进行多角度拆解，总结短视频运营经验，发现其中的优势与不足，从而为自己的短视频运营提供更加明确的方向。

4.2 短视频运营流程

一般来说，短视频运营流程包括明确运营目标、短视频构图、短视频拍摄、短视频编辑与制作、短视频运营数据分析等内容。

4.2.1 明确运营目标

做任何事情都需要有定位、有目标，所以在做短视频运营之前，短视频运营者必须明确短视频运营目标：是给品牌做宣传，进行活动造势，还是销售商品。运营目标要从实际出发，并且要具有确定性和可实现性。

下面介绍常见的短视频运营目标。

1. 品牌宣传

对于许多企业来说，短视频平台是一个理想的品牌宣传渠道。通过短视频，企业可以展示其产品或服务的特点，传递品牌价值观，提升品牌知名度。

2. 活动造势

在某些情况下，短视频可能被用来为特定活动或事件造势。例如，新品发布或特别优惠活动可能需要通过短视频来吸引更多的用户关注和参与。

3. 销售商品

一些短视频可能直接用于销售商品。例如，一些企业可能会利用短视频促销产品或引导用户购买。

💡 **提示与技巧**

短视频运营者在策划短视频内容时，要充分发挥创造力和想象力，通过演绎故事、渲染情绪、借助热点等方式，引发用户共鸣，触及用户痛点，打造出有价值、有深度、传播力强的优质作品。

4.2.2　短视频构图

好的构图是拍好短视频的基础，是决定作品视觉效果的关键。好的构图能够把人和景物的优点凸显出来。对于短视频拍摄者来说，掌握好构图的基本规律，并在拍摄过程中合理运用这些规律是非常必要的。

构图就是通过对画面中的人或物及其陪体、环境做出恰当、合理、舒适的安排，并运用艺术技巧、技术手段强化或削弱画面中的某些部分，最终使主体形象突出，使主题思想得到充分、完美的表现。简单地说，构图就是在拍摄时，决定怎样在取景器内放入被拍摄主体的过程。

短视频运营者只有掌握一定的构图原则，才能拍摄出优秀的短视频。

> **课堂讨论**
>
> 短视频拍摄涉及的构图原则有哪些?

1．美学原则

短视频构图要遵循美学原则，可以运用对比、排比、节奏、韵律等形式来增强作品的美感。图4-12所示的风景视频，其色彩对比不仅增强了画面的艺术感染力，还鲜明地反映和升华了画面主题。

2．均衡原则

均衡是构图的另一原则。对一个优秀的短视频来说，视觉和美学上的均衡是非常重要的。均衡构图就是合理安排画面中的各种形状、颜色和明暗区域，使其互相补充，保持画面平衡。均衡构图的夜景视频如图4-13所示。

图4-12　风景视频　　　　图4-13　均衡构图的夜景视频

3. 突出重点

无论采用哪种构图形式，都需要突出重点。因为拍摄短视频是为了表达一定的情感或呈现一定的场景，这些情感或场景都需要被突出。

4. 简化背景

背景要尽量简洁，起到烘托和陪衬主体的作用。如果场景受限、背景难以简化，可以考虑用大光圈虚化背景或调整焦距，也可以转换拍摄角度，从而改变取景范围，如图4-14所示。

图4-14　背景虚化

5. 清理边缘

在构图前需要取景，也就是要先想好让什么样的画面出现在取景器中，然后再思考怎样构图可以让画面更和谐。清理边缘就是清理画面边缘琐碎的东西，避免分散受众的注意力或给受众杂乱、不适的视觉感受。

6. 主题明确

短视频必须有一个明确的主题。简单地说，短视频的主题就是短视频的主要内容。短视频构图必须为短视频主题服务，在构图时主要考虑以下3个方面。

（1）突出短视频的主体，淡化短视频的陪体。当短视频的主体变得突出之后，主题也会变得更加明确。

（2）为了突出短视频的主体，有时甚至可以破坏画面构图的美感，使用不规则的构图形式。

（3）如果某构图和谐的画面与整个短视频的主题风格不符，甚至妨碍主题思想的表达，就可以考虑对其进行裁剪。

7. 变化原则

前面讲的构图原则主要是针对短视频中的一幅画面而言的。对于由许多画面组成的整条短视频而言，构图时则需要遵循变化原则，即根据不同的画面选择相应的构图形式。

4.2.3　短视频拍摄

拍摄短视频前应注意做好准备工作，准备好拍摄的器材、相关道具，布置好场景。短视频拍摄除了对画面的构成、光影色彩的把控、短视频的清晰度等有一定要求以外，还对拍摄者的审美有一定要求。

短视频拍摄是一项实际操作技能重于理论知识的工作。下面介绍短视频拍摄需要注意的一些基本事项。

1．具备原创性

现在短视频内容雷同的情况比较严重，所以短视频运营者在拍摄短视频的时候要注重原创性，这样才能吸引更多用户。

2．好的背景音乐是精髓

短视频的火爆离不开背景音乐的作用。好的背景音乐能刺激人的听觉感官，和短视频内容结合起来，能给人以美的享受。

3．借助防抖器材

短视频运营者在拍摄短视频时，要防止镜头抖动，时刻保持准确对焦，这样才能获得清晰的画面。现在网上有很多防抖器材，如三脚架、独脚架、防抖稳定器等，手机、摄像机等不同拍摄设备分别有适配的防抖器材，创作者可以根据所使用的短视频拍摄器材配备相应的防抖器材，保证拍摄过程中画面稳定。

4．注意拍摄动作

创作者在拍摄移动镜头时，上身动作要少，下身以小碎步的形式移动；走路时上身不动下身动；镜头需要旋转时，要以整个上身为轴心，尽量在拍摄时不要移动双手关节，以保证画面稳定。

5．注意画面要有一定的变化

创作者在拍摄时注意画面要有一定的变化，不要以一个焦距、一个姿势拍完全程，要通过推镜头、拉镜头、跟镜头、摇镜头等使画面富有变化。例如，进行定点人物拍摄时，创作者要注意通过推镜头进行全景、中景、近景、特写等多个景别的拍摄，以实现画面的切换，否则画面会显得很乏味。

手机的拍摄功能已经发展得十分强大，创作者使用手机就能够轻轻松松地拍摄出精彩的短视频。下面以小米手机为例，介绍如何使用手机拍摄短视频，具体操作方法如下。

（1）打开手机相机功能，进入拍摄界面，在下方选择"录像"选项，如图4-15所示。切换到视频录制模式，在屏幕上点击拍摄主体，对焦完成后即可开始录像。

（2）点击右上角的"▤"图标，进入拍摄设置界面，选择"参考线"选项，如图4-16所示。

（3）点击"✦"图标，调整美颜级别，如图4-17所示。

图4-15　选择"录像"选项

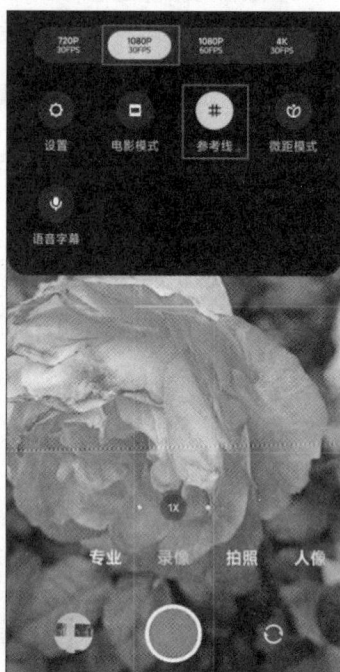

图4-16　选择"参考线"选项

图4-17　调整美颜级别

（4）从上往下俯拍，如图4-18所示。

（5）正对着花朵平拍，如图4-19所示。

图4-18　俯拍

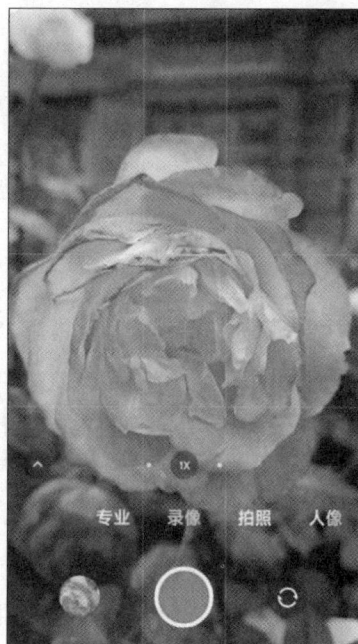

图4-19　平拍

4.2.4　短视频编辑与制作

　　短视频拍摄完成后，就可以对其进行编辑与制作了。在编辑与制作短视频的时候，短视频运营者应注重合理搭配画面，以及合理使用特效和背景音乐。编辑与制作其实是一个二次创作的过程，这就意味着短视频运营者不仅需要了解拍摄者想要表达什么，还需要充分了解受众想看什么。好的短视频运营者可以在编辑与制作短视频的过程中抓住受众的痛点，运用剪辑技巧在最短的时间内抓住受众的眼球。

　　虽然现在很多短视频平台都有编辑功能，但是利用这些编辑功能制作出的短视频效果不如用剪辑软件制作出的效果好。在PC端可以使用Premiere软件剪辑短视频，在移动端可以使用剪映、快影、巧影等App来剪辑短视频。这些剪辑软件的功能都非常全面，也非常适用于新手。

　　下面通过实例介绍使用剪映编辑与制作短视频，具体操作步骤如下。

　　（1）打开剪映（本书选用剪映13.0版本），导入短视频，点击"剪辑"按钮，左右滑动找到并点击"编辑"按钮，如图4-20所示。打开图4-21所示的编辑界面。

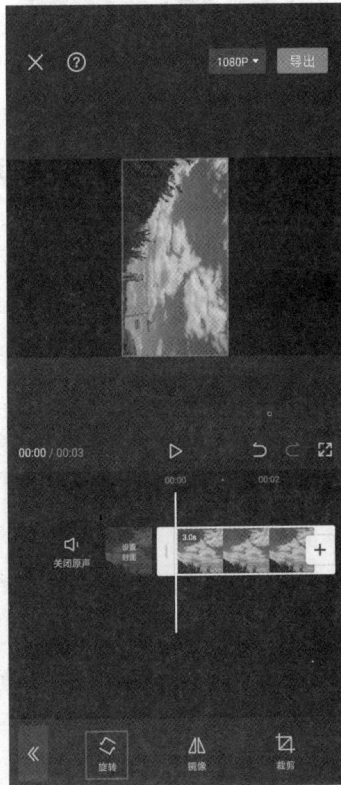

　　（2）点击"旋转"按钮，画面即可顺时针旋转90度，效果如图4-22所示。

图4-20　点击"编辑"按钮　　　　　图4-21　编辑界面　　　　　图4-22　画面顺时针旋转90度

　　（3）点击"镜像"按钮，画面反转，效果如图4-23所示。

　　（4）点击"裁剪"按钮，打开图4-24所示的界面，拖动画面四周的白条自由剪切画面。

　　（5）点击右上角的"导出"按钮，如图4-25所示，即可导出编辑好的短视频。

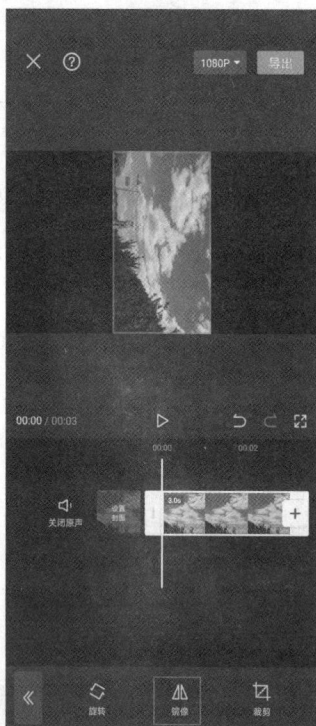

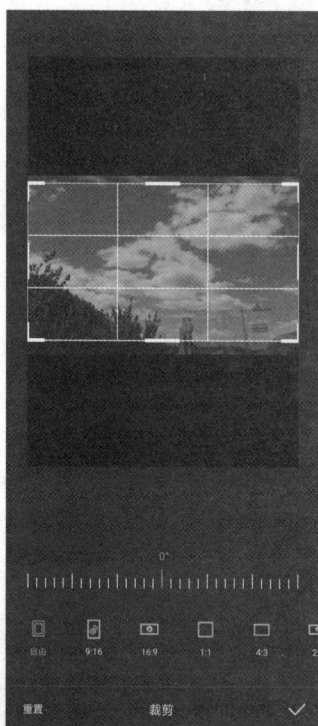

图4-23　画面反转　　　　　图4-24　裁剪界面　　　　　图4-25　点击"导出"按钮

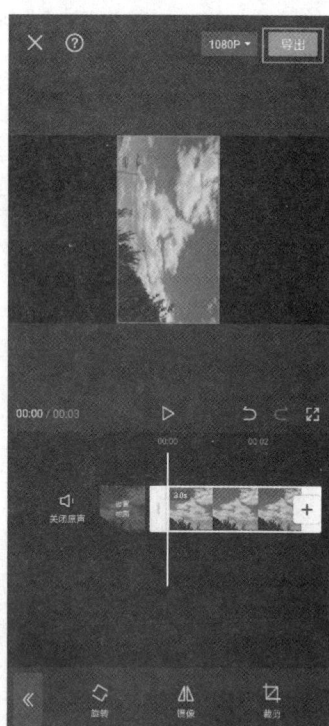

4.2.5　短视频运营数据分析

在运营短视频账号的过程中，对账号各项运营数据进行及时汇总和收集，有利于短视频运营者掌握短视频账号的运营状态，并根据运营数据及时调整运营策略，增强短视频账号的竞争力。下面以抖音为例，介绍进行短视频账号运营数据分析的方法。

4-1　短视频
运营数据分析

在抖音中分析抖音账号运营数据时，短视频运营者应先分析账号的整体数据，然后具体分析短视频数据和粉丝数据，以期找出短视频营销存在的问题，具体操作方法如下。

（1）打开抖音，点击右上角的"☰"图标，在菜单中选择"抖音创作者中心"选项，如图4-26所示。

（2）在图4-27所示的界面中点击"7日账号数据"后的"详情"按钮，进入"数据中心"界面，查看相关数据。在"数据中心"界面中的"总览"选项卡中可查看账号诊断信息，如图4-28所示。

（3）在"总览"选项卡中还可以查看经营数据信息，如图4-29所示。

（4）点击"作品分析"选项卡可查看作品数据，该抖音账号近90天内的部分作品数据如图4-30所示。

（5）点击"粉丝分析"选项卡可查看粉丝数据，包括粉丝分析、粉丝画像、粉丝兴趣等方面的数据，如图4-31所示。

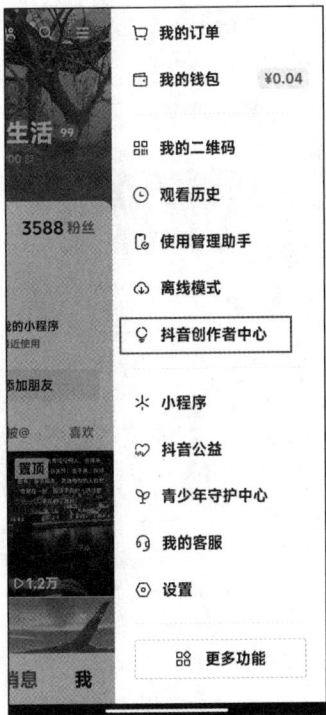

图4-26 选择"抖音
创作者中心"选项

图4-27 点击"详情"按钮

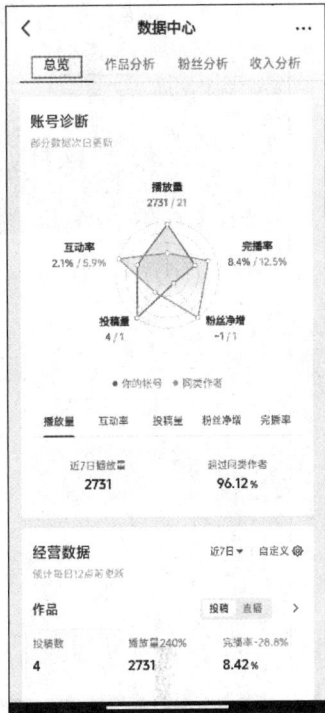

图4-28 查看账号诊断信息

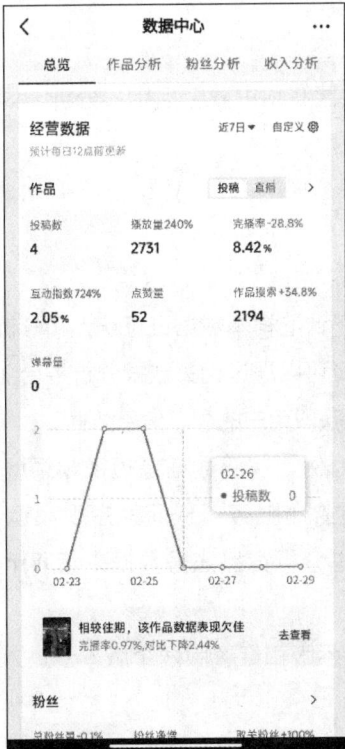

图4-29 查看经营数据信息

图4-30 作品数据

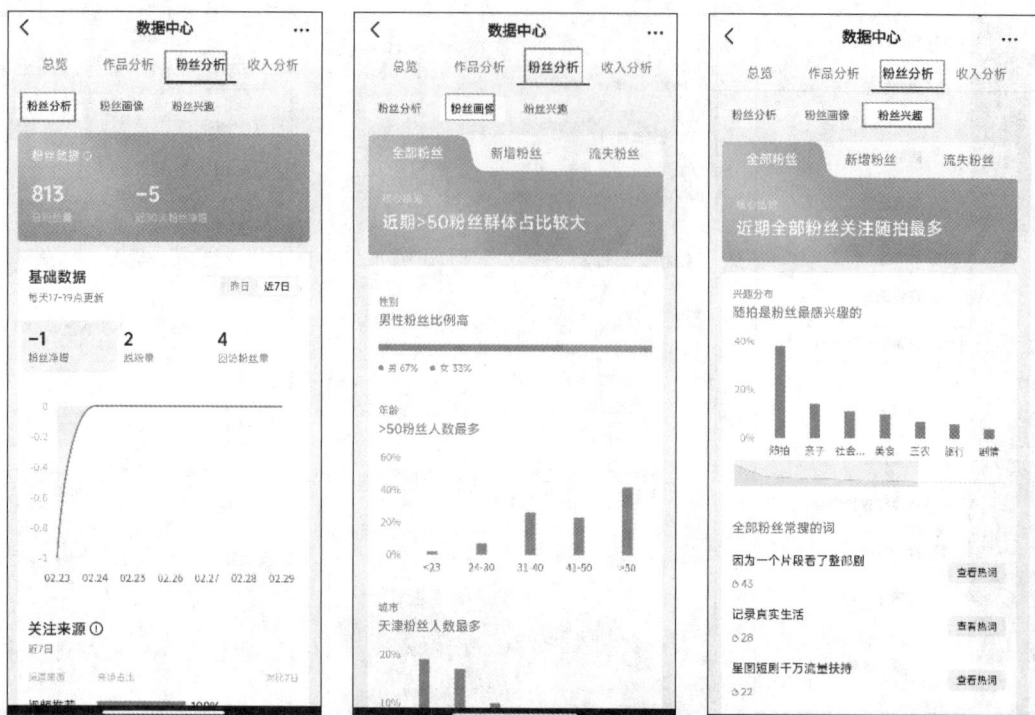

图4-31 粉丝数据

4.3 短视频运营策划

短视频运营策划是短视频运营的基础。短视频运营策划主要包括用户分析、内容策划和脚本策划。

4.3.1 获取用户信息

要获取用户信息数据，短视频运营者需要对数以千计的样本数据进行统计和分析。由于用户信息数据重合度高，为了节省时间和精力，短视频运营者可以通过相关数据分析平台（如灰豚数据、飞瓜数据、卡思数据、蝉妈妈等）分析竞品账号数据来获取用户的静态信息数据。

这里以通过灰豚数据获取用户的静态信息数据为例。灰豚数据是短视频领域专业的数据分析平台，提供全方位的数据查询、用户画像和视频监测服务，从而为短视频运营者在内容创作和用户运营方面提供数据支持。下面介绍如何通过分析竞品账号数据来获取用户的静态信息数据。

打开灰豚数据网站，其首页根据不同平台分为抖系版和红薯版两个版本。进入灰豚数据抖系版，选择其中一个类别排行榜，如图4-32所示。

单击感兴趣的短视频标题即可查看数据概览、素材拆解、观众分析、评论分析、引流直播间分析等内容。图4-33所示为数据概览，图4-34所示为数据趋势。

图4-32 灰豚数据抖系版

图4-33 数据概览

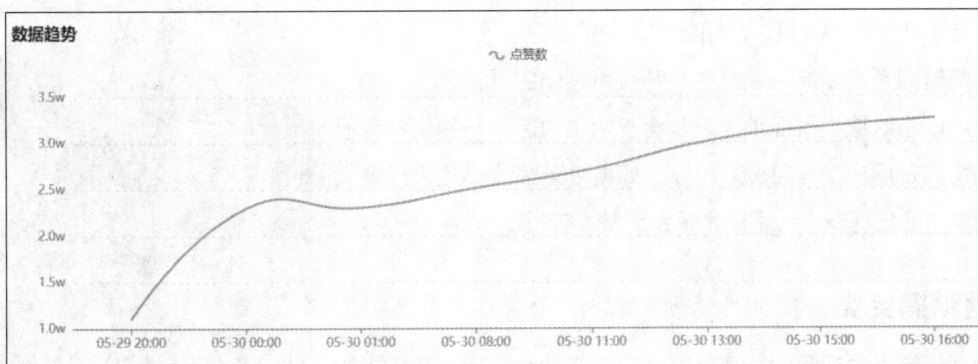

图4-34 数据趋势

用户的静态信息数据除了可以使用灰豚数据收集外，还可以使用飞瓜数据、新抖、卡思数据等数据分析平台收集。短视频运营者只掌握了用户信息数据，还不能形成对用户的全面了解，只有将用户信息融入一定场景，才能更加具体地体会用户的真实感受，还原用户形象。要确定用户的使用场景，可以使用经典的"5W1H"法，如表4-1所示。

表4-1　"5W1H"法

要素	含　义
Who	短视频用户
When	观看短视频的时间
Where	观看短视频的地点
What	观看什么样的短视频
Why	某项行为背后的动机，如点赞、关注和评论等
How	与动态的用户信息数据和静态场景相结合，洞察用户观看短视频的具体场景

4.3.2　内容策划

目前短视频行业各类选题层出不穷，常见的短视频内容包括才艺表演类、幽默搞笑类、美食类、旅游景点类、正能量类、生活技巧类等。

课堂讨论

结合你所了解的短视频知识，说说常见的短视频内容有哪些。

1. 才艺表演类

才艺表演是指通过剧情表演、唱歌、跳舞等所展现出来的一种内容。这类短视频很容易吸引粉丝的关注。图4-35所示的舞蹈短视频在抖音中获得了17.8万的点赞量、2.5万的评论量、1.8万的转发量。

才艺表演类短视频要求主播表演能力强、舞蹈好看，短视频的音乐好听。以才艺表演类短视频为主的账号一般多通过展示才艺来打造多才多艺的人设，从而吸引用户的关注。

这类短视频需要具有专业性，并且所表演的才艺是稀缺的。用户之所以喜欢这类短视频，无非出于两个原因：一是用户自己做不到；二是用户没有见过。所以，如果才艺表演类短视频能满足这两个中的任何一个，用户大多会点赞、转发。

2. 幽默搞笑类

幽默搞笑类短视频的覆盖范围比较广，能够引起大多数人的兴趣。幽默搞笑类内容包括讲笑话、冒傻气、恶搞等，当用户看了短视频捧腹大笑时，点赞就成为顺其自然的一种赞赏表达。因此，幽默搞笑类短视频也容易上热门。

图4-36所示的就是幽默搞笑类短视频，该账号在抖音上发布了多个搞笑段子，吸引了大量用户关注。

图4-35　才艺表演类短视频

图4-36　幽默搞笑类短视频

3. 美食类

民以食为天，美食类内容的覆盖范围是非常广的，美食类短视频是当下短视频行业最热的细分领域之一。美食具有极致的诱惑力。一条好的美食类短视频，即使用户没有真的吃到其中的美食，但画面也足以让他们浮想联翩。图4-37所示的美食类短视频详细讲解了美食的制作流程，这类短视频的实用性较强。

图4-37　美食类短视频

一般来说，美食类短视频分为以下两类。

（1）美食教程类。美食教程，简单来说就是讲解美食的制作技巧。这类短视频有很强的实用性，向用户详细讲解美食的制作流程，让用户花短短几分钟的时间就可以学会一道美食的制作方法，很容易吸引用户的关注。

（2）美食品尝类。美食品尝类短视频的内容简单直接，主要拍摄视频中人物品尝美食的表情、动作，以及人物表现出的对美食味道的感受。

4. 旅游景点类

旅游景点类短视频推动了特色景点的宣传，这些景点带给人美的享受，令人向往，很容易引起用户的关注。毕竟不是每一个景点大家都去过。旅游景点类短视频制作简单、成本低廉，因此除了庞大的普通用户外，很多景区、地方旅游发展委员会等都纷纷进驻各大短视频平台，开设官方账号，拍摄短视频宣传景点。

短视频借助短、新、快、奇的特点，逐渐成为旅游行业的有效宣传手段。利用数字技术打造的展示景点风貌、人文历史等的短视频，能以更生动的方式表现景点。

图4-38所示的黄山短视频，展现了黄山丰富、优美的自然景观和深厚、博大的文化底蕴。

图4-38 黄山短视频

5. 正能量类

正能量的内容也比较受欢迎，越是压力大的人、越是浮躁迷茫的人、越是缺钱的人、越是失败的人，越是需要正能量。如果短视频能够带给用户正能量、引发用户内心深处的共鸣，则往往会有很多用户评论与转发。

正能量类短视频能引发用户的共鸣，用犀利的文案打造价值认同感，而价值观认同则能带来追随式的关注，使粉丝的黏性更强。

图4-39所示为某抖音账号发布的一系列正能量类短视频。

图4-39　正能量类短视频

6. 生活技巧类

生活技巧类短视频在抖音上一直都非常火，实用生活技巧培训教程、资源合集都属于此类。

在策划生活技巧类短视频时要注意以下几点。

（1）通俗易懂。这类短视频的内容一定要通俗易懂，特别是详细的操作步骤要简明扼要。

（2）实用性强。生活技巧类短视频的内容一定要贴近生活，并且能为用户带来生活上的便利，如果用户看完之后什么都没有学到，那么这样的作品无疑是失败的。

（3）讲解方式有趣。生活技巧类短视频一般比较枯燥，为了能更好地吸引用户，可以采用夸张的手法来表现操作失误所带来的后果。

素养课堂

做短视频要严守道德底线，抵制不健康内容

当内容不符合平台规范时，短视频将会被平台退回不予收录，或被限制推荐（限流），严重的会被封号。常见的违规问题包括内容低俗或虚假、传播负能量等。如果上传的短视频包含敏感或禁忌内容（包括文字、图片），就会被系统识别并退回。除了会检测图文、视频内容外，有的短视频平台还会检测音乐。

具体来说，短视频运营者要自觉抵制下列内容。

（1）含有违禁物品的内容，如易爆物品、管制刀具、违法药品等。

（2）涉及他人隐私的内容，包括他人电话、地址、二维码、微信号等。

（3）封建迷信的内容，如算命算卦、宣传伪科学或违反科学常识的内容。

（4）低俗色情内容，如衣着不得体，内衣裤清晰可见；裹着浴巾无其他遮挡；为了展示敏感部位，故意穿紧身衣物；对敏感部位打马赛克等。

（5）视频中存在抽烟、出轨、家暴、炫富、歧视、虐待等社会不良风气或不文明行为，涉及不良习惯、不文明行为以及不正确的价值观导向等有违社会良好风尚的内容。

4.3.3　脚本策划

脚本是短视频创作的关键，是短视频的拍摄大纲和要点规划，用于指导整个短视频的拍摄方向和后期剪辑与制作，具有统领全局的作用。

1．短视频脚本的定义

短视频脚本是用于短视频创作的文本依据，它详细描述了短视频的场景、角色、对白、动作以及背景音乐等元素。短视频脚本是一种沟通工具，有助于导演、演员、摄影师等参与者理解故事，明确拍摄意图，共同实现短视频的创作目的。

短视频脚本相当于短视频的灵魂，有助于参与者把握整个短视频的故事走向以及风格。

短视频脚本具有以下4个功能。

（1）提高团队的效率。通过短视频脚本，演员、摄影师、剪辑师等能快速领会短视频营销者的意图，高效、准确地完成任务，降低团队的沟通成本。一个完整、详细的脚本能够让摄影师在拍摄的过程中更有目的性和计划性。

（2）提供内容提纲和框架。短视频脚本能够为短视频创作者提供内容提纲和框架，提前统筹安排好每一个成员要做的工作，并为后续的拍摄、制作等工作提供流程指导，明确各种分工。

（3）保证短视频的主题明确。在拍摄短视频之前，通过脚本明确拍摄主题能保证整个拍摄过程都围绕着核心主题进行，并为核心主题服务。

（4）提升短视频的制作质量。一个好的短视频脚本能确保拍摄过程的顺利进行，提高短视频的整体质量。短视频脚本可以呈现景别、场景、演员服装、道具、化妆、台词和表情，以及背景音乐和剪辑效果等内容，有助于精雕细琢短视频画面细节，提升短视频制作质量。

2．撰写提纲脚本

提纲脚本是拍摄短视频的重要依据，它明确了短视频的内容、选题、场景、角色、镜头运动等关键信息，为拍摄工作提供了明确的方向和指导。撰写提纲脚本相当于为短视频搭建一个基本框架，在拍摄短视频之前，将需要拍摄的内容加以罗列整理，类似于提炼出文章的主旨。提纲脚本更适用于纪录片的拍摄，可提前定好大致方向，在拍摄过程中根据实际情况灵活处理。撰写提纲脚本的步骤通常如下。

（1）明确选题、立意和创作方向，确定创作目标。

（2）呈现选题的角度和切入点。

（3）阐述不同题材在表现技巧、创作手法等方面的不同。

（4）阐述短视频的风格、节奏、构图、光线。

（5）详细地呈现场景的转换、结构、视角和主题。

（6）完善细节，补充剪辑、音乐、解说、配音等内容。

提纲脚本可以包括不同的主题和场景，以下是一个示例。

主题：旅行攻略

场景一：开场镜头

画面：镜头缓慢推进，展现壮丽的风景，背景音乐响起。

旁白：欢迎观看我们的旅行视频，今天我们要带您去探索一个神秘而美丽的地方——丽江。

场景二：地点介绍

画面：切换到介绍目的地的视频片段。

旁白：首先我们要去的是丽江古城，这里有丰富的历史文化和美食。

场景三：行程安排

画面：展示行程安排表。

旁白：我们将从早上7点开始，先去玉龙雪山大索道，然后去蓝月谷，最后在丽江古城享用晚餐。

场景四：美食推荐

画面：展示当地美食的照片和制作过程。

旁白：这里的美食非常有特色，如丽江腊排骨和东巴烤鱼，大家一定要尝试一下。

场景五：注意事项

画面：列出一些旅行注意事项。

旁白：出行前请注意天气预报，准备好防晒霜和雨具，同时也要尊重当地的文化和习俗。

场景六：结束语

画面：回到开场镜头，背景音乐渐弱。

旁白：希望这个旅行攻略能帮到您，祝您在旅途中玩得开心！

以上只是一个简单的示例，你可以根据具体的内容和主题进行修改和扩展。

3. 撰写文学脚本

文学脚本是对提纲脚本进行内容增加、细化得到的脚本，内容更加丰富多彩。文学脚本将可控因素都罗列了出来，适用于拍摄突发的剧情或直接展示画面内容的表演类短视频，如教学视频、测评视频等。文学脚本通常只需要规定人物需要做的任务、台词、所选用的镜头和时长等内容。

撰写文学脚本时，需要遵循3个步骤——确定主题、搭建框架、填充细节，如图4-40所示。

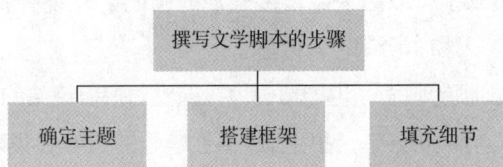

图4-40　撰写文学脚本的步骤

（1）确定主题。在撰写文学脚本之前，需要确定短视频的主题，然后根据这一主题进行创作。短视频营销者在撰写文学脚本时要紧紧围绕这个主题，切勿加入其他无关内容，以免导致短视频偏题、跑题等。

（2）搭建框架。确定了短视频的主题之后，短视频营销者需要进一步搭建文学脚本的框架，设计短视频中的人物、场景、事件等要素。短视频营销者在创作时要快速进入主题、突出亮点。如果短视频营销者能在脚本中加入多样的表现形式，如引发矛盾、形成对比、结尾反转等，会使短视频达到更好的效果。

（3）填充细节。俗话说，"细节决定成败"。文学脚本也需要有丰富的细节，这样才能使短视频更加饱满，从而使用户产生强烈的代入感和情感共鸣。

以下是一个简单的文学脚本示例。

故事主题：爱情与成长

场景一：大学校园内，清晨。

角色：小明（男主角），小红（女主角），其他同学。

小明：（跑步进入教室）哇，今天的天气真好啊！

小红：（抬头看小明）是啊，新的一天开始了。

小明：（微笑）是啊，新的学期开始了，我们要更加努力。

场景二：大学图书馆内，中午。

角色：小明，小红，其他同学。

小明：（看着手中的书）这本书真是太好看了！

小红：（微笑）是吗？我也很喜欢这本书。

小明：（递给小红）给你看吧，我们一起讨论一下。

场景三：校园小道上，傍晚。

角色：小明，小红，其他同学。

小明：（看着小红）你真好，总是在我需要帮助的时候出现。

小红：（微笑）因为我喜欢你呀！

小明：（惊喜）真的吗？我……我也喜欢你！

这个文学脚本包括3个场景和2个角色之间的对话，通过描述他们的行为和语言，展现出他们之间的情感变化和成长过程。当然，具体的对话和场景还需要根据故事情节和角色的性格进行调整和完善。

4．撰写分镜头脚本

分镜头脚本将文字转换成了可以用镜头直接表现的画面。分镜头脚本通常包括画面内容、景别、拍摄技巧、时间、机位、人物、台词、音效等。

分镜头脚本能展现出短视频的画面，也能精确地体现出对拍摄镜头的要求。

分镜头脚本对拍摄画面的要求极高，适用于故事性较强的微电影类短视频。若对视频更新周期没有严格限制，短视频运营者有大量的时间和精力去策划，则可以使用分镜头脚本，它既能满足严格的拍摄要求，又能提高拍摄画面的质量。

撰写分镜头脚本时需要把握以下几个要点。

（1）确定故事主线。确定故事主线是撰写分镜头脚本的第一步。要明确短视频要讲的故事主题是什么，需要哪些人物，人物之间的关系是什么，故事发生的场景在哪里，时长需要控制在多长，等等。

（2）转折+冲突。设计1~2个冲突或转折点，有转折、有冲突的故事往往更能吸引用户的目光。短视频运营者要思考在哪里设置冲突更合理，在哪里设置转折更能让用户意犹未尽。

（3）时间的把控。人的新鲜感注意力持续集中的时间刚好是15秒，时间太短会使内容无法呈现，时间太长又会让人产生视觉疲劳。15秒是一个临界值，短视频运营者要在有限的时间里呈现出最好的效果。

（4）景别+拍摄手法。哪种景别更能呈现出好的效果？什么样的拍摄手法能体现出视频的意境？短视频运营者只有搞清楚景别及各种拍摄手法的作用，才能呈现出最好的效果。

分镜头脚本要充分体现短视频所要表达的主题，同时还要通俗易懂，因为它在拍摄和后期剪辑过程中都会起到关键性的作用。表4-2所示为短视频分镜头脚本。

表4-2　短视频分镜头脚本

景别	拍摄技巧	画面内容	字幕	音效	时长	人物
中景+小全景	固定	果果登上舞台，身着华丽的衣服，准备表演		现场观众热情高涨，掌声不断	10秒	果果
近景	固定	果果侧躺在床上看着手机的闹钟发呆	多少次，从这样的梦境中猛然清醒，只剩惆怅。绚丽的舞台变成苍白的床，华丽的剧场成了苍白的墙。庆幸的是，窗外的阳光依然像舞台的灯光		20秒	果果
中景+特写	固定	果果起身走到窗前拉开窗帘，阳光照到脸上。果果脸上露出幸福的微笑		城市吵闹声	8秒	果果
全景+中景	全景移动至中景固定	店面的全景。阿俊正在做早点，不时地看手表，眺望远处，等待果果的到来	7点了，她应该要来了吧	上班的人群	10秒	阿俊

技能实训——编辑与制作风景短视频

短视频已成为人们获取信息、分享生活的重要方式。风景短视频以其独特的视觉享受和情感传递，深受广大用户的喜爱。短视频的编辑与制作是短视频运营中的重中之重，本实训将介绍如何使用剪映这款常用的短视频编辑软件，进行风景短视频的编辑与制作。

4-2　技能实训——编辑与制作风景短视频

剪映提供了"剪同款"功能，短视频创作者只需上传视频素材或图片素材就能制作与心仪视频同款的短视频。此外，剪映还提供了多种模板，可以满足短视频创作者多样的短视频制作需求。下面介绍如何利用剪映"剪同款"功能编辑与制作风景短视频，具体操作步骤如下。

（1）打开剪映，点击底部的"剪同款"图标，如图4-41所示。

（2）打开"剪同款"界面，选择一个短视频，如图4-42所示。

图4-41 点击"剪同款"图标　　图4-42 选择一个短视频

（3）在打开的界面中点击底部的"剪同款"按钮，如图4-43所示。

（4）打开本地手机相册，选择相应的素材文件，如图4-44所示，点击底部的"下一步"按钮。选择具有代表性的风景作为背景，如城市建筑物、鲜花等，可以提升视频的观赏性。

（5）导入文件后，点击"文本"图标，如图4-45所示。适当添加字幕以解释画面内容，可以提升用户的观感体验。

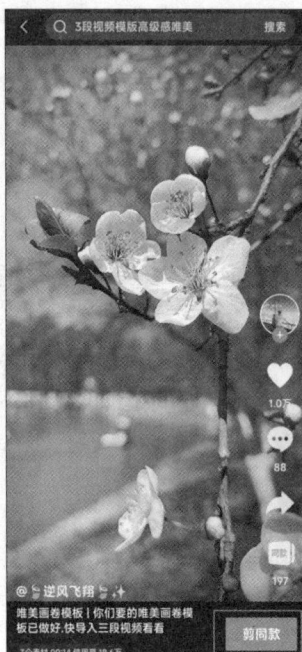

图4-43 点击"剪同款"按钮　　图4-44 选择素材　　图4-45 点击"文本"图标

（6）在打开的界面中点击"添加文字"按钮，如图4-46所示。

（7）在打开的界面中输入文字"人间最美四月天"，如图4-47所示。

（8）调整文字位置，如图4-48所示。

图4-46　点击"添加文字"按钮　　　　图4-47　输入文字　　　　图4-48　调整文字位置

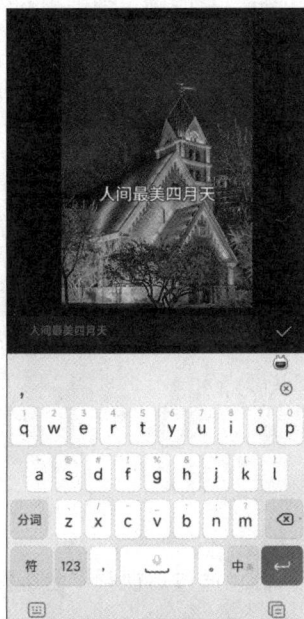

思考与练习

一、填空题

1．常见的短视频运营目的包括_____、_____、_____、
_____。

2．用户信息数据分为_____和_____两大类。

3．短视频的展示形式主要有_____、_____、_____、
_____、_____。

4．在PC端可以使用_____软件剪辑短视频，在移动端可以使用_____、
_____、_____等App来剪辑短视频。

二、单选题

1．（　　）数据是指用户的网络行为数据，如消费属性和社交属性等。

　　A．动态信息　　　　B．静态信息　　　　C．用户信息　　　　D．用户画像

2．（　　）的短视频多为教学类短视频或实操类短视频，就是通过录屏软件把计算机等设备上
的一些操作过程录制下来，最终将内容导出为视频格式的文件。

　　A．解说形式　　　　B．录屏形式　　　　C．图文形式　　　　D．Vlog形式

3. 下面哪一项不是短视频脚本的功能？（　　）

   A. 提高团队的效率　　　　　　B. 提升短视频制作质量

   C. 能更好地推广　　　　　　　D. 提供内容提纲和框架

4. （　　）是拍摄短视频的重要依据，它明确了短视频的内容、选题、场景、角色、镜头运动等关键信息，为拍摄工作提供了明确的方向和指导。

   A. 文学脚本　　　B. 分镜头脚本　　　C. 单品脚本　　　D. 提纲脚本

三、思考题

1. 怎样做好短视频账号人设定位？

2. 短视频构图的基本原则有哪些？

3. 常见的短视频内容类型有哪些？

4. 撰写分镜头脚本时需要把握哪些要点？

▌任务实训

假如你是一名新手短视频运营者，计划通过短视频平台运营一款健康食品。首先，你要做好短视频运营目的定位，如提高产品知名度，增加销售额。其次，你需要确定运营策略，如选择用户分析和内容类型，制订短视频的拍摄与制作计划，进行运营数据分析与优化等。

一、实训要求

1. 确定短视频运营目标和内容类型。

2. 拍摄与制作短视频。

3. 在短视频运营过程中跟踪短视频数据，及时获取反馈并进行改进。

二、实训步骤

1. 明确运营目标和内容类型。在开始短视频运营之前，需要明确运营目标。明确目标有助于制定具有针对性的运营策略。

2. 拍摄与制作短视频。制订详细的拍摄计划，包括场景选择、设备准备、人员安排、拍摄时间确定等。拍摄与制作一些关于健康饮食、营养搭配、食品制作技巧等内容的短视频。

3. 运营数据分析与优化。在短视频发布后，定期查看短视频的播放量、点赞数、评论数等数据，根据数据调整内容、发布时间和推广策略。分析哪些推广渠道和策略有效，哪些需要改进。根据数据反馈，不断优化短视频内容和推广策略，提高短视频质量和曝光率。

第**5**章

第 **5** 章

短视频运营实战

短视频运营是一种非常有效的营销手段，可以帮助企业提高品牌知名度、获取用户数据、增强用户互动性、增加销售机会、探索新的商业模式、提升用户体验等。同时，短视频运营需要不断创新和尝试，根据市场和用户的需求不断调整策略和内容，以实现更好的运营效果。本章主要讲述账号运营、内容运营、流量运营、商业变现运营、矩阵运营等多方面的运营知识，短视频运营者只有掌握了这些知识才能做好短视频运营工作。

知识目标	☑ 熟悉短视频账号运营。
	☑ 熟悉短视频账号矩阵运营。
技能目标	☑ 掌握短视频内容运营。
	☑ 掌握短视频流量运营。
	☑ 掌握短视频商业变现运营。
素养目标	☑ 弘扬中华优秀传统文化，培育文化自信。

短视频平台丰富农技推广渠道

2023年4月25日，中国社会科学院农村发展研究所课题组发布《农技传播在短视频、直播平台的生态及价值创造》报告（下称《报告》）。《报告》认为，随着数字技术的发展，以抖音为代表的短视频、直播平台凭借直观易懂的农技内容形式推动了农技传播，为更市场化的农业发展提供了技术创新、实践的传播基础，成为对现有农技推广体系的有效补充。

短视频平台吸引了大批乡土专家、新型农业经营主体以及农技专家加入，他们通过农技传播获得了实现社会价值和经济价值的可能，也促进了短视频、直播平台上农技推广体系的良性可持续发展。

刘天英是"蔬菜之乡"山东省寿光市的农技员，也是远近闻名的大棚蔬菜种植农技专家，经常有其他省市的农技学习小组远道而来向她请教种植技术，最多的时候刘天英一天要接待六七波学习团。

为了能在更短的时间内扩大传播范围，刘天英尝试参加电视和广播节目，但有些需要在田间地头讲解的技术问题在电视和广播节目中无法很好地呈现。在朋友的建议下，刘天英开设了抖音账号讲种植技术，专门在田间地头拍摄讲解蔬菜种植新技术的短视频，她的账号很快就积累了10万粉丝。在刘天英的抖音粉丝群里，除了山东本地的粉丝，来自河南、江苏、安徽等农业大省的粉丝最多，也最活跃，且很大一部分都是返乡创业的中小农户。

每一个短视频运营者都希望短视频能吸引更多的人，那么应如何做好短视频运营实战呢？

思考与讨论

（1）如何通过短视频丰富农技推广渠道？

（2）怎样做好短视频运营实战？

5.1 账号运营

账号运营是短视频运营最基础的一个环节。有效的短视频账号运营，能够通过对短视频账号进行维护和管理，以促进短视频账号的长期发展和运营目标的实现。

课堂讨论

什么是短视频账号运营？短视频账号运营包括哪些常见的内容？

5.1.1 账号运营的概念与原则

在学习账号运营的基本策略之前，我们首先需要了解账号运营的概念、原则等基础理论知识。

1. 账号运营的概念

账号运营是指通过创建一个社交媒体平台账号，围绕账号属性，通过对账号主页的设计、内容形式的选择，打造独特的账号风格与鲜明的账号定位，来吸引用户、提高用户活跃度、促进用户转化，最终实现商业目标的过程。

账号运营是短视频运营的初级策略，也是短视频运营的第一步。从账号的命名、简介的撰写、口号的提炼，到账号视觉形象的塑造，再到账号人设、基本风格的设定等都属于账号运营的范畴。简单来说，账号运营就是要回答"你是谁""你要做什么""你有什么特点"这几个基本问题。可以说，账号运营是短视频账号后续发展的基础。

2．账号运营的原则

账号运营要把握以下几个原则。

（1）统一性原则。大到账号的基本定位、基本风格，小到账号的名称、头像，短视频的字幕、背景音乐等，都要保持基本的统一。只有做到统一，短视频运营者才能使各元素形成合力，共同塑造出特色鲜明的账号风格，加深用户对短视频的印象。

（2）独特性原则。要想让自己的账号从众多账号中脱颖而出，账号的独特性也是必不可少的。因此，在账号运营的过程中，短视频运营者要通过使用各种元素形成账号独特的标签，与竞争对手形成差异。

（3）合法合规。短视频运营者要遵守平台规则和相关法律法规，避免违规行为，如过度营销、虚假宣传、抄袭侵权等。

（4）注重用户体验。在账号运营中，用户体验是至关重要的。短视频账号运营者应该关注用户的需求和反馈，及时调整内容和方式，提升用户体验；同时，注重账号的隐私和安全，保护用户的个人信息。

（5）持续优化。账号运营是一个持续优化的过程。短视频账号运营者应该定期分析数据和收集反馈；同时，关注行业趋势和竞争对手的情况，及时调整策略，保持竞争优势。账号运营者要目光长远，善于评估风格的可延续性和内容的持续生产能力。

5.1.2　账号主页设置

账号主页的设置在很大程度上影响着用户的关注、点赞、转发和评论等行为，对于吸引用户、增强互动和提高转化率至关重要。账号主页的设置包括账号名称设置、账号头像设置和账号简介设置等内容。

1．账号名称设置

账号名称是用户在短视频平台上为自己的账号创建的特定名称，短视频运营者可借此来标识和区分用户。在创建账号名称时，短视频运营者可以结合自己的品牌定位、个人特色和目标受众等因素进行综合考虑。同时，确保账号名称在搜索引擎中具有靠前的排名，以便账号获得更多的曝光和关注。

短视频运营者拟定账号名称时，可以采取以姓名命名、以数字命名、以关键词命名、以称呼命名、以企业简称命名、以媒体与组织机构名称或简称命名等方式。如果短视频账号的主体是企业，就可以用企业简称或品牌名称命名，如"格力电器""上海家化"等，此时应注意名称字数不要过多，忌用企业全称。

一个好的账号名称应该具有以下几个特点。

（1）简短性。简短性是账号名称的基本要求。一个好的账号名称应该简洁明了，避免使用生僻字和过于复杂的词汇。

（2）独特性。账号名称应该具有独特性，要与其他用户或品牌区别开来。一个具有独特性的账号名称能够迅速吸引用户的注意力，提高账号的辨识度。

（3）相关性。账号名称应该与用户发布的短视频内容相关，避免出现无意义的内容。

（4）易记性。易记性是好的账号名称的重要特点之一。一个易于记忆的账号名称能够方便用户传播和分享，有助于提升账号的曝光度和影响力。

2. 账号头像设置

头像是账号的视觉标识，是用户识别账号的重要途径之一，也是展示账号个性的一种手段，会决定用户对账号的第一印象。在吸引用户关注短视频账号的因素中，除了短视频内容和账号名称，就是账号头像在起作用。可以选择真人照片、图文Logo、动画形象、账号名称等作为账号头像。抖音账号"央视新闻"的头像使用了账号名称，非常直观，强化了短视频的内容方向和品牌形象，如图5-1所示。

图5-1　抖音账号"央视新闻"的头像

在当今的短视频时代，一个好的头像对于短视频账号也很重要。它不仅决定了用户对短视频内容的初步印象，也是品牌形象的重要展示途径。账号头像的选择要遵守以下原则。

（1）头像必须能让人产生好感并记住，特别是对于潜在用户而言。若用户看到头像的第一眼便产生反感，很可能就会拒绝关注账号及其发布的短视频。

（2）符合账号本身的定位风格。不管是用真人照片作为头像还是使用其他图片，最重要的是头像要与账号本身的定位风格保持一致。

（3）账号头像一定要清晰简洁，千万不要使用模糊不清的头像。

（4）保持一致性。如果打算长期运营一个账号，那么保持一致性是非常重要的。也就是说，账号头像应该尽可能反映品牌形象，这样用户才能清楚地知道他们可以期待什么。

3. 账号简介设置

账号简介又称个性签名，是用来对账号进行简单介绍的内容。一个好的账号简介能够吸引潜在用户的注意力，让他们主动了解账号内容、目的和价值，从而增加用户关注账号的可能性。账号简介可以清晰地传达品牌形象、产品或服务的特点，帮助潜在用户判断账号的内容是否符合他们的需求。

账号简介一般有以下几种类型。

（1）表明身份。例如，某舞蹈学校的账号简介为"拥有15年办学经验的专业舞蹈学校"。

（2）表明主题。例如，某展现乡村生活类账号简介为"用摄影镜头记录乡村生活，记录美好乡村劳动场景"。

（3）表明独特性。例如，某舞蹈账号的简介为"站在石磊肩膀上、头顶上跳芭蕾舞的菲菲"。

（4）留下联系方式。部分账号在简介中提供社交媒体链接、邮箱地址或电话号码等联系方式。这种账号简介一般与上述账号简介同时出现，主要是为了将用户引流到自己的私域流量池中，或者开通商业合作的渠道。但是留联系方式时一定要遵守相关平台规则。

账号简介也可以称作账号的宣传栏，可以让用户更加了解短视频的内容方向、定位与业务范围。在设置账号简介时，由于短视频运营者的文案撰写能力不同，如果确实想不出理想的宣传语，可以将自己的具体业务范围或产品名称写上去，这样能够方便用户了解账号的业务范围和产品信息，然后根据自身需要选择是否浏览与关注。

5.1.3　企业号运营与个人号运营的区别

企业号是以企业或机构为主体，旨在帮助企业或机构更好地宣传品牌、推广产品、拓展业务等的账号。运营人员在运营企业号之前，要清楚地了解企业号与个人号在运营上的区别，这样才能达到更好的运营效果。企业号与个人号在运营上的区别主要体现在以下几个方面。

1．权限

企业号有更全面的功能和更高的权限，如粉丝量达到规定的标准后可以开通"蓝V"，拥有名称唯一认证等特权。这些特权能帮助企业号在短视频平台上树立形象，建立权威，提高辨识度。个人号的权限则没有这么全面。

2．运营策略

企业号有更全面的运营策略和更专业的运营方式，包括专业的信息展示、专业的视频制作、定期的营销活动等。这些策略和方式有助于提高企业的曝光度，提升转化率。个人号则相对自由，更多依赖于个人创作灵感和内容策划。

3．核心目标

运营个人号时要把精力更多地放在提高播放量和扩大个人影响力范围两个方面，而企业号运营的核心目标体现在提高品牌曝光度和获取精准粉丝以促进销售。企业号的运营更注重为品牌造势，提高品牌的曝光度，让更多的用户了解品牌，提高用户对品牌的认知度，并推动这些用户进一步消费，购买企业的产品。

4．内容策划

企业号的内容通常更加专业化、系统化，多围绕企业的产品、服务、品牌等方面展开，注重传递品牌信息、展示企业实力。而个人号的内容则更加多元化，如个人经历、技能分享、日常生活等，更贴近用户的需求和兴趣，更容易引起用户的共鸣和关注。

5.1.4 企业号运营阶段

以抖音平台为例，企业号运营分为以下几个阶段。

1. 定位阶段

在定位阶段，短视频运营者可以根据企业号细分的内容方向打造短视频账号，使账号标签更加精准。短视频运营者可以先找到对标账号，然后对这些账号的数据进行分析，可以多找几个账号进行对比。对对标账号进行分析，主要分析短视频内容、短视频质量、短视频播放量、短视频平均点赞量、短视频平均时长、短视频玩法等内容。

2. "增粉"阶段

基于抖音平台的推荐机制，运营者在运营企业号初期，即"增粉"阶段，主要需要完善4个指标，即完播率、点赞量、评论量和转发量，同时要持续推出优质短视频，迅速积累粉丝。

（1）完播率。短视频能否持续被平台推荐，非常重要的一个因素是用户是否把短视频完整地看完。短视频完播率越高，被平台推荐的概率就越大。

（2）点赞量。在影响短视频能否上热门的因素中，点赞量是一个非常重要的因素。

（3）评论量。评论短视频的人越多，说明短视频的内容越好。运营者可以在短视频中添加一些互动问题，引导用户留言评论，提升评论量。同时，运营者要及时回复用户的评论，提炼短视频的核心观点，引导更多用户参与话题讨论。

（4）转发量。转发的人越多，短视频传播的范围就越广，被叠加推荐的概率也就越大。

3. 挖掘核心种子用户阶段

核心种子用户是指活跃度高、愿意互动、持续关注内容、与企业目标用户群体特征重合度高的用户。运营者筛选出核心种子用户以后，就需要强化内容，以吸引更多的优质用户关注。

挖掘核心种子用户的主要方式如下。

（1）构建核心种子用户画像，借助抖音平台数据寻找一些具有高点赞率及符合品牌目标人群画像的用户群体，形成核心种子用户。

（2）分析核心种子用户的需求和偏好、发布优质的短视频内容。打造品牌形象，从而吸引更多的优质用户。

4. 多平台、多账号流量转化阶段

在企业号运营中后期，运营者可能会遇到粉丝量减少或增加乏力的问题。为了避免出现这种问题，运营者可以基于品牌价值、商品线等打造账号矩阵，实现不同账号粉丝的相互转移；也可以在

其他短视频平台上开设企业账号，进行内容编辑和优化，沉淀更多的优质用户；还可以对已有的核心用户进行精细化运营，建立社群，增强用户的参与感，使其主动为品牌进行口碑宣传。

例如，小米在抖音平台上就有很多账号，如"小米公司""小米手机""小米有品""小米直播间"等，并且小米的这些账号的定位和目标用户都不相同，这就意味着小米的这些账号基本上能够覆盖不同类型的用户。除此之外，小米还在其他平台上建立了自己的账号。

5.2　内容运营

短视频内容运营是一项综合性的工作，涉及多个方面。下面介绍内容运营的概念与原则、内容运营的关键点、内容选题的来源、内容的持续输出。

> **课堂讨论**
>
> 什么是短视频内容运营？短视频内容运营的基本原则和关键点有哪些？

5.2.1　内容运营的概念与原则

要妥善进行内容运营，首先要明确内容运营的概念，以及内容运营的原则，只有在此基础上进行内容运营，才能保证内容运营有据可循。

1．内容运营的概念

内容运营是短视频运营者通过对选题、创意策划、内容生产各个环节的优化，将适当的短视频友好地呈现在用户面前，并激发用户参与、分享、消费的完整过程。

内容运营可分为选题策划、创意策略和内容制作3个环节，如图5-2所示。

内容运营强调的是内容价值的放大和增加，不管是哪个环节，内容运营的最终目的都是实现用户增长、增强用户黏性。所以，短视频运营者在进行内容运营时要紧跟用户脚步，以用户为导向，围绕用户需求进行选题、策划与生产。

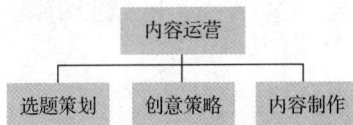

图5-2　内容运营

2．内容运营的原则

作为短视频运营者，了解并遵循一些内容运营的原则，对于提高视频质量和吸引用户至关重要。下面介绍内容运营的一些原则。

（1）明确内容定位。在运营短视频之前，短视频运营者需要明确内容定位，确定目标受众和运营目标，避免内容杂乱无章、风格不统一。在确定内容定位时，短视频运营者需要考虑目标受众的兴趣爱好、文化背景、消费习惯等因素，同时也要考虑短视频平台的用户群体特点，以制定出符合平台特性的内容策略。

（2）内容优质。短视频的内容要有趣、有用、有情怀，能吸引用户的注意力，同时还要注重内容的原创性。短视频运营者要注重短视频内容的创新性和创意性，不断尝试新的内容和表现形式，使短视频吸引更多的用户；同时，要保持短视频内容的新鲜感和独特性，避免陷入同质化竞争。

（3）精细化。一条完整的短视频从主体内容制作到简介撰写、同框拍摄、地址定位、更新时间选择、评论区互动、发布后转发转载等都是有技巧的。把短短几分钟甚至十几秒的短视频进行分解，对每一个环节的动作进行精细化操作，这才是内容运营的关键所在。精细化的运营方式更容易为内容带来流量，从而提高短视频账号的价值。

（4）用户导向。短视频运营者在内容运营过程中还必须坚持用户导向，不管是选题策划还是创意策划，都不能脱离用户的需求，要以用户的兴趣和需求为核心，解决用户的基本问题，从而给用户带来价值感和获得感。只有真正以用户为导向的内容运营，才能赢得用户对内容的正向评价和认同。

5.2.2　内容运营的关键

在短视频内容运营中，短视频运营者需要注重创意，使短视频内容有特色，并关注用户体验；同时，要根据市场和用户反馈不断调整和优化策略，从而取得更好的效果。分析自己、了解用户，提供用户喜欢的短视频内容，是短视频内容运营的基本任务。内容运营的关键如图5-3所示。

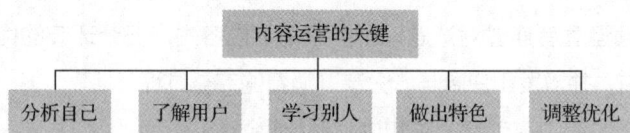

图5-3　内容运营的关键

1.　分析自己

分析自己要求短视频运营者首先明确自己在内容方面的兴趣、优势，从而确定内容的主题、风格、结构、类型、格式。客观、全面地分析自己，有助于短视频运营者确定内容的运营方向。

2.　了解用户

了解用户要求短视频运营者在进行内容创作之前，对用户的行为特征及内容需求等有基本的认知。用户是短视频内容的最终消费者，短视频运营者只有了解了用户，才能精准定位短视频内容，使其更符合用户喜好，从而提高用户的参与度和忠诚度。

3.　学习别人

学习别人要求短视频运营者保持积极学习的态度，多关注相关领域的短视频内容，并养成总结提炼的习惯，在学习中实践，在实践中总结方法，从而为自己的内容创作提供借鉴资料。短视频运营者可以了解竞争对手的短视频内容，看他们的选题、风格，分析哪些内容受欢迎、哪些内容的互动性强、哪些内容不受欢迎等。学习别人是短视频运营者挖掘内容资源的重要渠道。

4．做出特色

短视频的核心是内容，因此，短视频运营者要不断尝试新的内容形式和主题，根据账号的属性打造具有鲜明特色的内容，让自己的账号在众多账号中脱颖而出，给用户充足的理由关注并喜欢自己的账号。短视频运营者可运用先进的技术和设备，如VR、AR、AI等，以增强短视频的视觉效果和互动性，提升用户体验。

5．调整优化

调整优化要求短视频运营者注意积累用户数据，及时收集用户反馈的信息，并定期进行数据分析，根据用户的需求和反馈不断优化内容创作计划和思路，从而创作出更多受用户欢迎的作品。

5.2.3　内容选题的来源

通常情况下，短视频内容的选题来源包括直接性来源和间接性来源两种：直接性来源是为了解决社会实践的紧迫需要而产生的选题内容；间接性来源则是从查阅的各种文献和电子资料中了解短视频内容最新的排行、有关发展的趋势及前沿，并从中挖掘选题。具体来讲，内容选题的来源有以下5种，如图5-4所示。

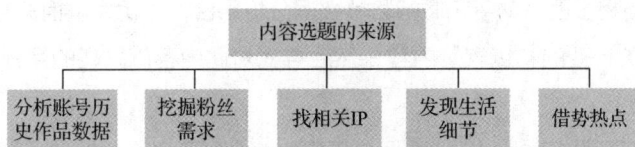

图5-4　内容选题的来源

1．分析账号历史作品数据

这是一种比较直接的寻找内容选题的方式，内容创作者主要通过查看自己短视频账号过往的作品数据，统计出相关的全部历史内容数据，如阅读量、分享量、收藏量、点赞量、打开率、推送时间等，最后从中提炼出用户的一些特征和爱好。

通常情况下，分析账号历史作品数据时主要可以从如下方面进行。

（1）筛选出阅读量较高的作品进行分析，看用户最爱看哪些选题。

（2）筛选出分享量较高的作品进行分析，看用户最爱分享哪些选题。

（3）筛选出收藏量较高的作品进行分析，看用户最爱收藏哪些选题。

（4）筛选出打开率较高的作品进行分析，看哪些选题的打开效果最好。

分析完这些数据后，内容创作者就能够根据过往历史作品数据总结出之前备受用户欢迎的各种选题，然后将这些结果做成详细表格，便于为以后测试、优化并升级提供策划优质选题的参考。

2．挖掘粉丝需求

挖掘粉丝需求，提供符合他们兴趣和偏好的内容，是短视频平台和创作者们需要重点关注的。内容创作者可以通过"问"粉丝的方法进行分析，粉丝则会提供更多的选题方向。"问"粉丝的方法通常有以下几种。

（1）在后台让粉丝投票选择感兴趣的选题类型。

（2）发起征集活动，让粉丝留言。

（3）通过在线问卷平台进行粉丝调查。

（4）在粉丝群里了解粉丝喜欢的选题等。

💡 提示与技巧

在时间充裕的情况下，建议一对一地与核心粉丝进行私聊，这样可以了解到粉丝的真实需求，也能抓住一些细节，这对确定最终的选题具有非常积极的影响。

3．找相关 IP

在确定短视频账号的选题时，内容创作者可以选择分析相同类型的账号，学习借鉴成功的短视频案例，了解其选题策略，将其选题作为参考，从中获得灵感和启示。

（1）查找"爆款"账号和内容。首先，内容创作者需要找到账号定位、目标用户与自己账号大致相符的账号（包括内容相关的短视频账号、软文账号、营销账号以及各种内容输出的账号），这样才能保证内容的可借鉴性和目标用户的精准性。下面介绍查找账号的方法。

● 可直接通过新榜、西瓜助手和微指数等数据分析平台，寻找大量相关的账号。

● 可先查找相关行业的"爆款"内容，然后寻找对此内容感兴趣的目标用户，再逐步找到其关注的账号。

● "爆款"内容更容易查找，各种数据分析平台都会显示各个行业的"爆款"内容，排名靠前的内容均为阅读量在10万次以上的"爆款"内容。内容创作者可根据需要选择对应分类，再选择类别下和自己账号比较匹配的"爆款"内容。

（2）分析内容。在查找到同行或竞争对手的账号后，内容创作者可通过对方的内容，观察并总结出其内容成为"爆款"的原因，以此作为自己选题的来源。分析的内容主要包括以下4个方面。

● 其选题中的哪个点打动了用户，让用户愿意买单。

● 其标题、内容是如何突出选题的。

● 其选题具有哪些参考性。

● 同样的选题，为什么只有对手的内容成为"爆款"，其中有什么缘由。

4．发现生活细节

艺术来源于生活，好的选题同样来源于生活。生活细节也是短视频选题的绝佳来源。这些内容通常更具有真实性和趣味性，能吸引用户的注意力，如一些有趣的生活瞬间、有趣的社会现象或者自然现象等。通过将这些瞬间以短视频的形式展现出来，可以吸引用户的好奇心并激发他们产生共鸣。

例如，很多短视频的选题都来源于生活，如"日常生活小窍门"选题、"感情中物质和精神哪个更重要"选题、"美食制作教程"选题等，都是生活中很常见的，也是非常贴近用户生活的内容。一般来说，短视频选题真实性越强，越与用户生活相关，就越能获得用户的关注。

5．借势热点

短视频的热点话题是许多内容创作者的选题来源。随着社交媒体的发展，我们可以看到各种热点话题在短时间内就会迅速传播开来。从电影、电视剧、音乐、游戏到其他流行文化，这些都是内容创作者可以利用的选题素材。需要注意的是，借势热点是为选题服务的，因此热点一定要和选题有关联，而且所借势的热点还需要与账号定位或属性一致，否则会得不偿失，引起用户的反感。例如，某个热点是社会事件，而账号定位是美食，如果硬要"蹭热度"则会显得毫无意义。

5.2.4　内容的持续输出

要运营好短视频账号，内容的持续输出是短视频运营者必须面对的问题。没有持续的输出，短视频就会失去生命力，用户的期待程度也会大幅度降低。每天能源源不断地、稳定地生产并输出内容是短视频运营的核心。在这一部分，我们就来学习持续输出内容的策略。

1．持续学习与提升

短视频行业日新月异，短视频运营者需要不断学习新的技巧和方法，以保持竞争力。关注行业动态、参加培训课程、与同行交流等都是提升的有效途径。通过不断学习和提升，短视频运营者可以不断优化自己的内容输出。

2．团队化，可替换

要想持续产出优质的短视频内容，短视频运营者就不能仅凭一己之力，短视频创作往往需要多人协作，团队成员之间的默契和配合是持续稳定输出的重要保障。一方面，短视频运营者可以成立自己的内容运营团队，团队内部根据短视频创作流程进行科学分工，发挥各个成员的长处，从而保证内容生产的质量和效率。另一方面，短视频运营者也可以选择与MCN机构合作，依托专业平台的力量实现内容的持续输出。

另外，短视频运营者如果自己搭建团队，还必须形成相应的制度，保证每个环节的成员都具有相对可替换性。如果团队成员不能替换，就会给短视频内容的持续输出带来巨大风险。

3．系列化

系列化、可"追更"也是保证内容持续输出的有效策略。系列化的短视频往往有一个共同的背景，主要人物也没有太多变化，每个系列的拍摄场景都是相对固定的，对于服装、道具的要求也相对统一，因此这既可以节约人力、物力和时间成本，又能够保证内容的持续输出和定期更新。

如某抖音账号推出的"美食探索"系列，这个系列是由一系列短视频组成的，每条短视频都介绍了一种当地特色美食的制作方法。这个系列通过介绍各种美食的制作过程，让用户了解到了当地的美食文化，同时也为用户提供了许多美食制作方面的建议和技巧。该系列短视频通过精心策划和制作，吸引了大量的用户并取得了成功。

4．保持耐心

短视频创作是一个需要耐心的过程。在面对挫折和困难时，短视频运营者应保持积极的心态，不断调整策略，寻找新的机会。只有坚持不懈地努力，才能打造出真正有价值的内容，赢得用户的认可和喜爱。

📖 **素养课堂**

中华优秀传统文化短视频何以"破圈"

中华优秀传统文化正乘着短视频的"东风"加速"破圈"，真正"飞入寻常百姓家"。大众通过掌上小屏就可感受到中华优秀传统文化的魅力。戏腔成为短视频平台的热门音乐元素，名师讲解古诗词受到用户热捧，非遗传承人进驻短视频平台……以往"曲高和寡"的传统文化何以能通过短视频实现"以文化人"，获得众多人的青睐？

中华优秀传统文化是中华民族的精神命脉，是涵养社会主义核心价值观的重要源泉，也是我们在世界文化激荡中站稳脚跟的坚实根基。

在青年人的聚集地（如B站等），火爆的常常是中华优秀传统文化主题作品，如《国家宝藏》《典籍里的中国》《如果国宝会说话》《上新了·故宫》《我在故宫修文物》《我在故宫六百年》等。河南卫视的"中国风"系列特别节目同样在互联网中受到青年人乃至各年龄段观众的喜爱和赞叹。

这些节目的热播热议，让我们切实体会到中华优秀传统文化这个巨大宝库经过恰当、准确、有智慧、有网感的综艺化、当代化、融媒体化改造后，释放出了巨大的能量。最近一段时间，弘扬主旋律的电视艺术作品在青年群体中受到热议，这也进一步印证了上述结论。

国家的快速发展、社会的快速进步为广大民众所切实分享，是建立文化、艺术、价值自信的基石。在国家快速发展这样一个大时代下成长起来的"90后""00后"，对中华优秀传统文化类传媒艺术作品显然是能够感同身受的，也能够理解这些作品中所体现的道路自信、理论自信、制度自信、文化自信。

▌5.3 流量运营

随着互联网的发展，流量运营已经成为企业在市场竞争中取得优势的关键。通过有效的流量运营，企业可以扩大品牌影响力，提高知名度，吸引更多的潜在用户，进而提高销售收入。

📋 **课堂讨论**

什么是短视频流量运营？如何做好短视频流量运营？

不同短视频平台的流量分发逻辑是怎样的？

5.3.1　流量运营概述

流量本身是一个物理学上的概念，后来被引入社会学、营销学等领域。用于描述网站或互联网平台这样的对象时，流量指特定时间内网站或互联网平台的访问量。对于同一个网站，同一个用户的多次访问被视为一次流量。流量可以用来衡量网站的用户体验，广告商使用它来确定购买广告位的最优价格。

流量运营是指短视频运营者通过各种方式持续不断地获取流量，并通过对流量进行优化和转化，实现流量价值最大化，最终完成从流量向价值转化的过程。因此，流量运营是将用户的关注转换成商业价值的过程。

流量运营本质上是对流量渠道的运营和把控，是指从目标人群出发，选定优质的流量渠道，并在其中生产、传播内容，通过一定的策略，将目标人群转化为用户的过程。

5.3.2　不同平台的流量分发逻辑

目前我国网民规模已超过10亿人，在互联网时代，更是流量为王。短视频运营者除了制作高质量的内容以外，也需要掌握平台的流量分发逻辑和算法规则，以更高效地获取流量。以下是当前几个主流的短视频平台的流量分发逻辑。

1. 抖音：让强者越强，流量高度集中

抖音是当前最受欢迎的短视频平台之一，其推荐机制是非常复杂且不断更新的，但根本的原则一直保持不变，即：去中心化的内容分发机制，给予优秀内容最大的曝光量。

抖音的流量分配是去中心化的，这种去中心化让每个短视频都有机会成为"爆款"。抖音的流量分发逻辑包括以下几个部分。

（1）流量池。抖音会给每一个作品分配一个流量池，即使账号没有任何粉丝，也会获得系统分配的流量。只要短视频质量好，且在流量池中的表现好，平台就会把短视频推送给更多的用户。

（2）叠加推荐。叠加推荐是指抖音平台会给予新视频一定的推荐量。一条短视频发布后，需要经过一个被称为"冷启动"的过程。当转发量超过一定的数量时，系统就会自动判断出这条短视频是受欢迎的，并自动对该短视频进行加权。冷启动时期的数据表现越好，短视频被推荐到更大的流量池中的可能性就越大。相反，如果冷启动时期数据表现不理想，平台很快就会停止推荐。依次类推，短视频的质量越高，越有机会进入大流量池。通过一个个流量池的检验之后，短视频才会被推送给越来越多的用户。抖音冷启动流量池推荐机制如图5-5所示。

（3）热度加权。热门短视频的完播率、点赞量、评论量、转发量都是很高的。短视频只有经过大量用户的点赞、评论、转发，被层层热度加权之后才会进入抖音的推荐内容池。对于这样的短视频，平台可能会分发10万的推荐量，甚至会分发100万以上的推荐量。

在这种流量分发逻辑下，短视频运营者即使没有多少粉丝，如果能够生产出足够优质的作品，其作品也可以在很短时间内火遍全平台。因为在作品足够优质的情况下，抖音会向更多用户推荐该作品，使得流量高度集中。因此在抖音平台上，用户经常可以看到各类"爆款"、热门短视频。

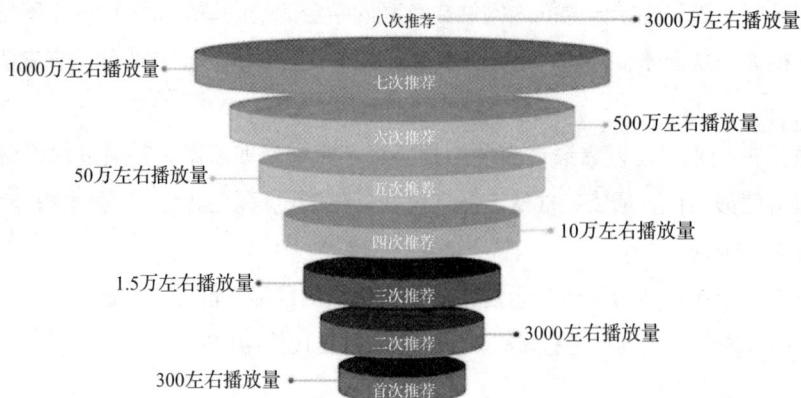

图5-5　抖音冷启动流量池推荐机制

2．快手：普惠，给更多人机会

与抖音类似，快手的流量分发也大致包含冷启动、数据筛选等环节。在冷启动环节，快手中新上传的作品都会获得几百的推荐量，平台会给每个账号同等的上热门的机会。总体说来，在不同账号的对比下，个人信息更完善且更全面、日常行为更规范、整体作品内容定位更统一且质量更高的账号，将在快手获得更多的推荐量，收获更多粉丝的概率就更大。在数据筛选环节，快手也会根据点赞量、关注量、评论量、转发量等各个维度的数据决定是否将作品推荐到更大的流量池中。

与抖音不同，快手在算法方面强调"普惠"，避免短视频之间的流量差距过大，让每个人都有相对平等的展示机会。快手上的短视频在发布初期都会被分配相同的流量，随着其热度提高，曝光的机会也会增多。此时，"热度权重"起到"择优去劣"的作用。在短视频的热度达到一定阈值之后，它的曝光机会将不断减少。此时，"热度权重"起到"择新去旧"的作用。这对平台头部运营者的流量起到了适度抑制的作用，给了普通用户更多获取流量的机会。

综合来看，快手采用去中心化的流量分发方式，重视长尾流量，流量分配相对均衡。因此在快手上，虽然也有"爆款"短视频，但是用户看到了更加丰富多彩的世界，更多的作品在快手上有很好的表现。

3．视频号：社交分发、算法分发相结合

腾讯系的视频号背靠微信这棵大树，在流量分发方面，既有社交分发又有算法分发，其中社交分发占有重要地位。

（1）社交分发。假设用户A看了你的短视频并且点赞了，那么A的微信好友就可以在视频号"朋友"选项卡里看到A点赞的短视频，如果A的好友B看到了该短视频也点赞了，那么B的好友C也可以在视频号"朋友"选项卡里看到你的短视频。在理论上，一条短视频不停地在各个圈层间传播，可以触达的潜在人群是无限的，这就是社交分发。发布在视频号中的内容需要先借助私域流量，把自己的短视频分享到朋友圈、微信群作为冷启动的基础。短视频的内容质量越高，微信好友越多，冷启动就越容易。

（2）算法分发。除了社交分发，视频号也有算法分发。当通过社交分发短视频的点赞量达到一定数量以后，就会触发视频号的算法分发，也有可能社交分发和算法分发是同时进行的。

在图5-6所示的视频号主页中，上方的3个按钮代表了3种视频推荐模式，即"关注""朋友""推荐"，处于"C位"的是"朋友"，不是"关注"和"推荐"。位于"C位"的"朋友"推荐模式展示了微信独特的社交分发机制。

图5-6　视频号主页

> 💡 **提示与技巧**
>
> 视频号分发机制最重要的逻辑是去中心化，让社交关系成为底层算法的逻辑，视频号的内容具有涟漪效应，会不断向外扩散，一条"爆款"短视频可能在发布几个月后依然火爆，依然会持续地被推荐，而抖音、快手更讲究即时的火爆，短视频在抖音、快手中的生命周期一般只有两天。

4. 小红书

小红书是一个以分享购物经验与心得为主的短视频平台，其流量分发逻辑也与其他短视频平台有所不同。与其他短视频平台不同的是，小红书在对内容进行推荐之前有一个额外的环节——收录。只有被小红书成功收录的笔记才有可能获得小红书官方的推荐，反之则是无法进入推荐环节的。

笔记被小红书收录之后就正式进入分发推荐环节，其分发逻辑如下。小红书首先将笔记推送给少部分用户，根据这部分用户的反馈再决定下一步的推送行为。小红书在对一篇笔记进行推荐时，最初会给予这篇笔记200次左右的曝光量，然后通过笔记的点击率、点赞量、评论量、收藏量等数据来对笔记进行评估。如果这些数据反馈较好，平台就会将这篇笔记推送进下一个更大的流量池，否则平台就会停止对这篇笔记的推荐。

小红书对权重较高的账号会给予更多的流量扶持，而且会认定权重较高的账号创作的笔记质量较高，会给予更多的推荐量，帮助笔记获得更多的曝光量。因此，运营者想要账号获得更多的流量和曝光量，就要想办法提升自己账号的权重。

小红书账号的权重不是由单一指标决定的，它是由很多因素综合评估得到的，如账号注册时间、账号等级、账号粉丝数量、账号笔记数量、账号笔记点赞量/收藏量/评论量等，以及笔记内容的原创度、账号活跃度等。除此之外，小红书对艺人号、达人号、与品牌合作的账号，以及与MCN机构签约的账号，会给予额外的加权力度。

企业如果要借助短视频平台进行品牌的传播，就需要知晓不同平台的流量分发逻辑，结合企业自身的特点，选择并合理利用合适的短视频平台。

5.3.3　合理利用公域流量

公域流量就是短视频平台的流量，这种流量属于整个平台，而不属于平台上的某个单一品牌或者企业。这些流量对平台上的个体或者商家开放，品牌或者企业可以利用公域流量进行宣传。对于短视频账号而言，要想获得平台的公域流量，一般可以通过购买的方式来实现，并且其价格会逐级递增。

抖音界面的"推荐"、快手界面的"发现"、视频号的"热门"等，都是短视频平台的公域流量入口。

一个平台中存在许多个体，这些个体要获取公域流量，就需要向平台付费，或者举办活动来吸引公域流量。一般来说，付费购买的公域流量的留存率都比较低。在获取公域流量的过程中，个体必须谨遵平台规则。个体没有流量支配权，只能迎合平台，根据其发展规律顺势而为。个体一旦触犯平台规则就可能被封号，这样公域流量又会重新归于平台。

公域流量本身具有特定的价值。在网络时代，流量代表着用户，代表着业务。公域流量最大的特点是覆盖面较广，能够使品牌获得强大的影响力，同时对于品牌的传播具有很大的意义，一些企业往往会利用公域流量为品牌赋能。

但是，企业如果希望在通过短视频传播品牌的同时实现销售上的突破，达到品效合一的目的，就应该通过多种策略将公域流量转化为私域流量。因为只有将公域流量转化为私域流量，企业才可以随时与用户进行低成本的沟通。

5.3.4　充分开发私域流量

与公域流量相比，私域流量具有更大的价值，它是企业或个人自主获取并拥有的、无须付费便能使用的，且可以反复利用、随时能触达用户的流量。

在社交媒体尚未普及的时代，私域流量是客户的手机号、邮箱、住址等信息；在互联网时代，私域流量存在于各种社交媒体之中，如公众号、朋友圈、头条号、微博、社群、抖音、快手、视频号等。与公域流量相比，私域流量是一种需要不断沉淀和积累才能获取的流量，也是一种拥有更高精准度和转化率的垂直流量。

企业或个人都应该建立自己的私域流量池，构建自己的用户群体，与用户进行充分互动。在私域流量池里，企业或个人可以和用户进行多种形式的互动，向用户进行全方位的信息传达。例如，某个咖啡店的店长在用户购买咖啡时，告诉用户扫码加入微信群就可以免费享用一杯咖啡，且群里每天都会发拼手气红包，手气最佳的用户在下次来店里时可以享受折扣或者免费享用一杯咖啡，并且自己还会在群里分享咖啡知识、推荐店内新品、组织线下沙龙等。

私域流量可以通过多种方式获得，本小节将重点介绍以下几种。

1．打造个人品牌，吸引用户关注

抖音、快手、微信等平台是私域流量的重要来源，而要想在这些平台上获取私域流量，短视频运营者就必须打造个人品牌，树立起自己在某一领域的专业形象，从而吸引用户主动进入私域流量池。例如，短视频运营者可以在某一个垂直领域持续运营一个短视频账号，让用户感觉内容有用或者有趣，从而收获大批忠实粉丝，并将其转化为私域流量。

2．给予利益激励，实现用户导入

短视频运营者可以通过让利、售卖低价商品、发优惠券、提供特殊权益、提供升级服务等福利活动引导用户加入社群，实现私域流量的用户导入。

3．粉丝购买或交流

短视频运营者可以和KOL合作，将对方的粉丝变成自己的粉丝，也可以与其他目标群体一致的账号进行粉丝交流，如少儿英语培训机构和少儿舞蹈教育机构就可以通过这种合作方式实现私域流量的增长。

4．粉丝裂变

短视频运营者可以通过奖励推荐新用户的老用户实现"老带新"，并通过运营使新用户留下来，然后鼓励其继续带来新用户，循环往复，实现私域流量的增长。

5.4　商业变现运营

有流量的地方就有变现，不论是电商变现、广告变现还是内容付费变现，都是通过流量产生收益的。短视频运营者要维持运营，必然要寻求商业变现。实现商业变现的方式有很多种，下面将介绍常见的短视频商业变现运营方法。

> **课堂讨论**
> 短视频常见的商业变现运营方法有哪些？

5.4.1　电商变现

在短视频浪潮的推动下，内容电商已经成为当前短视频行业的一大趋势。越来越多的企业、个人选择通过发布原创内容，并凭借基数庞大的粉丝群体构建自

5-1　电商变现

己的盈利模式，电商变现便是其探索商业模式过程中的一个重要选择。

1. 自建电商平台

如今已经有越来越多的用户习惯通过短视频平台发现商品，并对其产生兴趣。同时，在商品购买环节，愿意通过短视频平台购买商品的用户增长率显著提升，短视频平台成为用户电商消费的重要场景与渠道。

自建电商平台以PGC为主，品牌方通过创作优质的短视频内容为自营平台引流，吸引用户以实现流量变现。如今随着电商平台的发展，很多品牌建立了自营店，品牌自营作为商业策略中的重要一环，也成为很多大品牌的既定商业动作。

例如，娃哈哈在积累了足够的用户之后，不仅在短视频平台推送优质的短视频，在短视频内容中软性植入商品信息，还在抖音平台建立官方旗舰店销售商品，如图5-7所示。

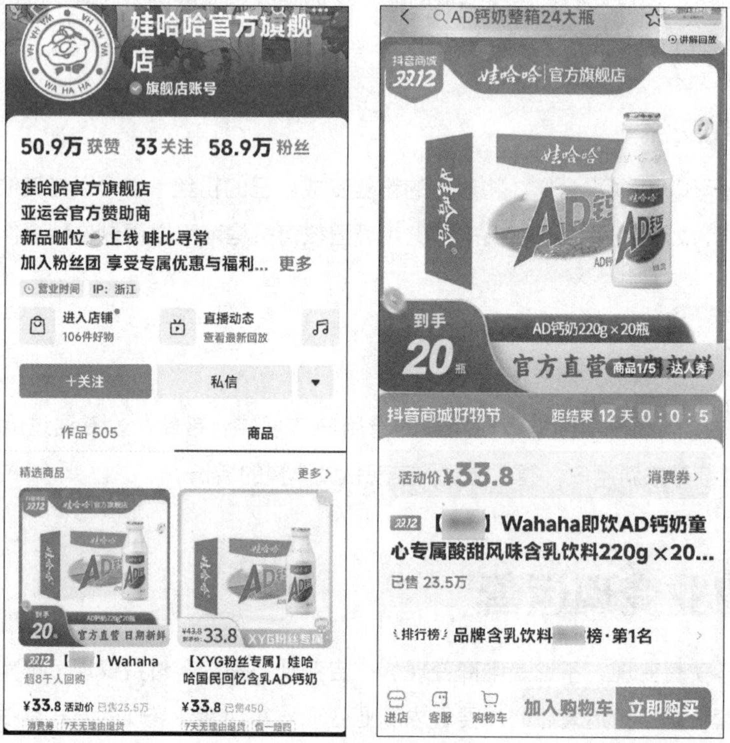

图5-7 娃哈哈官方旗舰店

2. "商品橱窗"功能

"商品橱窗"功能是指短视频运营者可以在自己的短视频和主页中分享商品信息。开通此功能后，账号主页会增加"商品橱窗"，短视频运营者可以在"橱窗"里添加需要分享的商品，若用户对商品感兴趣则可以通过"商品橱窗"了解详情并进行购买。"商品橱窗"选项在账号主页中如图5-8所示，点击"商品橱窗"选项后进入的界面如图5-9所示。

图5-8　"商品橱窗"选项

图5-9　"商品橱窗"界面

3. 抖音小店

电商变现的方式多种多样，而抖音小店正是其中之一。抖音小店是一种基于抖音平台的电商模式，通过短视频、直播等形式，销售商品给广大用户。作为一种创新的电商模式，抖音小店正在迅速改变网民的购物习惯，为电商变现开辟新的道路。图5-10所示为抖音小店。

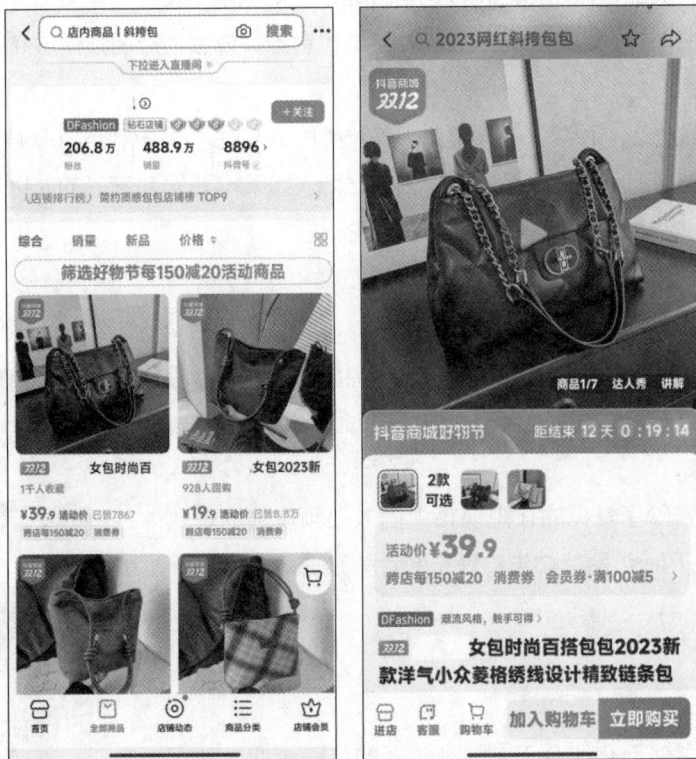

图5-10　抖音小店

5.4.2　广告变现

广告变现是指短视频运营者直接在自己的短视频中植入广告，让用户在观看短视频的过程中看到广告，进而产生购买行为，实现变现。广告变现是常见的短视频变现运营方法之一，主要涉及植入广告、贴片广告、品牌广告等。

1．植入广告

植入广告是指将广告信息和内容巧妙结合，使广告自然地融入内容，最终达到向用户传递广告信息的目的。短视频运营者可以在短视频中适当地插入广告，让用户对品牌有一定的认知。广告有多种植入方式，具体如下。

（1）台词植入。台词植入是指通过短视频中人物的台词把商品的名称、特征等信息直白地传递给用户。这种方式很直接，也很容易激发用户对商品的认同感。不过，台词一定要衔接得自然、恰当，不能太生硬地插入商品信息，以免让用户反感。

（2）剧情植入。剧情植入是指把商品信息融入短视频的剧情中，通过剧情的逻辑线条和情节发展，向用户呈现商品信息。

（3）道具植入。道具植入是指将商品当成短视频中的道具，直接、自然地展现在用户面前。很多短视频都采用这种方式来宣传商品。不过在采用这种植入方式时，不能过于频繁地展示商品，否则会放大广告的特质，且目的性过强，很容易让用户产生不适和反感。

（4）奖品植入。奖品植入是指短视频运营者通过在短视频中发放一些奖品来引导用户关注、转发和评论短视频的植入方式。例如，发放优惠券、代金券，或者为短视频提供商品赞助，将商品作为奖品奖励给用户等。

（5）"种草"植入。"种草"植入常见于美妆类KOL的短视频中。当用户通过短视频学习美妆知识时，就会不自觉地加深对化妆品商品信息的记忆。如果KOL再对商品的使用方法进行讲解，就可以达到事半功倍的效果，极大地刺激用户的购买欲望。

2．贴片广告

贴片广告是指在短视频播放之前、结束之后播放，或者插片播放的广告。贴片广告是短视频广告中较为明显的广告形式，属于硬广告，如图5-11所示。

短视频贴片广告除了常见的在短视频中插入视频广告的形式外，还有将Logo广告、Flash贴片广告和静态图片等贴在短视频画面上的形式。

3．品牌广告

在传播形式日益多元化的今天，越来越多的品牌企业发现了短视频在营销宣传方面的价值。独特的短视频模式让许多品牌形象变得立体

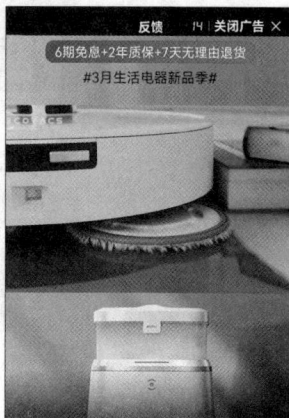

图5-11　贴片广告

化。品牌借助短视频平台可以增强传播的互动性、趣味性，也可以使自身的影响更有穿透力，更能打动消费者。

大品牌因为销售渠道众多，在短视频平台中主要进行宣传，目的在于提醒消费者复购而非促成直接成交，所以品牌一般以短视频的曝光度、点击率等为主要考核目标，对销售额不做硬性要求。

小米是较早使用抖音宣传的品牌，目前小米手机在抖音里已经拥有几百万的粉丝，如图5-12所示。小米手机通过拍摄抖音短视频，宣传了品牌形象。

图5-12　小米手机抖音账号

5.4.3　内容付费变现

内容付费的本质是让用户购买特定的短视频内容。因此要想让用户付费，短视频内容必须有价值，且具有排他性、稀缺性及独特性。

在长视频领域和音乐内容平台，会员制增值服务付费模式早已得到广泛应用。用户在搜狐视频、优酷视频、爱奇艺等平台观看视频时，经常可以看到带有"VIP"字样的剧集，这就需要用户通过购买会员的方式以享受某些会员特权。在虎牙直播平台购买会员服务如图5-13所示。

现在很多短视频平台都推出了短视频内容付费服务，主要原因如下。

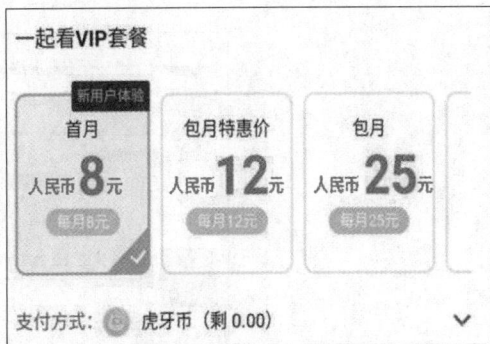

图5-13　购买会员服务

（1）短视频平台逐渐完善成熟，但要想获得更好的发展，需要开拓更多的盈利模式来吸引更多的短视频运营者入驻。

（2）越来越多的用户需要更加优质的短视频，优质短视频的市场在不断扩大。

（3）用户逐渐养成了为优质内容付费的习惯，而且付费的精品内容逐渐受到市场的认可与欢迎。

目前，很多短视频平台的付费观看模式与会员制相互融合。用户既可以在购买会员权益之后免费观看大量原创的优质短视频，也可以选择性地针对某一个短视频进行付费观看。

5.4.4 特色盈利变现

除了前面介绍的一些变现方式，还有一些特色盈利变现方式，如网络课程、咨询变现等。

1. 网络课程

现在，越来越多的人借助网络课程学习生活和工作技能。网络课程以性价比高、自由度高的核心优势，成为移动互联网时代的新型学习方式。短视频运营者可以通过定期更新短视频，向用户展示网络课程中的部分内容，以吸引用户购买。

网络课程变现的关键在于课程内容的设计。有付费价值的网络课程往往具有较强的专业性。对于用户来说，网络课程的专业性越强，其价值就越大，也就越值得付费观看。

短视频运营者在完成课程设计和录制之后，需要通过有吸引力的短视频找到目标用户，引起用户关注，然后用符合其特质的课程内容和社区氛围增强用户黏性，从而实现变现。

虽然对于用户来说，越专业的知识就越有价值，他们也越愿意付费观看，不过，并非所有专业知识都会被用户接受，用户只会为与自己生活和工作密切相关的专业知识付费，如房产投资、职场、法律、理财等领域的知识。另外，专业知识越稀缺，对用户的吸引力就越强。

某视频吉他主播推出了付费系列短视频，短视频的主要内容是吉他方面的专业知识，售价为269元、299元，吸引了感兴趣的网友付费观看，如图5-14所示。短视频运营者可以聚焦某一垂直细分领域，在该领域做精、做专，从而吸引对该领域感兴趣的用户。短视频运营者销售垂直细分领域的网络课程，可以吸引相对小众的用户群体付费观看，因此短视频的内容越垂直细分，就越能吸引某一用户群体付费购买。

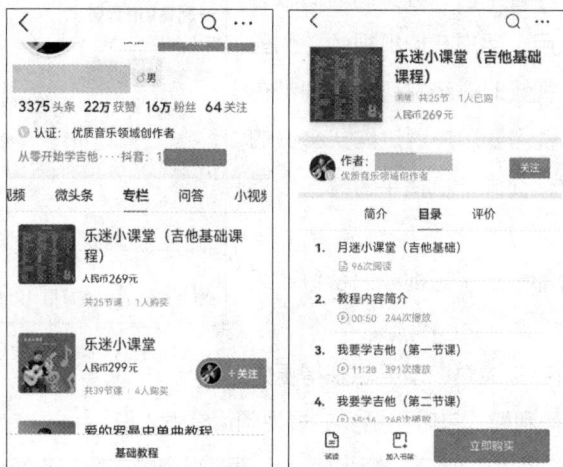

图5-14 用户付费观看吉他基础课程

2．咨询变现

咨询变现是指咨询师运用专业知识、技能、经验等，为个人或组织提供方案或帮其解决问题，以获得收入的变现形式。通常情况下，一次咨询费用可以达到数百元甚至更多。可以说，咨询变现是一种比较高效的变现方式。

目前，比较热门的咨询类型有职业生涯咨询、律师行业业务咨询、心理咨询、健康咨询、情感咨询等。其中，心理咨询由于贴合用户心理，也更容易吸引用户的关注。许多短视频账号通过抓住用户的心理痛点，为用户提供心理咨询服务。

利用短视频实现咨询变现，并不是在短视频平台上为用户提供咨询服务，而是先用免费的短视频吸引用户的关注，获得用户的认可，再引导用户通过其他方式进行一对一的在线付费咨询。

5.4.5　直播变现

在短视频平台上，许多短视频运营者都开通了直播功能，通过直播变现。随着"短视频+直播"的变现模式不断完善并逐渐成熟，如今直播变现的模式更加灵活多样，主要包括以下几种。

1．直播卖货

各商家已经开始充分利用直播平台聚拢粉丝，通过直播卖货实现变现。主播在直播间展示并介绍商品，以最大限度地展现商品的特点与优势，使用户能更直观地看到商品。直播能提升用户的体验感，激发用户的购买欲望，促使用户产生购买行为，从而实现变现。

与硬广告、图文相比，直播更好地展示了商品，提升了用户的购物体验。直播的优势就是可以快速地聚粉、沉淀和互动，进行二次营销，与售卖同时进行。

目前直播平台提供了一项特殊权限，那就是可以在直播界面设置"购物车"按钮，如图5-15所示。用户点击按钮可以进入商品列表界面，如图5-16所示，然后下单购买。

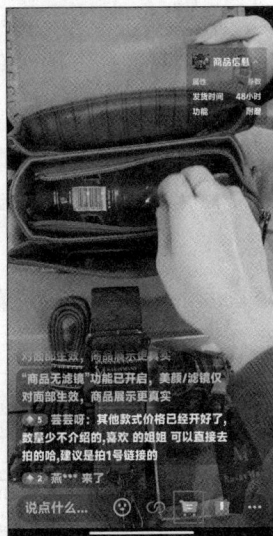

图5-15　直播界面的"购物车"按钮　　图5-16　商品列表界面

2．粉丝打赏

很多直播平台的主播是通过粉丝打赏实现变现的。只要直播内容能够吸引并打动粉丝，粉丝就会用直播平台上设定的虚拟礼物进行打赏。

主播直播时可能收到粉丝赠送的虚拟礼物，如鲜花、金币、跑车、飞机等，不同的虚拟礼物所对应的虚拟货币数量不同，这些礼物就是主播的直接收入。一般而言，这类主播除了基本底薪外，其他收入就是粉丝赠送的虚拟礼物。

在直播过程中，主播需要和粉丝进行良好的互动，这样粉丝才会更喜欢主播，从而更愿意打赏。

另外在直播时，主播要避免那些无营养、无聊的聊天内容，那样的内容很容易消耗粉丝的好感，而且粉丝体验不佳，自然不会打赏。因此，主播在直播前要进行粉丝调查，了解粉丝喜欢什么内容，然后有针对性地进行直播。只有戳中粉丝痛点的直播内容才可能获得更多好评，也才可能获得更多打赏。

3．直播内容付费

短视频运营者对于优质的直播内容常采用内容付费的方式实现变现。例如，一对一直播、在线教育直播等，用户需要付费后才有权限进入直播间观看。目前，比较常见的直播内容付费变现模式主要有先免费再付费、限时免费和折扣付费的形式。

"抖音夏日歌会"已经举办了多场主题和风格各异的直播歌会，不仅有免费直播回馈用户，还有多场付费直播，票价为1~30元。

以"抖音夏日歌会"为代表的付费直播推出后，音乐人的作品在抖音平台从单纯的宣传推广、内容分发，延伸到通过用户二次创作发酵，再到直播消费，由此形成了内容生产与消费闭环。直播内容付费可以促进更多短视频运营者实现变现，帮助内容向多元化、精品化的方向发展。

4．承接广告

承接广告是指当主播拥有一定的人气之后，会受商家委托对其商品进行宣传，然后收取一定的推广费用。在直播中承接广告的常见方法有以下几种。

（1）品牌引导页广告。品牌引导页广告是用户在进入直播间时界面中弹出的全屏广告，一般用于对活动主题的宣传推广。品牌引导页广告比较高端大气，其在用户进入直播间时展示数秒，从而提高品牌的曝光度。

（2）滚动文字广告。滚动文字广告一般设置在直播间画面下方或者自定义菜单下方，主要通过滚动文字的形式对品牌进行展示。

（3）轮播广告。轮播广告就是在直播画面上方或者下方放置广告图片，进行轮换播放，仅适用于横屏直播。

（4）片头广告。片头广告就是用户进入直播间后，在观看正式直播内容之前看到的广告。片头广告可以有效提升品牌的宣传效果。例如，曲美家居直播前会将宣传片设置为片头广告，这样就能提高品牌曝光量及知名度。

5．企业宣传

企业宣传是指由直播平台提供技术支持和营销服务支持，企业通过直播平台进行如发布会直播、招商会直播、展会直播、新品发售直播等多种形式的直播。这种方式可为企业打造专属的品牌直播间，助力企业宣传，具有传统媒体不具备的互动性、真实性、及时性。

现在很多企业都会对生产流程进行展示，包括原材料的采购、保存，商品的生产流程和生产环境等，以提高消费者的信任度。以往企业都是使用录制好的短视频来宣传，现在大多通过直播平台进行实时有效的传播，这样做能更好地树立企业的形象。

一些大品牌为了展示企业实力，都会通过隆重、华丽的新品发布会来让用户记住品牌。而随着科技的发展，不只现场用户可以参与发布会，线上用户也可以通过直播观看，这样就扩大了新品发布会的传播范围。线上用户可以通过直播与企业进行实时互动，亲身感受企业的实力。为了获取更多用户的关注，企业一般都会邀请艺人为直播助力，借助直播平台的传播，引发更多讨论，最终提高用户对品牌的关注度，以达到提高品牌知名度的目的。

很多企业领导看准了直播的影响力和营销力，纷纷开始站到直播镜头前进行企业宣传。而且，很多企业领导所参与的直播都获得了成功。企业领导助力直播，也在一定程度上增强了直播间的影响力。企业领导与专业主播的不同在于，企业领导主要负责为品牌背书，向观众和消费者传递自家商品价值、品牌故事，同时提供更加专业的参考信息。

5.5　账号矩阵运营

账号矩阵运营是指在短视频平台上开设多个账号，每个账号的运营侧重点有所不同，这些账号之间互相引流、互相推动，形成一个流量循环的品牌宣传链。这样可以提升品牌的曝光度，增强用户黏性，实现更高的市场覆盖率。账号矩阵主要包括单平台账号矩阵和多平台账号矩阵。

5-2　账号矩阵
运营

5.5.1　单平台账号矩阵

单平台账号矩阵是指短视频运营者在同一个短视频平台上创建多个账号，形成一个账号矩阵，以提升品牌曝光度，增强用户黏性。这样的矩阵通常包括不同类型、不同风格或者不同定位的账号，其通过相互协作和互动提高用户对品牌的认知度和忠诚度。

大型企业的业务基本上都是面向全国的，大企业如果只有一个官方账号，将没办法在短期内做到具备强大的传播力和影响力。但是，如果能利用企业在各地的分公司来创建子账号，进行分地域覆盖，就可以把宣传的绩效考核逐级下发到各个子公司，从而提高工作效率。

企业可在一个主账号下再开设 n 个子账号，以此构成完整的商品宣传体系。海尔集团就开通了"海尔官方旗舰店""海尔洗衣机""海尔冰箱"等短视频账号，如图5-17所示。这些账号风格一致，且都使用相同的Logo。这也说明，海尔开始走品牌官方账号矩阵化运营路线。由于海尔不同的商品所面向的用户群不同，多矩阵账号相当于为企业打造了同一生态内精细化运营的场所。

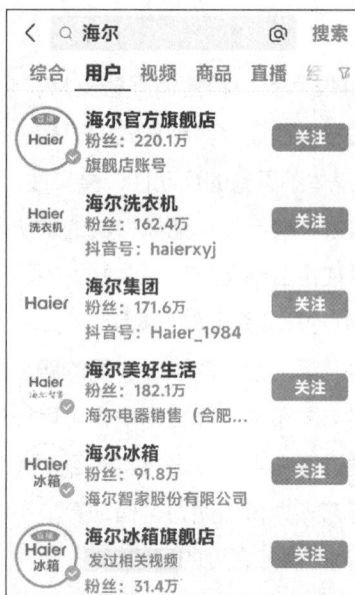

图5-17 海尔账号矩阵

短视频运营者在构建单平台账号矩阵后，可以尝试采取以下4种方法使账号之间实现互相引流。

（1）在账号简介中展示其他账号。在短视频账号主页中的"简介"模块，短视频运营者除了可以介绍本账号，还可以写上矩阵中其他账号的名称，从而为其他账号引流。

（2）在短视频内容简介中@其他账号。短视频运营者可以在某个短视频的内容简介中@其他账号，从而让账号之间实现互相引流。

（3）在评论区进行互动。短视频的评论区是短视频运营者与粉丝进行互动的地方。短视频运营者可以将评论区当成一个免费的广告位，让不同的账号在其他账号的评论区进行评论互动，从而实现账号之间的互相引流。

（4）关注矩阵中的账号。关注矩阵中的账号，可以实现账号之间的互相引流。

5.5.2 多平台账号矩阵

多平台账号矩阵是指短视频运营者在多个短视频平台上创建短视频账号，并在多个平台同步发布短视频，所形成的一个相互关联的账号矩阵。短视频运营者所选取的平台可以是抖音、快手、视频号等主流短视频平台，也可以是一些细分领域的小众平台。

短视频运营者在A平台发布完短视频之后，还可以将短视频同步上传到其他各大有流量优势的平台，如抖音、快手、视频号、西瓜视频等。在多个平台同步发布视频，可以保证账号的安全，增加粉丝数量，而且更有利于推广。矩阵中的每个账号都有自己的定位和受众，可以针对不同的需求和场景进行内容输出，从而覆盖更广泛的用户群体。同时，这些账号之间还可以形成互动和资源共享，提升整体的影响力和粉丝数量，形成品牌效应。

运营短视频多平台账号矩阵的好处有很多，如可以扩大受众范围，提高品牌曝光度，积累更精准的目标用户，实现流量共享，等等。而且，矩阵运营能够分散风险，即使某个平台账号运营失败，其他账号也可能在其他平台依然正常运营。

多平台账号矩阵运营主要应注意以下几个方面。

1．寻找适配平台

建立多平台账号矩阵运营模式，并不是要在主账号和其他所有平台之间建立联系，而是要选择合适的平台建立协作关系。不同类型的账号所需要的平台类型也不尽相同，首先是形式上的匹配，其次是内容上的兼容。

选择适配平台时，短视频运营者需要注意，选择的平台首先必须具有一定的用户规模，用户数量应足够多，这样引流的效果才会好；其次引流平台与原平台之间不能存在竞争关系，有竞争关系的平台间会有很多潜在的竞争行为，如果在原平台的竞争平台上引流，可能会产生反作用。

2．引导流量转化

在选择了适配的平台之后，短视频主账号与其他短视频平台的账号之间已经建立起联系，而想真正实现引流，还要在此基础上让不同平台的流量之间实现转化。

平台与平台之间的联系可以促进短视频运营者与用户之间形成互动，从而调动平台用户的好奇心。例如，在短视频中留下悬念，在评论区中设置问题，引导其他平台的用户到该短视频平台上关注账号，寻找答案，这样可以实现流量转化。

3．多平台账号矩阵运营应遵循的原则

多平台账号矩阵运营要遵循以下几个原则：

第一，各个账号的目的要相同，如都是推广企业品牌或者商品；

第二，各个账号的内容可以分属不同的子领域；

第三，各个账号定位明确，不能发生冲突，更不能成为竞争对手；

第四，统一账号命名，以便用户在不同的平台中轻松找到相关账号。

5.5.3　账号矩阵管理

短视频运营者可以依据PRAC营销理论，即平台（Platform）管理、关系（Relationship）管理、行为（Action）管理和风险（Crisis）管理，实施账号矩阵管理。

1．平台管理

平台管理是指短视频运营者负责主账号的长期管理与规划，并通过控制管理其余账号的形式实现矩阵式发展，促进多个账号联动"涨粉"。账号矩阵管理中必须有一个主账号负责领导、管理其他账号。主账号所在的平台就是主平台，主账号在矩阵运营中发挥领导作用，其余的账号发挥推广、客服等作用，服务于主账号。

短视频运营者需要了解并熟悉各大短视频平台的规则和特点，制定合适的运营策略，包括内容

创作、发布时间、互动方式等。同时，短视频运营者也需要关注平台的更新情况和政策变化，以保持账号的活跃度和合规性。

2．关系管理

关系管理是指短视频运营者除了管理自己控制的几个账号之间的关系，还要经营自身账号同其他短视频账号的关系，甚至包括与平台的关系。短视频运营者要通过管理这些关系，使自身账号更好地运营。短视频运营者需要与用户建立良好的关系，通过互动、评论和私信等方式回应用户的反馈和需求。这样可以提高用户的忠诚度，提高互动率，从而提升账号的权重和影响力。

3．行为管理

行为管理是指短视频运营者对"吸粉"引流、品牌推广、产品营销等行为进行有效管理和运营操作。短视频运营者通过行为管理使账号更具知名度和影响力，同时也需要遵守平台的规则和道德规范，避免违反任何法规或不良行为，从而保持账号的良好声誉。

4．风险管理

在短视频运营中，可能会出现各种风险和挑战，如账号被盗用、内容被举报或删除、用户投诉等。如果短视频中出现违规内容或粉丝有很大的不满情绪，账号就会面临危机。一个账号面临危机，其他的账号也可能被牵连。因此，为了应对这些风险，短视频运营者需要建立应急预案，及时处理问题和纠纷，并保持与相关方的良好沟通。

技能实训——开通抖音小店"带货"变现

假如你是一名短视频创作者，希望通过带货变现，那么开通抖音小店无疑是常见的方式之一。抖音小店是抖音官方推出的电商变现工具。抖音小店支持多种商品类型，包括服装、美妆、食品等，为创作者提供了丰富的选择。

在开通抖音小店前，创作者需要先了解平台规则，熟悉抖音小店的运营规则和政策，避免违规行为导致店铺被封禁；然后根据抖音小店的入驻要求，准备相关资质材料，如营业执照、银行卡等；满足入驻要求后，申请开通抖音小店；最后填写相关信息并提交资质材料，等待审核结果，审核通过后即可发布商品带货了。

5-3　技能实训——开通抖音小店"带货"变现

开通抖音小店后可以实现商品交易、店铺管理、售前与售后履约、第三方服务市场合作等全链路的生意经营。开通抖音小店的具体操作步骤如下。

（1）进入抖音中的"我"界面，点击右上角的"☰"图标，在打开的侧边栏中选择"抖音创作者中心"选项，如图5-18所示。

（2）进入图5-19所示的界面，点击"全部"按钮。

（3）进入图5-20所示的界面，点击"开通小店"按钮。

图5-18　选择"抖音创作者中心"选项

图5-19　点击"全部"按钮

图5-20　点击"开通小店"按钮

（4）进入抖音电商界面，点击"入驻抖音电商"按钮，如图5-21所示。

（5）进入店铺入驻界面，点击"前往抖店商家版App获取权益"按钮，如图5-22所示。

图5-21　点击"入驻抖音电商"按钮

图5-22　点击"前往抖店商家版App获取权益"按钮

（6）进入"请选择主体类型"界面，点击与自己实际情况相符内容后的"立即入驻"按钮，如图5-23所示，进入"加入抖音电商"界面，如图5-24所示，随后根据提示一步一步填写信息，通过审核后即可成功开通抖音小店。

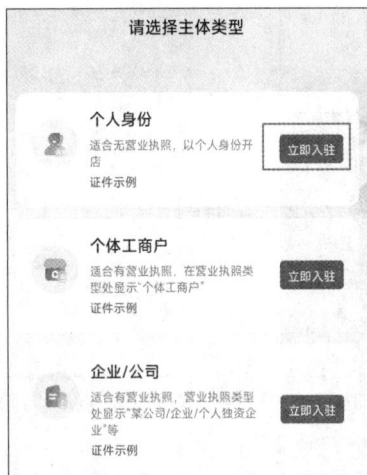

图5-23 "请选择主体类型"界面 图5-24 "加入抖音电商"界面

思考与练习

一、填空题

1. _____是短视频运营的初级策略，也是短视频运营的第一步。

2. _____是短视频账号的视觉标识，是用户识别账号的重要途径之一。

3. _____是指活跃度高、愿意互动、持续关注内容、与企业目标用户群体特征重合度高的用户。

4. 短视频的内容运营可分为_____、_____、_____3个环节。

二、单选题

1. 下面哪一项不是账号运营的原则？（　　　）

    A. 过度营销　　　B. 统一性原则　　　C. 独特性原则　　　D. 注重用户体验

2. （　　　）就是在直播间画面上方或者下方放置广告图片，进行轮换播放，仅适用于横屏直播。

    A. 滚动文字广告　B. 轮播广告　　　　C. 片头广告　　　D. 品牌引导页广告

3. （　　　）功能是指短视频运营者可以在自己的视频和主页中分享商品信息。

    A. 自建平台　　　B. 框架构图　　　C. 达人带货　　　D. 内容电商

4.（   ）常见于美妆类KOL的短视频中。当用户通过短视频学习美妆知识时，就会不自觉地加深对化妆品商品信息的记忆。

A．贴片植入　　　B．奖品植入　　　C．道具植入　　　D．"种草"植入

三、思考题

1．特色盈利变现有哪些方式？

2．内容的持续输出策略有哪些？

3．抖音的流量分发逻辑有哪些？

4．电商变现类型有哪些？

任务实训

为了更好地理解短视频运营实战方法，我们将进行下述实训。

一、实训要求

1．多方面进行短视频的运营，如账号运营、内容运营、流量运营、商业变现运营等。

2．根据运营过程中存在的问题，提出有针对性的建议，以优化短视频运营的效果。

二、实训步骤

1．选择熟悉的短视频平台，如抖音、快手、视频号等。

2．进行账号运营，确定账号名称和头像，选择一个简洁、易记、符合品牌形象的名称，并设计一个吸引人的头像，完善账号信息，包括账号简介、标签等。

3．进行内容运营，明确内容运营的原则和方向，找到内容选题，制作高质量的视频内容，并且持续输出内容。

4．进行流量运营，首先熟悉各大短视频平台的推荐算法，优化短视频标题和简介文案，利用公域流量和私域流量运营。

5．进行商业变现运营，如电商变现、广告变现、内容付费变现、特色盈利变现、直播变现等。探索其他盈利模式，多元化收入来源。

第 **6** 章

短视频营销数据分析

现在，已经有越来越多的短视频营销者意识到数据是短视频营销坚实可靠的后盾。随着短视频营销竞争变得越来越激烈，数据分析作为一种有效的营销工具进入短视频营销者的视野。通过数据分析，短视频营销者可以精准地找到目标用户，制定更符合市场需求的策略，提升营销效果。本章主要包括短视频数据分析概述、第三方短视频数据分析工具、短视频平台的数据分析工具、短视频营销数据分析等内容。

知识目标	☑ 熟悉短视频数据分析的作用。 ☑ 熟悉常用的短视频数据分析指标。 ☑ 熟悉常用的数据分析方法。
技能目标	☑ 掌握第三方短视频数据分析工具的使用方法。 ☑ 掌握短视频平台数据分析工具的使用方法。 ☑ 掌握短视频营销数据分析方法。
素养目标	☑ 遵守网络信息发布的相关法律法规。

短视频分析助力企业销售量大涨

近年来，国潮经济结合线上渠道发展迅速，电商成为当下国潮商品销售的主要渠道之一。2023年"双11"，国货美容护肤品牌丸美交出了一份可圈可点的答卷。在淘宝天猫渠道，丸美内容种草效果同比增长306%，引流效果同比增长297%，实现了将近3倍的增长，其中，其在逛逛渠道流量同比增长512%，增长量超5倍。

"对比之前，今年'双11'我们内容运营的重点在于提效，在淘宝短视频内容方面，我们加大了对商业化和自运营的投入。"在丸美淘宝天猫内容负责人看来，最终的数据提升恰恰说明了这种策略的正确性。因为淘宝具有天然的货架场域属性，进入淘宝的人，购物意愿十分明确，这也就意味着，短视频内容作为一种生动的货架形式，呈现更丰富的购物决策信息，会带给消费者更有深度的购物体验，从而延长用户停留时间，实现有效转化。

不过，成绩并非一蹴而就，事实上，对于成立20多年的丸美来说，电商内容运营的成长之路也是一个不断摸索、学习和迎接挑战的过程。2020年，伴随着淘宝短视频内容的启航，丸美也紧跟平台步伐，开始尝试通过短视频"种草"，但起初由于丸美对数据分析不重视，短视频"种草"在获客以及订单转化方面的优势没有完全显现。好在，当专业的数据分析人员加入之后，丸美的销售额开始有所提升。

2023年丸美参加了平台内容陪跑活动，更加注重素材和内容的数据分析。陪跑老师作为品牌短视频内容产品的"观察员"，帮助丸美分析短视频数据中隐含的问题，并有针对性地给出优化建议。

短视频数据分析帮助丸美更好地了解市场和用户行为，从而使丸美制定出了更精准的市场策略和产品优化方案。通过不断挖掘和分析数据，丸美可以不断提升自身的竞争力和市场占有率。

思考与讨论

（1）丸美是怎样进行短视频营销的？

（2）为什么要做好短视频数据分析？

6.1　短视频数据分析概述

短视频数据分析是分析短视频在各个方面的数据，使短视频营销者更加了解运营情况，然后寻找解决问题的方法，以便调整并优化运营策略。

为什么要做好短视频数据分析？短视频数据分析要关注哪些指标？

6.1.1 短视频数据分析的作用

短视频数据分析是指对短视频相关数据进行统计与分析。这些数据可以包括但不限于短视频的播放量、点赞量、评论量、分享量，用户的年龄、性别、地区、兴趣爱好等信息。通过对这些数据的分析，短视频营销者可以了解短视频的表现和趋势，为制作更好的短视频提供参考。

通常来说，短视频数据分析的作用主要如下。

1. 指导短视频内容创作方向

在短视频账号运营初期，短视频营销者可能对短视频市场、短视频选题方向等了解得并不充分，此时就需要用数据来指导短视频内容创作方向。

2. 了解用户需求，输出精准内容

通过数据分析，短视频营销者可以了解用户群体喜好、短视频播放量、用户群体结构等，了解用户感兴趣的短视频有哪些特点，从而优化自身短视频内容，促进短视频内容制作的精准化，提升短视频质量，为创作指明方向。

3. 优化运营策略

短视频平台很多，究竟是深耕某个平台，还是在多个平台上同时分发内容，需要通过进行数据分析来决定。通过对短视频播放数、点赞数、评论数等数据的分析，短视频营销者可以了解短视频在各平台上的传播效果，从而优化运营策略，提升短视频的曝光量和知名度。

4. 捕捉市场趋势

通过分析短视频数据，短视频营销者可以观察到行业的整体发展趋势。例如，某个时间段内短视频的观看率有所上升，或者某一类型的内容在用户中的受欢迎程度增加，这都是市场趋势的体现。了解这些趋势可以帮助短视频营销者更好地调整营销策略，抓住市场机遇。

5. 优化短视频内容创作

通过分析短视频数据，短视频营销者可以了解用户对哪些内容感兴趣，进而优化内容创作策略。例如，如果用户观看某一类型内容的次数较多，那么就可以考虑增加此类内容的产出。同时，通过分析用户反馈，可以了解哪些内容受欢迎，哪些内容需要改进，从而不断优化内容质量，包括优化短视频的选题、标题文案、封面、拍摄方法、台词或解说词设计等。

短视频营销者平时在创作内容的时候，一定要多向优秀同行学习，利用数据分析同行热门短视频的点赞数、评论数、分享数、收藏数，如图6-1所示，总结点赞数、评论数和分享数高的短视频的选题有什么特点，标题和封面有什么特点，以及短视频拍摄方法、台词或解说词的设计有什么特点等，判断其是否有学习参考的价值，然后根据分析结果创作自己的短视频。

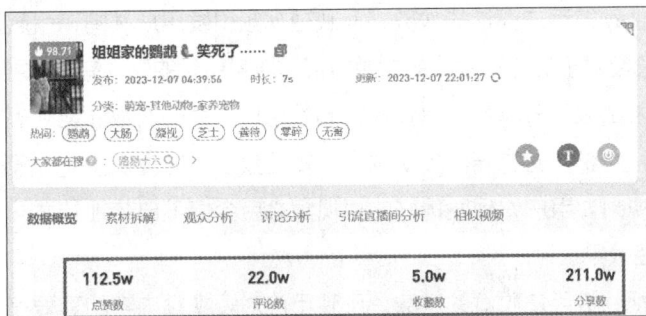

图6-1 分析同行热门短视频数据

6．优化发布时间

发布时间非常重要，同样的内容在不同的时间发布，有时候效果相差很大。所以，短视频营销者要借助数据来分析，看看哪些时间段是用户浏览的高峰期，分析在哪个时间段、哪个短视频平台上发布短视频能够获得更多的流量，从而让自己的短视频获得更多的播放量。掌握这些规律之后，在发布短视频时就可以选择特定的时间段，提高曝光率。

6.1.2 常用的短视频数据分析指标

短视频营销者在开展数据分析之前，需要对短视频数据分析指标有所了解，这样才有利于获得科学、有效的数据分析结果。常用的短视频数据分析指标包括固有数据指标、基础数据指标和关联数据指标。

6-1 常用的短视频数据分析指标

1．固有数据指标

固有数据指标是指短视频时长、短视频发布时间、短视频发布渠道等与短视频发布相关的数据指标。

2．基础数据指标

基础数据指标主要是指播放量、点赞数、评论数、转发数和收藏数等，如图6-2所示。一条短视频好不好，可以通过这几个指标来判断。

图6-2 基础数据指标

（1）播放量。短视频在某个时间段内被用户观看的次数，是衡量用户观看行为的重要指标。

（2）点赞数。短视频被用户点赞的次数，反映短视频受用户欢迎的程度。短视频的点赞数越多，说明用户越喜欢这条短视频。用户的点赞数会直接影响短视频的播放量。在抖音平台上，短视频的点赞数越多，意味着用户对短视频的喜爱程度越高，那么短视频的推荐量也会呈几何级增长。

（3）评论数。短视频被用户评论的次数，反映短视频引发用户共鸣、引起用户关注和讨论的程度。分析短视频的评论数对于优化短视频的选题内容、增强粉丝的黏性有着重要的意义。

（4）转发数。转发数也叫分享数，是指短视频被用户分享的次数，反映短视频的传播度。短视频被转发的次数越多，所获得的曝光机会就越多。转发数较多的短视频，一般来说都是热度比较高或者质量比较好的短视频。用户看到质量好的短视频之后会情不自禁地转发分享给亲朋好友，这样就会达到裂变式的传播效果。

（5）收藏数。短视频被用户收藏的次数，反映用户对短视频内容的喜爱程度，体现了短视频对用户的价值和意义。用户收藏短视频是为了便于自己以后想看的时候可以随时看。

3．关联数据指标

关联数据是指由两个基础数据相互作用而产生的数据。关联数据指标包括完播率、点赞率、评论率、转发率、收藏率5个比率性指标，如图6-3所示。

图6-3　关联数据指标

（1）完播率。完播率＝短视频的完整播放次数÷播放量×100%。

完播率是指完整观看短视频的用户比例，这个指标反映了短视频的吸引力，以及短视频节奏的适宜性。短视频的完播率越高，其获得系统推荐的概率就越大。完播率是决定作品能否进入更高流量池的数据指标。建议新手创作视频时控制其时长，长视频对视频内容创作要求比较高，没有好的创作经验就先做短视频，以保证较高的完播率。

（2）点赞率。点赞率＝点赞数÷播放量×100%。

点赞率反映了短视频受欢迎的程度。短视频的点赞率越高，所获得的推荐量就越多，进而会提高短视频的播放量。

（3）评论率。评论率＝评论数÷播放量×100%。

评论率反映了用户在观看短视频后进行互动的意愿。

（4）转发率。转发率＝转发数÷播放量×100%。

转发率反映了用户在观看短视频后向外推荐、分享短视频的积极程度。通常转发率越高，短视频获得的流量就越多。

（5）收藏率。收藏率＝收藏数÷播放量×100%。

收藏率反映了用户对短视频内容的肯定程度。

6.1.3　常用的短视频数据分析方法

分析数据就是一个发现问题、分析问题和解决问题的过程。下面介绍常用的短视频数据分析方法。

1．对比分析法

对比分析法又称比较分析法，是指将两个或两个以上的数据进行对比，并分析数据之间的差异，从而揭示其背后隐藏的规律。对比分析法主要包括同比、环比和定基比3种对比形式。

（1）同比。一般情况下同比是指今年第*n*月与去年第*n*月销售数据之比。

（2）环比。环比报告当期水平与其前一期水平之比。

（3）定基比。定基比报告当期水平与某一固定时期水平之比。

通过对比分析法，短视频营销者可以找出异常数据。异常数据并非表现差的数据，而是与平均值相差较大的数据。例如，某短视频营销者每场直播的新增用户数在50～100个，但某场直播的新增用户数达到500个，新增用户数与之前相比相差较大，因此属于异常数据。短视频营销者需要仔细对此数据进行分析，以查找出原因。

2．分类法

分类法是指将数据库中的数据项映射到某个特定的类别。它可以应用到用户的分类、用户的属性和特征分析、用户满意度分析、用户购买趋势预测等过程中。例如，服装商家将用户按照对服装颜色的喜好分成不同的类别，这样售后客服人员就可以将不同颜色的服装直接发送给有相应喜好的用户，从而大大增加销售成功的概率。

3．特殊事件分析法

特殊事件是指短视频平台规则发生变化，或者是短视频营销者变更发布短视频的时间、平台等，这些事件容易导致异常数据的出现。短视频营销者在记录短视频的日常数据时，也要注意记录这些特殊事件，以便在短视频运营数据出现异常时，能够找到这些特殊事件与数据变化之间的关系。

6.1.4　整理和处理数据

整理和处理数据是指将搜集来的数据进行排查、修正和加工，以便后续分析。通常来说，整理和处理数据包括两个环节：第一个环节是数据修正，第二个环节是数据计算。

1．数据修正

无论是从短视频账号后台抓取的数据、第三方数据分析工具中下载的数据，还是人工统计的数据，都有可能出现误差，所以首先需要对搜集来的数据进行排查，找出异常数据，然后对其进行修正，保证数据的准确性和有效性，从而保证数据分析结果的科学性和参考性。例如，在搜集到的原始数据中，某一天某一款商品的"直播销量"为"0"，而通过查看店铺销售记录发现当天该款商品在直播中是有销量的，所以"0"就是一个错误值，需要对其进行修正。

2．数据计算

通过数据修正确保了数据的准确性和有效性以后，短视频营销者可以根据数据分析的目标对数据进行计算，以获得更丰富的数据信息，激发更多的改进思路。数据计算包括数据求和、平均数计算、比例计算、趋势分析等。为了提高工作效率，短视频营销者可以使用Excel的相关功能对数据进行计算。

6.2　第三方短视频数据分析工具

第三方短视频数据分析工具有很多，下面主要介绍飞瓜数据、蝉妈妈、新榜、达多多这几款第三方短视频数据分析工具。

6-2　第三方
短视频数据
分析工具

> **课堂讨论**
>
> 你了解哪些常见的第三方短视频数据分析工具？

6.2.1　飞瓜数据

飞瓜数据是一个短视频和直播电商数据分析的第三方平台，可以为抖音、快手和B站等平台上的短视频营销者提供数据分析服务，如图6-4所示。飞瓜数据提供短视频数据分析、直播数据分析、流量分析等服务，帮助短视频营销者全面了解行业和竞争对手，及时调整运营策略。

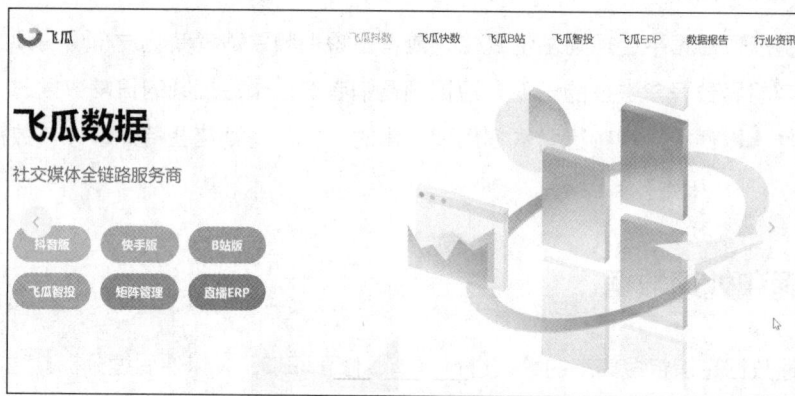

图6-4　飞瓜数据

以一家电商企业为例，该企业在使用飞瓜数据后，发现自己的一款热销商品在竞争对手店铺中的销量也有明显提升。通过进一步分析，他们发现竞争对手在价格和促销活动上有一定的优势。于是，该企业迅速调整了策略，降低了同款商品的价格并加大了促销力度，成功吸引了大量用户，提升了销售额。

6.2.2　蝉妈妈

蝉妈妈是一个提供短视频数据分析服务的平台，具有数据挖掘与分析能力，使用大数据技术分析海量热点视频趋势，从而帮助短视频营销者精准触达热门视频内容、优质达人账号及"爆款"货品，探索内容优化，实现准确的流量变现。

　　蝉妈妈基于强大的数据分析、品牌营销及服务能力，致力于帮助国内众多"达人"、MCN机构和商家提升营销效率，实现精准营销。蝉妈妈依托专业的数据挖掘与分析能力，构建多维数据、算法模型，为"达人"、供应链商家、MCN机构提供短视频与直播一站式数据解决方案。蝉妈妈首页如图6-5所示。

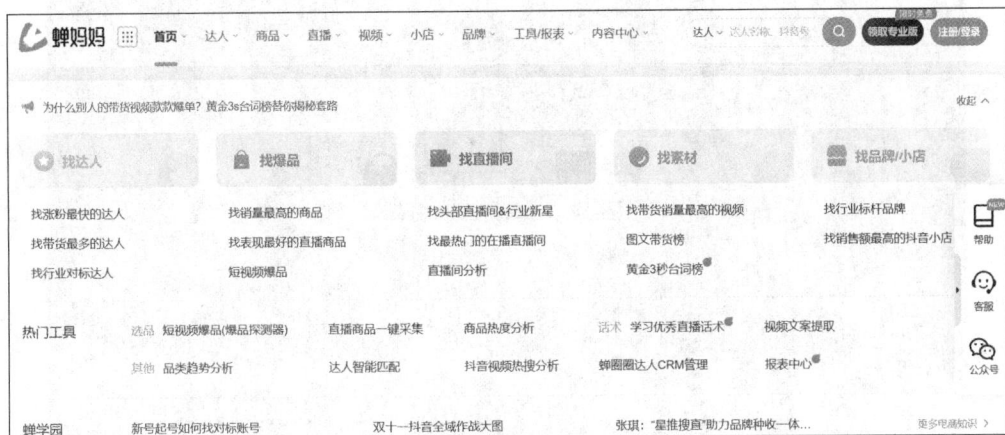

图6-5　蝉妈妈

6.2.3　新榜

　　基于微信、抖音、小红书、B站、快手等主流短视频内容平台，新榜提供了新抖、新视、新红、新站、新快等数据工具，为用户提供实时热门素材、品牌声量、直播电商等全面的数据监测分析功能，同时提供基于跨平台用户画像的企业定制商品，全方位满足短视频营销者、商家等跨平台全场景数据运营需求。新榜主页如图6-6所示。

图6-6　新榜

其中，新榜旗下主要提供抖音数据查询服务的平台是新抖，新抖是新榜旗下的抖音全场景AI数据工具。新抖提供创意素材搜索、抖音号排行查找、直播带货、打卡探店、品牌声量查询、运营数据下载等全面的在线数据服务。同时，短视频营销者还可以在新抖中找到行业情报、运营百科和行业报告等极具价值的内容。新抖界面如图6-7所示。

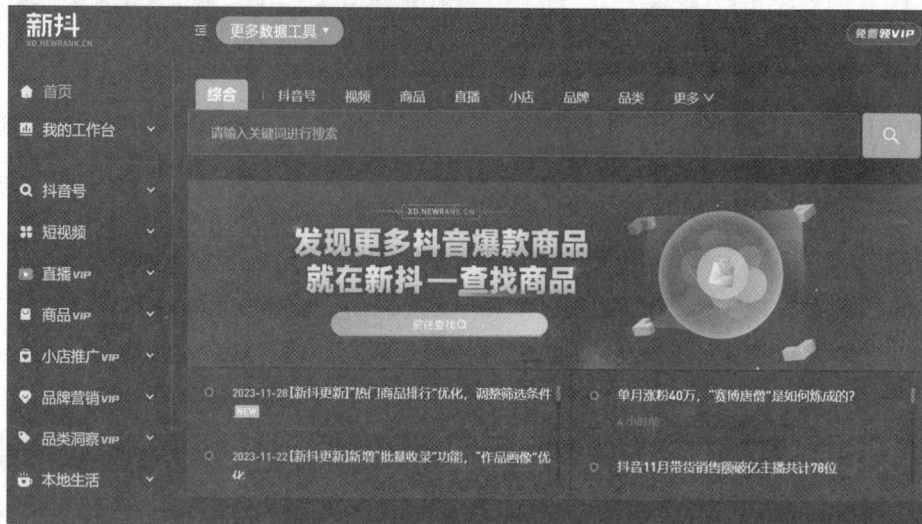

图6-7　新抖界面

6.2.4　达多多

达多多是抖音数据分析平台，为"达人"、供应链商家、MCN机构、品牌运营商提供直播和短视频抖音数据分析服务。短视频营销者在达多多上可免费查询抖音直播和短视频数据与抖音小店、商品、品牌等抖音电商数据。

达多多首页如图6-8所示。短视频营销者通过达多多可查询抖音上各个领域内最受欢迎的"达人"、商品、视频、直播、小店、品牌等关键词，快速了解抖音用户的兴趣、消费习惯和流行趋势。短视频营销者在搜索框中输入关键词即可获得相关的数据和趋势图表，更好地掌握市场变化和用户需求。短视频营销者还可以通过达多多来了解自己的每条短视频、每场直播、抖音小店等的各项数据。

图6-8　达多多

> **提示与技巧**
>
> 注意，不同的平台和工具可能具有不同的功能和特点，因此建议选择符合自己需求的数据分析工具，并根据其提供的数据进行相应的分析和优化。

6.3 短视频平台的数据分析工具

除了前面讲解的第三方短视频数据分析工具外，各大短视频官方平台也提供数据分析功能，如抖音、快手、视频号、小红书等。

平台自带的数据分析工具是使用难度最低的一类数据分析工具，短视频营销者无须掌握分析函数或统计代码，可通过数据一键生成。无论抖音、快手、视频号还是快手等平台，都具有平台自带的数据分析功能。

利用后台自带的数据分析工具，短视频营销者可以直观地看到用户增长、后台互动等数据。图6-9所示为抖音平台自带的数据分析工具。

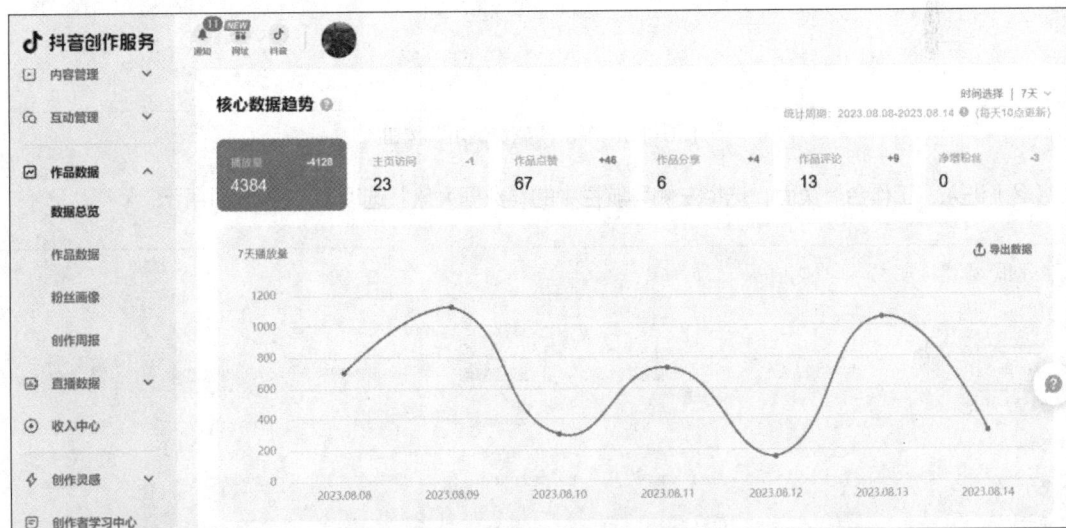

图6-9 抖音平台自带的数据分析工具

6.4 短视频营销数据分析

下面以飞瓜抖音版为例介绍常见的短视频营销数据分析，包含行业趋势、"达人"选投、商品、视频/素材、品牌/小店等的核心指标和明细数据分析。飞瓜抖音版有PC版、App版、微信小程序版等多种版本，短视频营销者可通过微信扫码、发送手机验证码、手机号+密码等多种方式登录。

6.4.1 行业趋势分析

飞瓜抖音版的"商品数据大盘"功能，可以用于分析行业趋势，按商品类别查看商品热度和销售数据，并可同步查看商品推广"达人"占比、发货地、客单价、成交画像等，快速了解近期抖音卖货风向。飞瓜抖音版"商品数据大盘"功能的具体操作步骤如下。

（1）在PC端登录飞瓜抖音版页面，单击"免费试用"按钮，如图6-10所示。

图6-10 单击"免费试用"按钮

（2）进入"工作台"页面，选择左侧导航栏中的"数据大盘"选项，如图6-11所示。

图6-11 选择"数据大盘"选项

（3）选择"商品数据大盘"选项进入"商品数据大盘"页面，可以查看常规品类的整体销售热度，如想知道近期"服饰内衣"在抖音的推广效果如何，可以在商品品类中输入"服饰内衣"。在"带货趋势"中可以看到，近30天服饰内衣的销售额和浏览量都在下降，如图6-12所示，说明近期服饰内衣的热度逐渐降低，可适当减少对这类商品的投放。

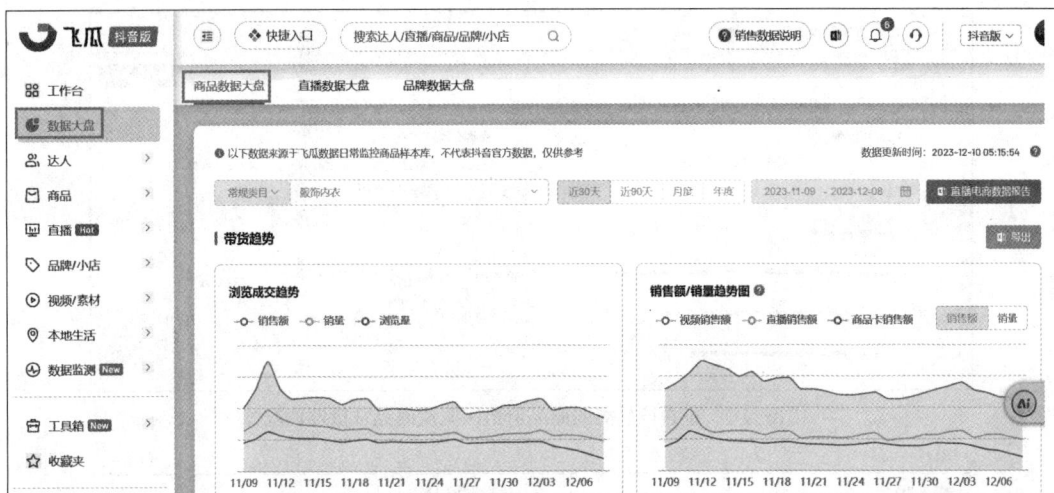

图6-12 服饰内衣的"带货趋势"

（4）通过品类的商品销售额占比，可以看到近30天女装销售额超4亿元，占全部销售额的74.74%。同时结合商品潜力类目气泡图，可以看到女装近30天GMV（Gross Merchandise Volume，商品交易总额）增长率为26.02%，再对比全部商品的近30天GMV增长率均值，如果女装近30天GMV增长率低于全部商品均值，说明女装类近期市场热度较低，可降低这类商品的投放。如图6-13所示。

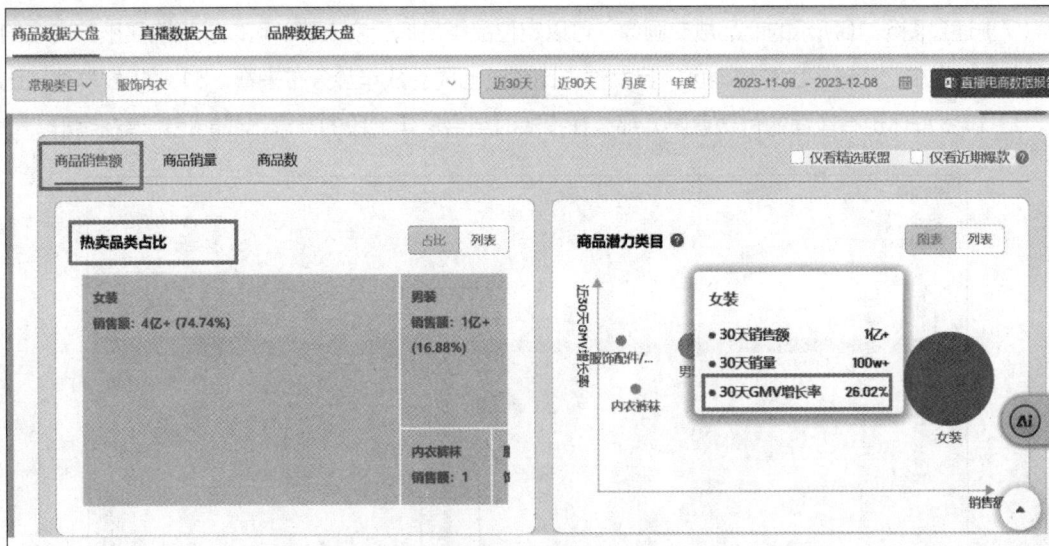

图6-13 查看商品销售额

（5）除此以外，还可以按销售额、转化率等同步查看该品类的商品价格区间及商品发货地情况。以服饰内衣为例，可以看到该品类均价为230元，销售额集中在56~499元，如图6-14所示，说明该区间是服饰内衣的主流价格带，更容易被用户接受。

（6）结合图6-15所示的品类宣传卖点可以看到，同类商家在宣传时主要突出商品的保暖、洗涤、维护等功效，面料材质上突出羊毛、面料、柔软、纯棉、羊绒、羽绒等卖点，商家在进行推广时可以参考，以提升商品"种草"效果。

图6-14　查看该品类的商品价格区间及商品发货地情况

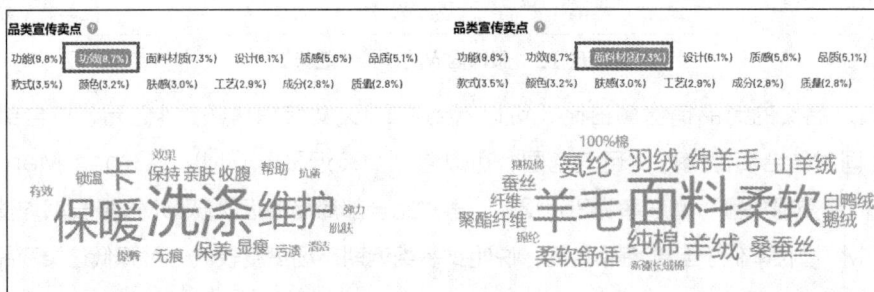

图6-15　查看品类宣传卖点

（7）通过图6-16所示的商品成交画像，可以定位品类目标受众人群。可以发现购买服饰内衣的用户主要来自广东、江苏、山东等地区，且女性占比超过七成。从年龄分布来看，31～40岁群体占比较高，0～17岁群体也有较强的付费意愿，那么在投放时结合该年龄段的需求，或能挖掘潜在客群。

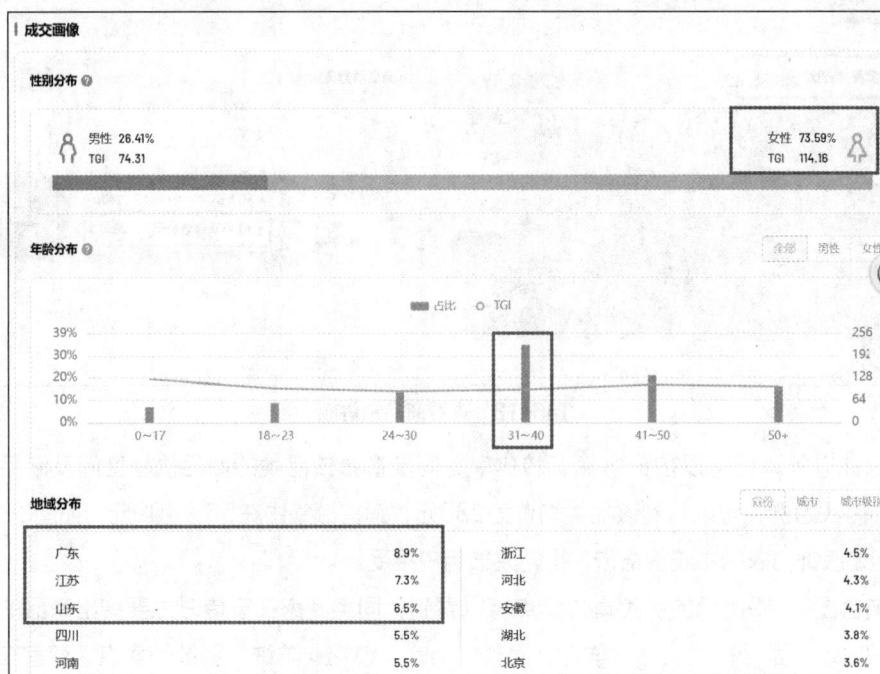

图6-16　商品成交画像

（8）评价关注点是根据商品用户的真实评价聚合而成的，反映了用户对该类目的关注点，在图6-17中，"购物体验""价格""上身效果"是用户评价的重要关注点。

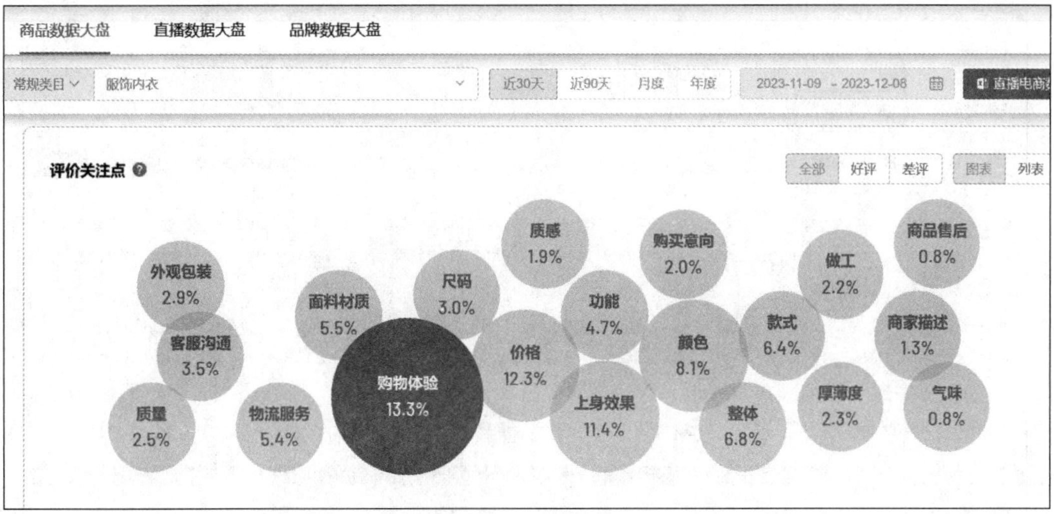

图6-17　评价关注点

6.4.2　"达人"选投分析

飞瓜数据的"带货达人榜"，可以通过周期内的带货指数、带货口碑排序，帮助我们快速定位优质"带货达人"，实现短视频变现。在飞瓜数据的"涨粉达人榜"中，我们不仅可以发现各领域头部账号的运营数据，还可以挖掘垂直行业的优质"达人"及近期的黑马账号，通过对比分析抖音账号数据内容，实现运营突破。

6-3　"达人"选投分析

（1）进入"工作台"页面，选择"达人"—"带货达人榜"选项，如图6-18所示。

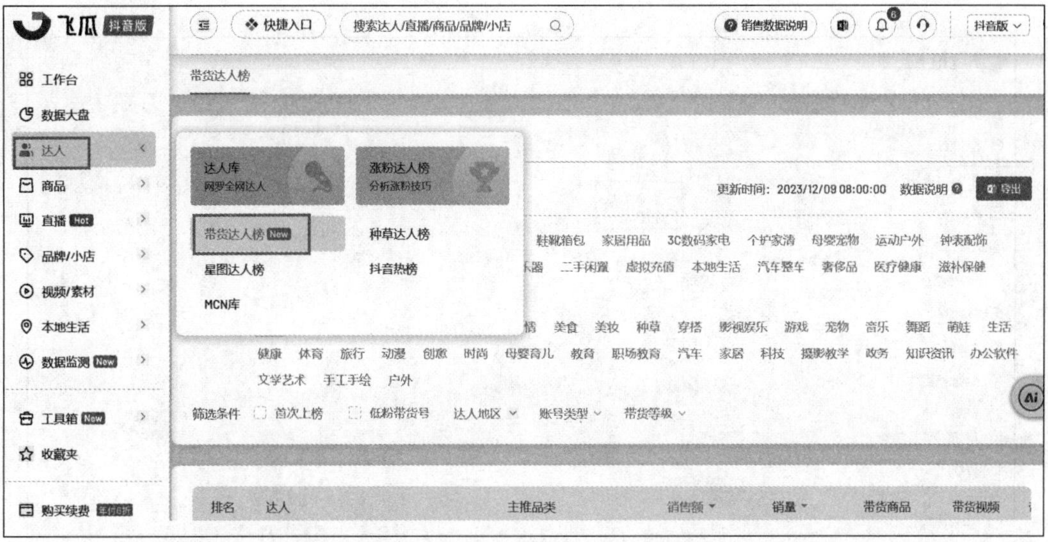

图6-18　选择"带货达人榜"选项

（2）切换至"带货达人榜"下设的"直播带货达人"和"视频带货达人"两个子榜单，快速找到"带货达人"，从而学习"达人"的带货技巧，这里选择"视频带货达人"选项，如图6-19所示。

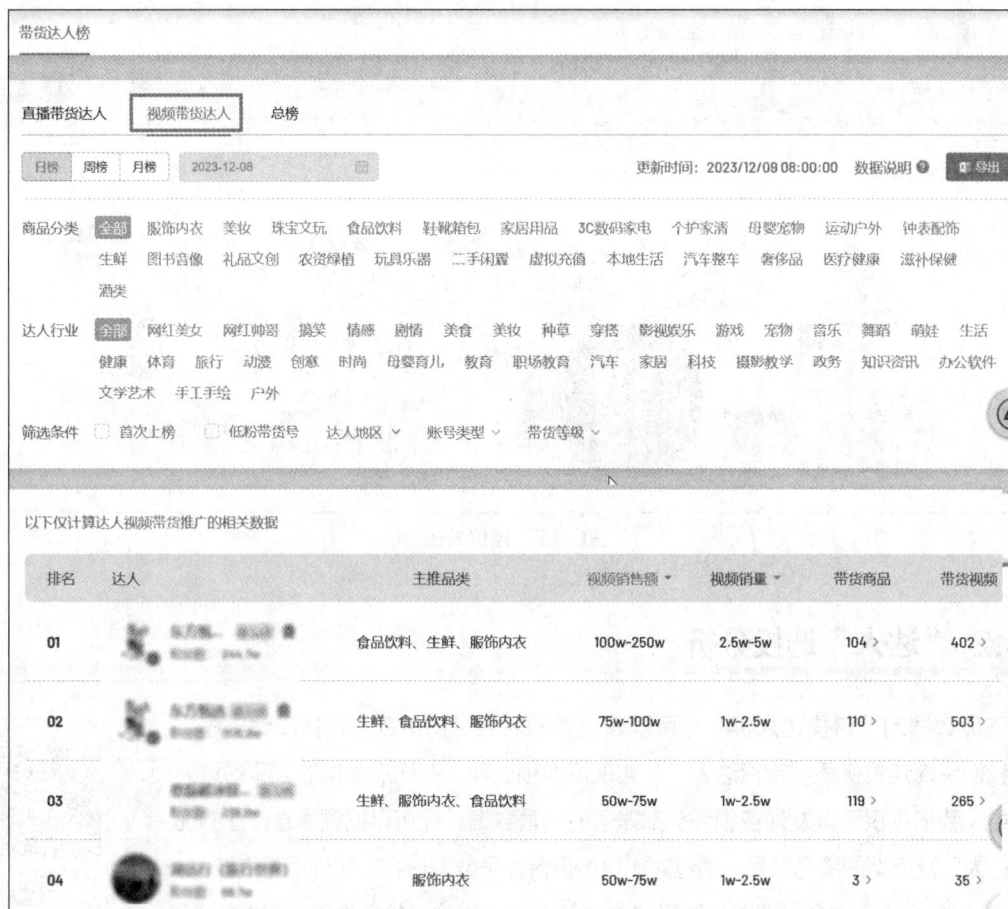

图6-19　选择"视频带货达人"选项

（3）选择"达人"—"涨粉达人榜"选项，如图6-20所示。

图6-20　选择"涨粉达人榜"选项

"涨粉达人榜"下设5个榜单，多维度展示"达人"在周期时间内的综合运营实力。

（1）涨粉排行榜：发现近期优质"爆粉达人"，分析行业"涨粉"趋势。

（2）行业排行榜：快速定位行业大号，查看KOL近期综合表现力。

（3）蓝V排行榜：寻找潜力企业账号，学习优质蓝V的运营模式。

（4）地区排行榜：发现各省、市、区头部账号，精准投放专属地域账号。

（5）成长排行榜：挖掘综合运营实力强劲的"达人"，借鉴运营技巧。

（4）如果想查看账号更多相关数据，可以单击"达人"昵称进入详情页，如图6-21所示。

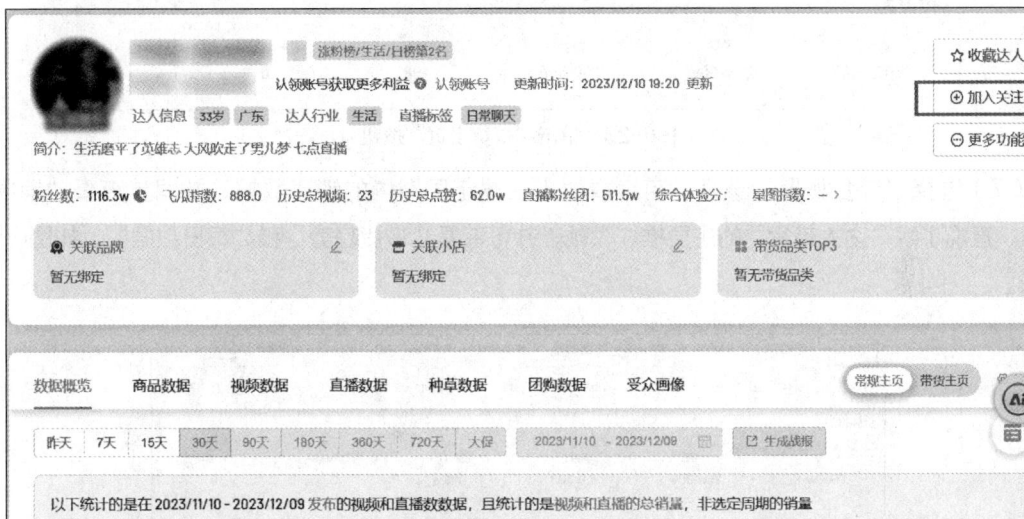

图6-21　进入详情页

（5）如果想查看账号的今日实时数据，将账号"加入关注"，则详情页中即可全面记录账号粉丝增量、视频点赞、视频评论等数据的变化，如图6-22所示。

图6-22　加入关注后的详情页

157

（6）在"达人"详情页下单击"带货主页"按钮，可切换至其带货主页，如图6-23所示。在该页面内可查看视频和直播在选定周期内产生的销量数据，该数据可用于分析"达人"的综合"带货"能力。

图6-23　单击"带货主页"按钮

（7）选择"带货概览"选项，可查看达人在选定周期内的销售数据，并同步查看"销售渠道"，直观了解"达人带货"的主要推广领域，并可查看"带货趋势"和"每日数据"，如图6-24所示。

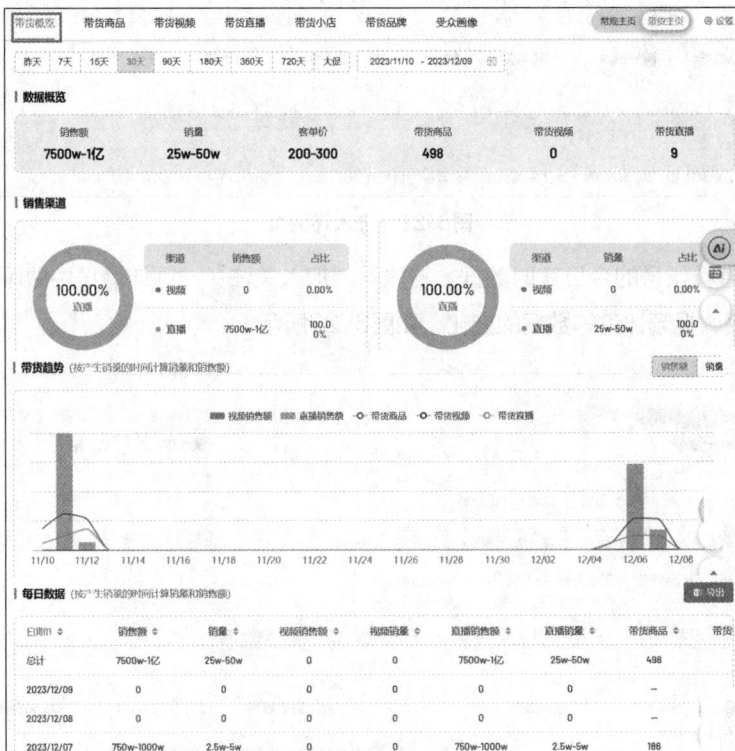

图6-24　选择"带货概览"选项

（8）选择"带货商品"选项，可查看选定周期内"达人"的推广商品品类及销售数据，掌握"达人"的选品策略及效果。通过"销售趋势"和"商品分析"可了解"达人"在选定周期内的销售数据及带货品类构成，定位"达人带货"的爆发节点和畅销品类，如图6-25所示。

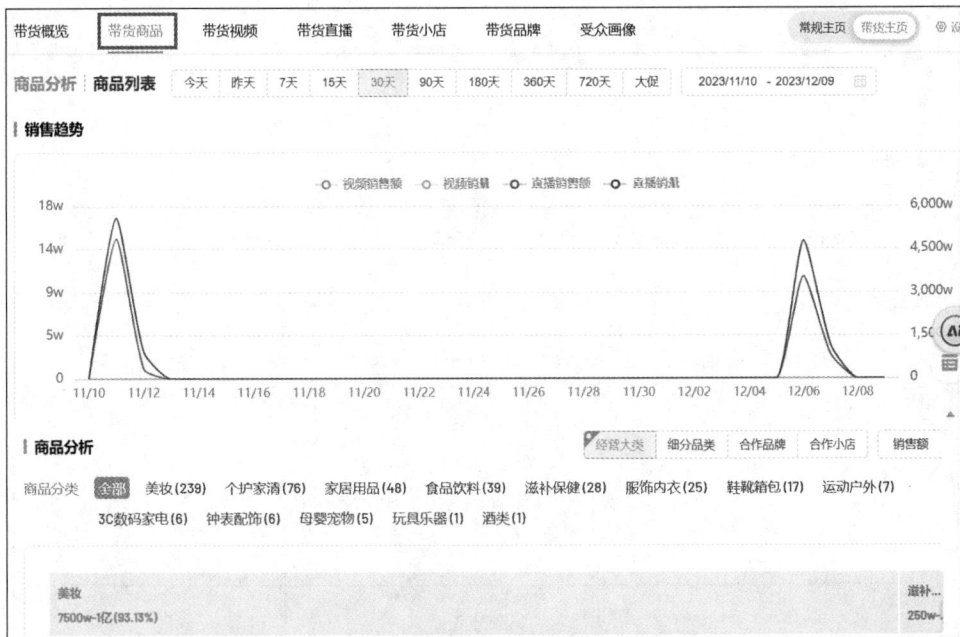

图6-25 选择"带货商品"选项

（9）在"商品列表"中可结合商品分类、销售来源等筛选条件，快速找到"达人"在选定周期内的热卖商品，如图6-26所示。

图6-26 快速找到热卖商品

（10）选择"带货直播"选项，可查看"达人"直播在对应周期内产生的销售数据，以此判断"达人"的"带货"力，如图6-27所示。

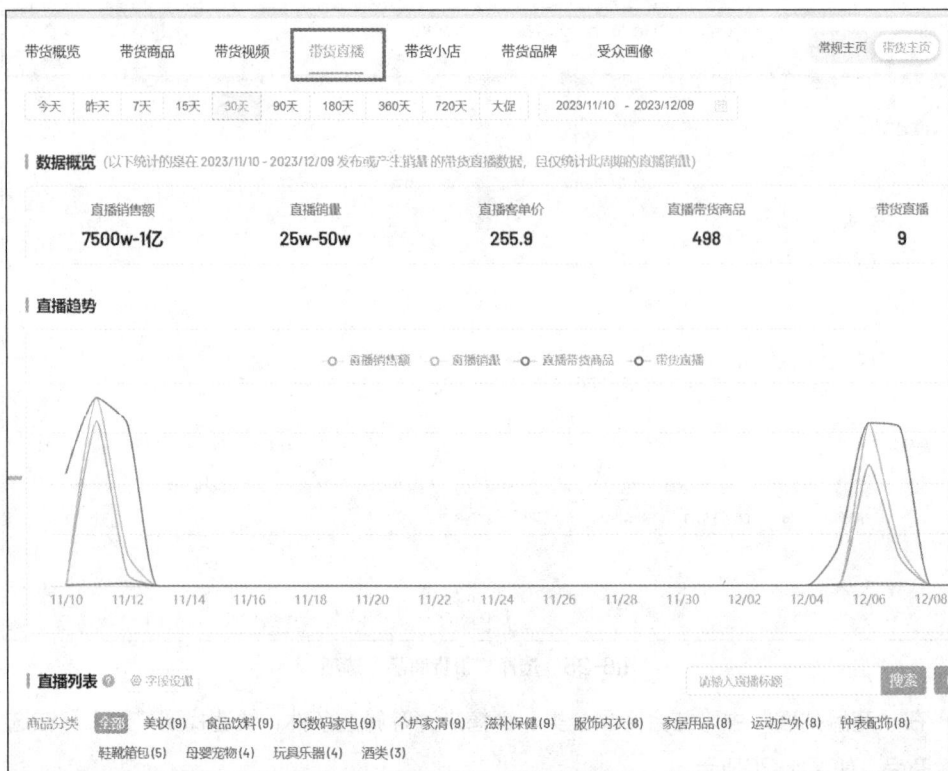

图6-27 选择"带货直播"选项

6.4.3 商品分析

短视频营销者通过商品分析可以对热门商品有更全面和深入的了解，可在制定营销策略时进行参考。飞瓜抖音版的"商品"选项下包括"商品库""抖音商品榜""商城热词榜""热门种草词""商品搜索榜""实时爆款商品"等选项，如图6-28所示。

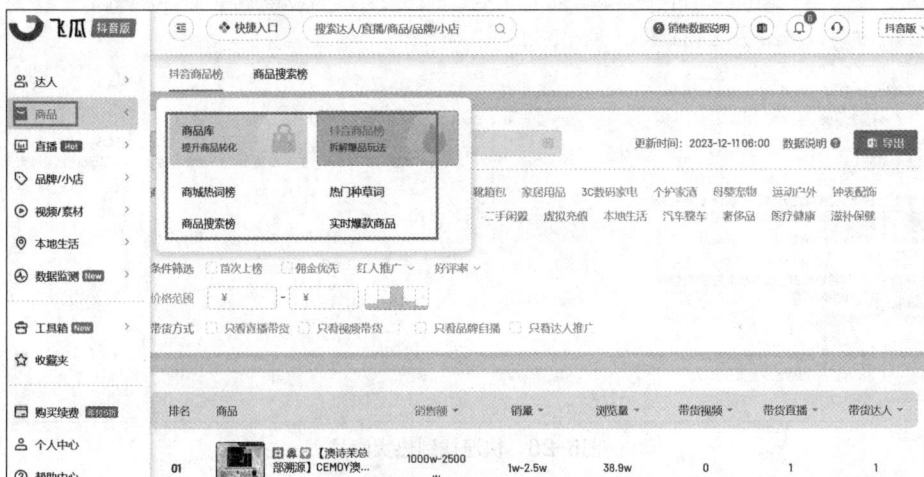

图6-28 选择"商品"选项

进行商品分析的具体操作步骤如下。

（1）在飞瓜抖音版的"抖音商品榜"中，可以查看各品类的商品排行，短视频营销者可在此快速发现近期抖音上的热推商品，如图6-29所示。

图6-29　抖音商品榜

（2）飞瓜抖音版中的"实时爆款商品"每30分钟更新一次，短视频营销者可在此快速查看正在飙升的品类及品类热销商品。以图6-30中选品指数TOP1的这款商品为例，可以看到这款商品有250个"达人"在推广，近24小时销量为75万～100万单，说明商品具有成为"爆款"的潜质。

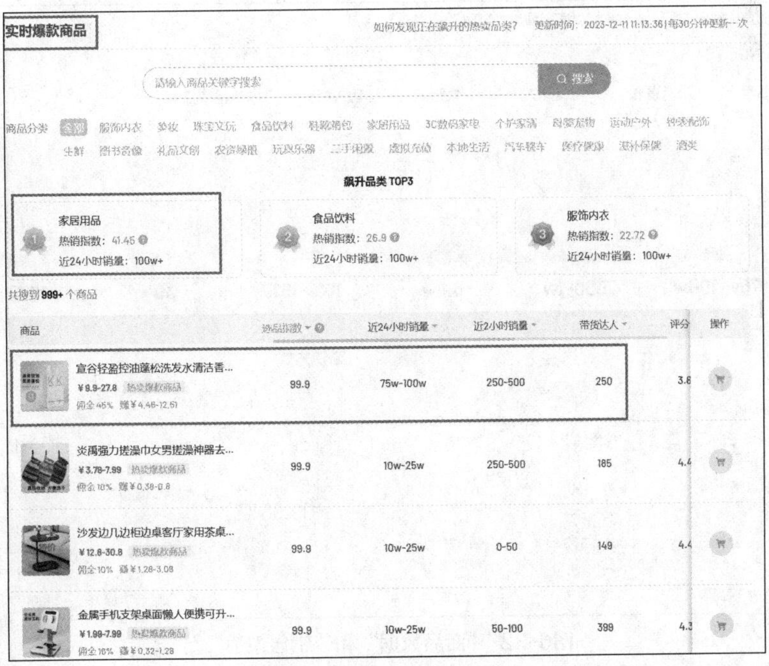

图6-30　实时爆款商品

（3）如果想要推广这款商品，可以进入商品详情页，单击"我要推广"按钮，如图6-31所示。授权抖音号后即可一键进行橱窗添加、成本购样、免费领样，并可查看账号"带货"力评级和人货匹配度。

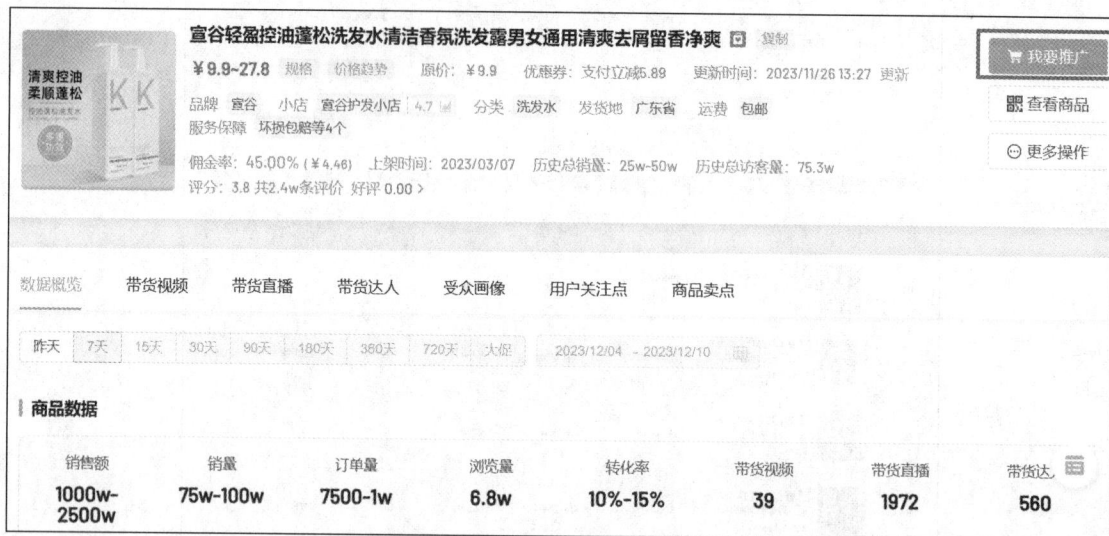

图6-31 单击"我要推广"按钮

（4）商品详情页将数据分别在不同模块中展示，短视频营销者可查看商品的推广热度、销售情况以及用户人群等详细信息，进而推断商品"带货"推广策略。通过"商品数据"和"销售渠道"，可查看商品在选定周期内的整体数据表现，对商品推广渠道及效果产生初步了解，如图6-32所示。

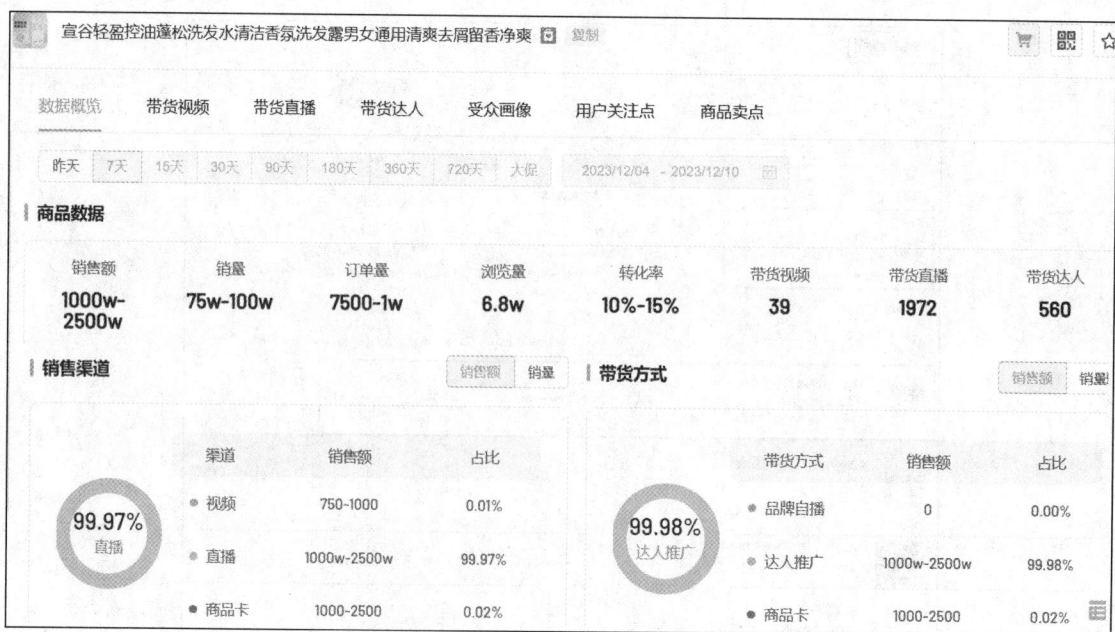

图6-32 "商品数据"和"销售渠道"

6.4.4　视频/素材分析

通过视频/素材分析，短视频营销者可以对热门"带货"视频有更全面和深入的了解，可在制定营销策略时进行参考。飞瓜抖音版的"视频/素材"选项下包括"视频库""带货视频库""种草视频库""热门话题""热门音乐""热门视频榜""带货视频榜""种草视频榜""带货图文榜"等选项，如图6-33所示。

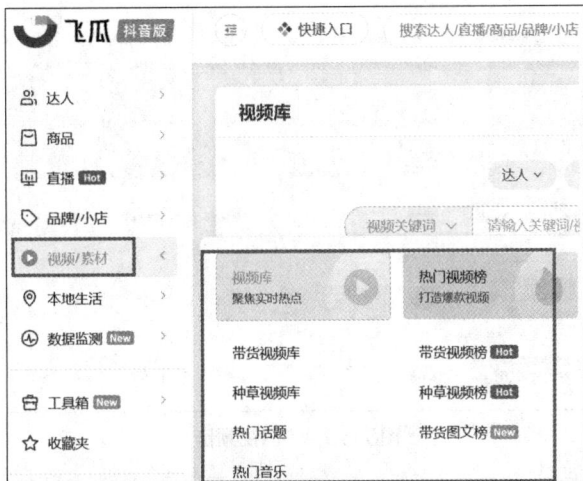

图6-33　"视频/素材"选项

进行视频/素材分析的具体操作步骤如下。

（1）飞瓜抖音版的"带货视频榜"下设"销量榜""销售额榜""点赞榜"3个子榜单，支持按日/周/月快速找到各品类下的高转化"带货"视频，如图6-34所示。

图6-34　带货视频榜

（2）飞瓜抖音版的"热门视频榜"下设"点赞榜""评论榜""分享榜"3个子榜单，支持按日/周/月查看不同行业的热门视频，可帮助短视频营销者快速发现近期在抖音收获高流量的视频，如图6-35所示。

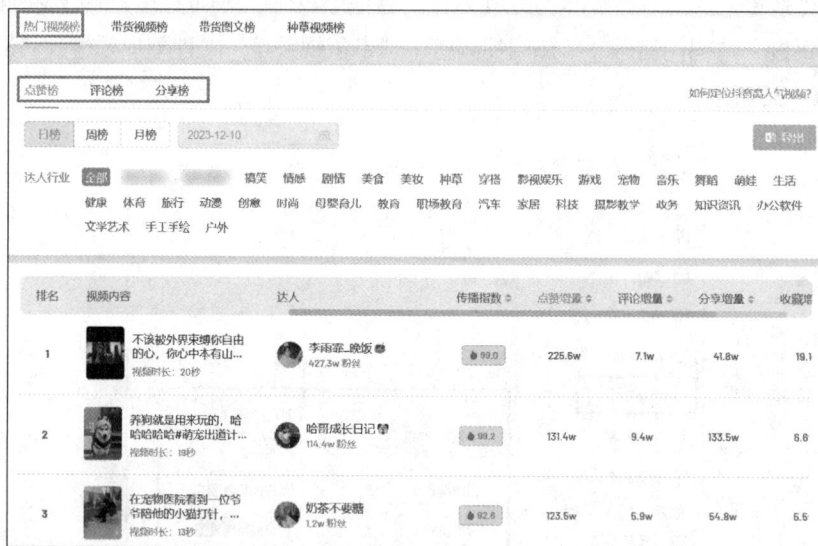

图6-35　热门视频榜

（3）飞瓜抖音版的"热门话题"功能支持按照话题发起时间、话题参与人数和播放量等排序，如图6-36所示，可帮助短视频营销者快速跟进近期热门话题，以获得高曝光量；也能帮助品牌方洞察优质话题任务玩法，完善品牌营销策略。例如，我们想知道最近抖音"达人"都在拍什么话题，或者用户对什么话题感兴趣，选择按话题昨日的参与人数或播放量排序，即可找到近期热度较高的"爆款"话题。

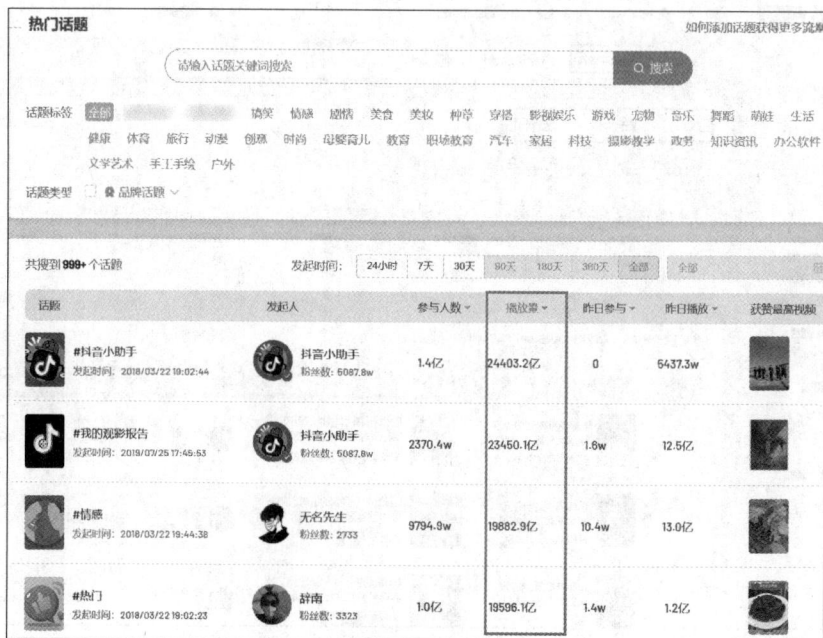

图6-36　热门话题

（4）飞瓜抖音版的"种草视频榜"下设"点赞榜""评论榜""分享榜"3个子榜单，支持按日/周/月快速找到不同细分品类下的优质软性种草视频，并支持同步查看视频提及的品牌数据，可帮助短视频营销者及时跟进学习优质视频的拍摄思路，如图6-37所示。

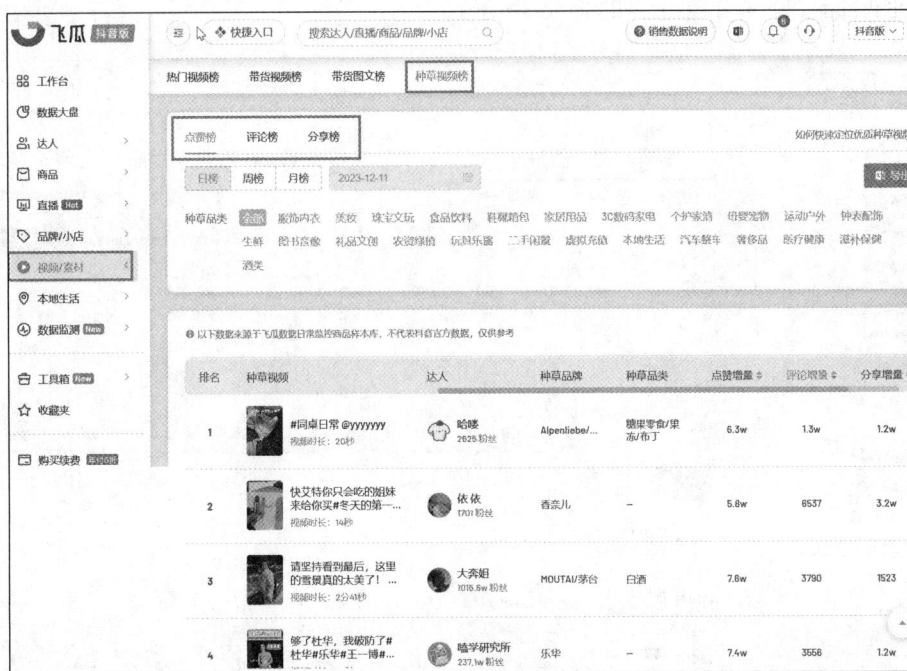

图6-37　种草视频榜

6.4.5　品牌/小店分析

通过品牌/小店分析，短视频营销者可以了解热门品牌的店铺运营模式，在制定营销策略时进行参考。飞瓜抖音版的"品牌/小店"选项下包括"品牌库""品牌排行榜""品牌种草榜""小店库""小店排行榜""品牌对比"等选项，如图6-38所示。

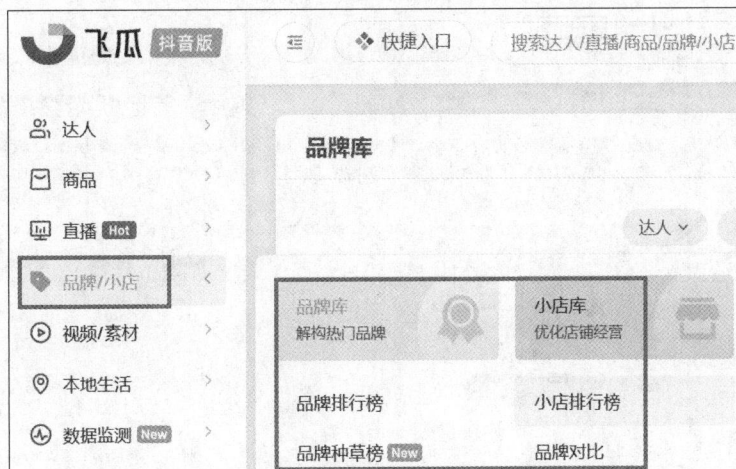

图6-38　品牌/小店分析

进行品牌/小店分析的具体操作步骤如下。

（1）飞瓜抖音版的"品牌排行榜"下设"总榜""品牌自播榜""达人推广榜""商品卡销量榜"4个子榜单，短视频运营者可按日/周/月或自定义时间段，分别查看各细分类目下热卖的品牌，跟进同行业头部品牌的推广技巧，如图6-39所示。

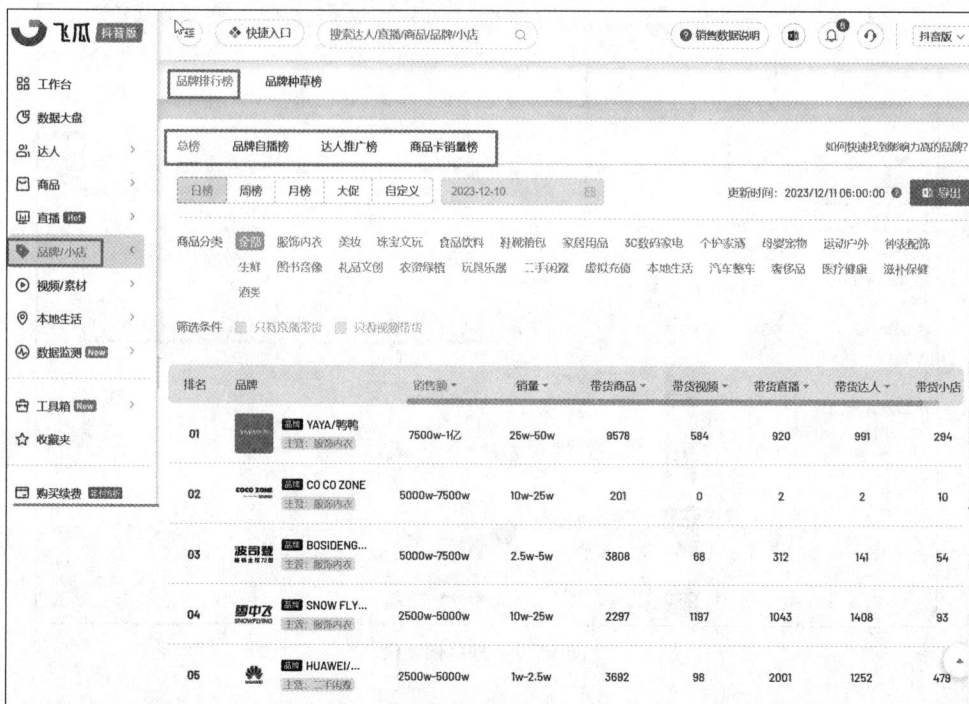

图6-39　品牌排行榜

（2）在飞瓜抖音版的"品牌种草榜"中，短视频营销者可按主营类目查看品牌在选定周期内的"种草"视频的推广情况，并可同步查看点赞增量、评论增量等互动数据，快速发现近期通过"种草"视频吸引用户的品牌，如图6-40所示。

图6-40　品牌种草榜

（3）在飞瓜抖音版的"抖音小店榜"中，短视频营销者可按日/周/月或自定义时间段，查看各分类下的小店排行，并同步查看各小店周期内的带货商品数、带货视频数、带货直播及销售数据，跟进同类头部店铺的推广技巧，如图6-41所示。

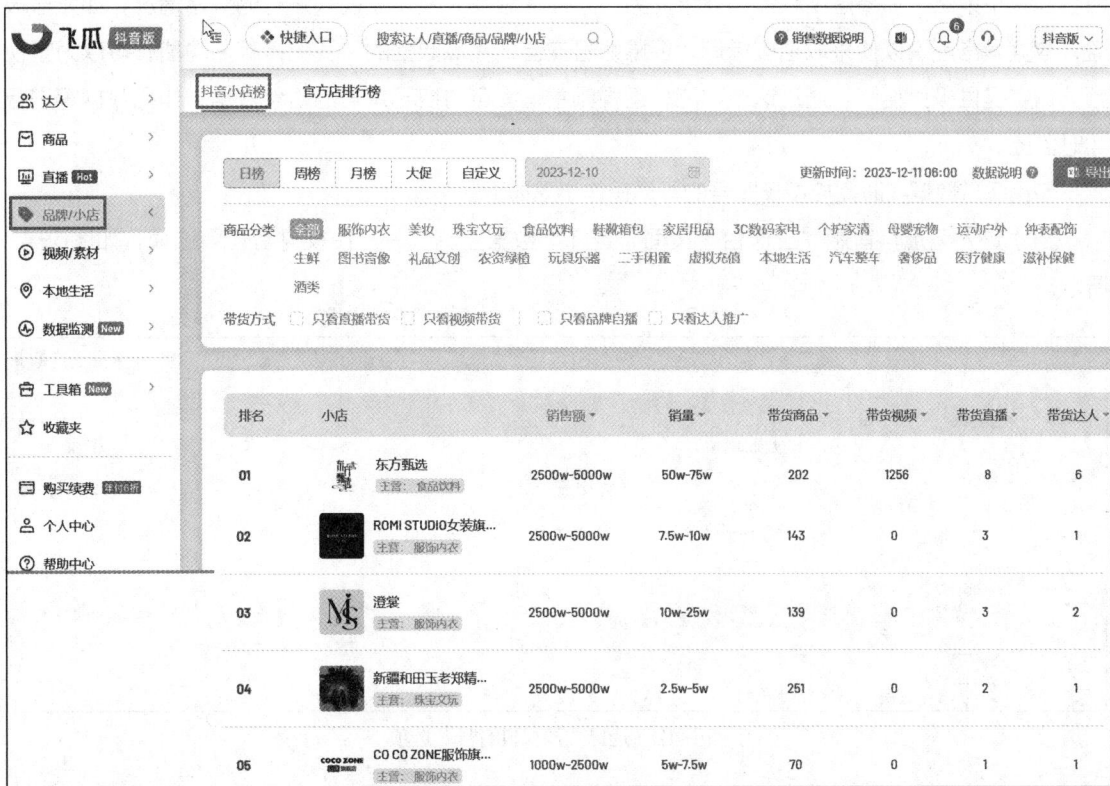

图6-41　抖音小店榜

📖 素养课堂

某知名短视频App违规搜集儿童信息

某App是北京某公司开发运营的一款知名短视频应用类软件。这款App在未以显著方式告知并征得儿童监护人明示同意的情况下，允许儿童注册账号，并收集、存储儿童网络账户、联系方式，以及儿童面部特征、声音特征等个人信息。在再次未征得儿童监护人明示同意的情况下，该款App运用后台算法，向具有浏览儿童内容视频喜好的用户直接推送含有儿童个人信息的短视频。

该App未对儿童账号采取区分管理措施，默认用户点击"关注"按钮后即可与儿童账号私信联系，并能获取其地理位置、面部特征等个人信息。

浙江省杭州市余杭区人民检察院在办理徐某某猥亵儿童案时发现了北京某公司侵犯儿童个人信息民事公益诉讼案件的线索，遂展开调查。调查证明该App侵权行为与实际危害后果具有因果关系。

检察院认为，北京某公司运营的短视频App在收集、存储、使用儿童个人信息的过程中，未遵循正当必要、知情同意、目的明确、安全保障、依法利用原则。其行为违反了《中华人民共和国民法典》《中华人民共和国未成年人保护法》《中华人民共和国网络安全法》关于未成年人民事行为能力、个人信息保护、对未成年人给予特殊优先保护、网络经营者应当依法收集使用个人信息等相关规定。

技能实训——使用飞瓜数据实时监控授权账号

短视频营销者一方面想了解自己的粉丝数据、作品数据以及互动情况，从而更好地规划短视频内容、调整策略，提高短视频营销效果；另一方面还想及时发现短视频账号的异常情况，如账号被盗、数据异常等，以便采取相应措施，保障账号安全。飞瓜数据的"我的授权"功能，可以为短视频营销者提供极大便利。通过这个功能，短视频营销者可对自己账号的粉丝数据、作品数据等进行实时监控。

使用飞瓜数据实时监控授权账号的具体操作步骤如下。

（1）进入飞瓜抖音版"工作台"页面，选择"数据监测"—"授权抖音号"选项，如图6-42所示。

图6-42 选择"授权抖音号"选项

（2）在"我的授权号"页面中，单击下方的"添加授权"按钮，如图6-43所示，在弹出的窗口中，使用抖音App进行扫码授权，如图6-44所示。

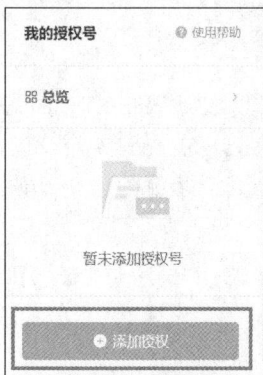

图6-43 单击"添加授权"按钮　　　图6-44 使用抖音App进行扫码授权

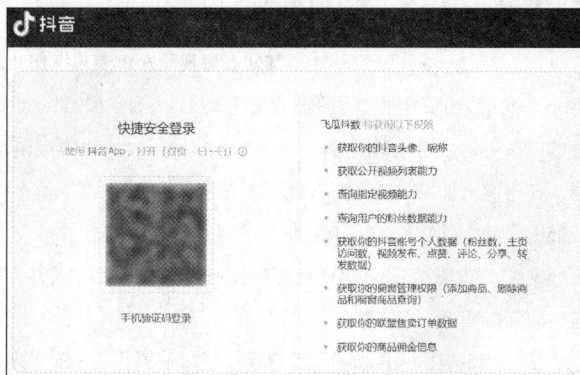

（3）在抖音App中，飞瓜抖数将申请使用抖音头像和昵称，如图6-45所示，单击"同意授权"按钮后进入授予其他权限页面，如图6-46所示。

（4）抖音号授权成功后，可查看账号近7/15/30天的"粉丝净增量""主页访问人数""新增点赞""新增评论""新增分享"等数据，如图6-47所示。

图6-45　申请使用抖音头像和昵称

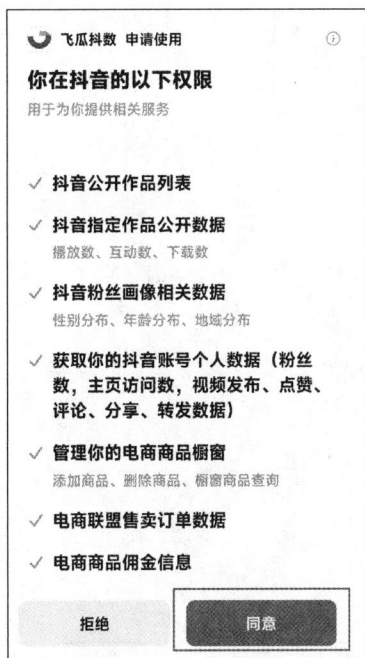

图6-46　授予其他权限

图6-47　查看数据

（5）粉丝数据分析。通过"粉丝活跃天数分布""粉丝性别分布""粉丝流量贡献""粉丝年龄分布"，短视频营销者可以直观地了解自己账号的粉丝群体是否和目标粉丝群匹配，如图6-48所示。

（6）作品数据分析。短视频运营者可查看作品近30天内的"累计播放量""点赞数""评论数""分享数"等数据，如图6-49所示，快速了解账号近期的运营情况；并可进行数据导出，便于企业和MCN机构使用。

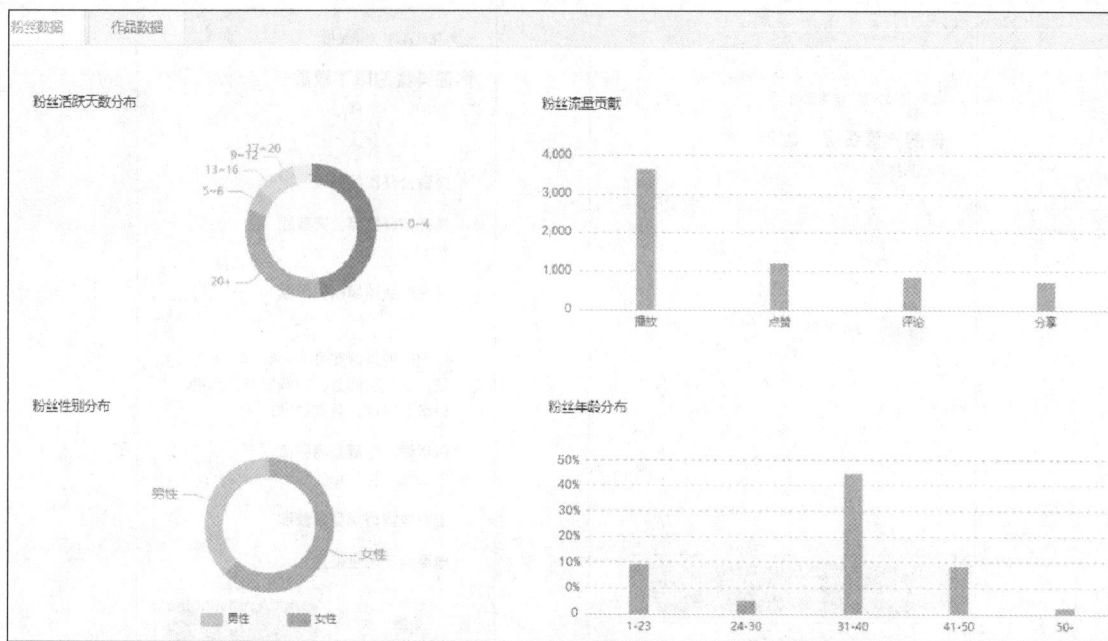

图6-48　粉丝数据分析

图6-49　作品数据分析

思考与练习

一、填空题

1. _____是分析短视频在各个方面的数据，使短视频营销者更加了解运营情况，然后寻找解决问题的方法，以便调整并优化运营策略。

2. 短视频基础数据指标主要是指＿＿＿＿＿＿＿＿＿、＿＿＿＿＿＿＿＿＿、＿＿＿＿＿＿＿＿＿、＿＿＿＿＿＿＿＿＿、＿＿＿＿＿＿＿＿＿等。

3. ＿＿＿＿＿＿＿＿＿是指将数据库中的数据项映射到某个特定的类别。它可以应用到用户的分类、用户的属性和特征分析、用户满意度分析、用户购买趋势预测等过程中。

4. 整理和处理数据包括两个环节：第一个环节是＿＿＿＿＿＿＿，第二个环节是＿＿＿＿＿＿＿。

二、单选题

1. 下面哪一项不是短视频数据分析的作用？（　　　）

　　A. 拍摄出好的视频　　　　　　　B. 优化运营策略

　　C. 了解用户需求　　　　　　　　D. 优化短视频内容创作

2. （　　）是短视频在某个时间段内被用户观看的次数，是衡量用户观看行为的重要指标。

　　A. 点赞数　　　　B. 播放量　　　　C. 评论数　　　　D. 转发数

3. （　　）是指完整观看短视频的用户比例，这个指标反映了短视频的吸引力，以及短视频节奏的适宜性。

　　A. 点赞率　　　　B. 评论率　　　　C. 完播率　　　　D. 转发率

4. 短视频营销者通过（　　）可以对热门商品有更全面和深入的了解，可在制定营销策略时进行参考。

　　A. 带货分析　　　B. 小店分析　　　C. 视频分析　　　D. 商品分析

三、思考题

1. 常用的短视频数据分析指标有哪些？

2. 常用的短视频数据分析方法有哪些？

3. 常用的第三方短视频数据分析工具有哪些？

4. 如何利用飞瓜抖音版分析行业趋势？

任务实训

为了提升学生对短视频营销进行数据分析的能力，掌握数据分析的指标，我们将进行下述实训。

一、实训要求

1. 利用飞瓜抖音版进行数据分析。

2. 优化意见能够实质性地改善短视频营销的效果。

3. 学会搜索查询"达人"、小店、品牌的数据情况。

二、实训步骤

1. 行业趋势分析，进入"商品数据大盘"页面，查看热卖品类商品占比，查看该品类的商品价格区间及商品发货情况，通过商品成交画像定位品类目标受众人群。

2. "达人"选投分析，通过"带货达人榜"快速找到热卖的"带货达人"，通过"涨粉达人榜"发现近期优质"爆粉达人"，通过"达人"详情页查看"达人"的"带货"情况；进行销售数据概览，并同步查看销售渠道分布，直观了解"达人带货"的主要推广领域。

3. 商品分析，在"抖音商品榜"中查看各品类商品的排行，在"实时爆款商品"中快速查看正在飙升的品类及品类热销商品，在商品详情页中查看商品的推广热度、销售情况以及用户人群等详细情况。

4. 视频/素材分析，在"带货视频榜"中快速找到各品类下的高转化"带货"视频，在"热门视频榜"中查看不同行业的热门视频，在"热门话题"中快速跟进近期热门话题。

5. 品牌/小店分析，在"品牌排行榜"中查看各细分类目下热卖的品牌，在"品牌种草榜"中查看品牌在选定周期内的"种草"视频推广情况，在"抖音小店榜"中查看各小店周期内的带货商品数、带货视频数、直播带货及销售数据。

第 7 章

短视频营销案例分析

随着短视频的普及和社交媒体的兴起，越来越多的企业开始尝试通过短视频来推广自己的品牌和产品。不同的行业有其独特的营销策略，企业需要根据自身特点制订相应的短视频营销计划和方案，提高用户的参与度和满意度，从而获得更好的营销效果。本章主要介绍美妆行业、旅游行业、美食餐饮行业、萌宠类等领域的短视频营销案例。

知识目标	☑ 熟悉美妆、旅游、美食餐饮、萌宠等领域的短视频营销概况。
技能目标	☑ 掌握美妆、旅游、美食餐饮、萌宠等领域的短视频营销策略。 ☑ 掌握美妆、旅游、美食餐饮、萌宠等领域的短视频营销案例分析方法。
素养目标	☑ 增强文化自信，提升核心素养。

海尔家电短视频营销

对于家电行业来说，短视频营销也是很重要的一环。海尔家电联合快手平台，通过"短视频+直播"多样玩法，掀起了传统家电行业的短视频营销新浪潮。作为国内首屈一指的短视频社交平台，快手主打"以人为本，去中心化"。在快手上，公平、普惠的价值观深入商业模式，而由此构建起的"老铁"关系，打造了用户与平台的强信任驱动，从而更好地实现了"人带货"的电商模式。

海尔家电是如何营销短视频的呢？

1. 内容策划

快手的用户群体较为年轻，因此发布在快手平台上的内容创意也十分重要。海尔家电从用户的需求出发，为他们提供有用的信息，或制作一些有趣的短视频。同时，海尔家电注意所发布的短视频均与家电产品相关，不脱离主题。

海尔家电制作的短视频包括体验类、科技类、场景类，以及展示类等。同时，海尔家电制作轻松剧情类的视频，让用户通过观看轻松、愉快的家电使用场景，产生对家电的青睐，从而产生购买欲望。

2. 与用户互动

快手是一款社交应用，用户之间的互动十分频繁。海尔家电官方账号通过回复用户评论、私信等方式与用户进行交流，了解他们的需求和想法，不断优化产品和内容。

3. 合作营销

作为一家知名家电品牌，海尔家电积极拥抱新媒体，与各类合作伙伴深度合作，如与相关品牌、博主、MCN机构等合作，通过他们的资源和粉丝，提升品牌的知名度和影响力。

4. 数据分析

数据分析是短视频营销的重要一环。海尔家电在短视频营销中，对短视频的观看量、点赞量、转发量等进行了分析，了解用户的兴趣点和喜好，优化内容和营销策略。

思考与讨论

（1）海尔家电是如何通过短视频借势营销的？

（2）企业应如何进行短视频营销？

7.1 美妆行业短视频营销案例分析

随着短视频平台的兴起，越来越多的企业开始将短视频作为营销手段，美妆行业品牌也不例外。短视频平台不仅为美妆品牌提供了更直接、更灵活的营销方式，也为用户提供了更直观、更便捷的产品体验。

在短视频平台找到几个美妆短视频账号，分析其运营者是如何进行短视频营销的。

7.1.1　美妆行业短视频营销概况

随着生活水平的提高，护肤品、化妆品等美妆产品逐渐成为人们日常的消费品，其受众群体逐渐广泛，成为用户生活中的一部分。

1．营销平台以抖音、小红书为主

虽然各个平台上都有大量关于美妆产品的营销短视频，但近年来，越来越多的美妆品牌将抖音和小红书作为新品"出圈"、品牌打造的重要营销战场，投放力度逐渐加大。

抖音不仅流量大、日活跃用户量高，营销生态也较为完善。抖音上有大量的美妆类账号，且美妆类品牌大多都已入驻抖音并完善了抖音小店，开始了品牌自营账号和品牌直播的"带货"之路。在抖音上，品牌方会通过开屏广告、信息流广告、"达人"合作"种草"、剧情类视频植入等形式开展短视频营销。

在2023年抖音商城"双11"好物节中，美妆品类销售热度同比增长62%；同时，随着"男颜经济"的崛起，男士香水、男士彩妆、男士护肤等品类均迎来销量增长，在此次大促期间表现突出。

小红书的美妆类产品营销多以美妆"达人"的推荐"种草"形式展开，图文笔记和短视频形式共存。由于小红书浓厚的"种草"氛围，用户对"达人"们推荐的美妆类产品一般较为信任，愿意下单购买，"种草"笔记的转化率自然也较高。相比于其他平台，在小红书上进行营销推广的美妆类产品客单价较高，价格在500元以上的热销产品销量占比达到24%。

除了抖音和小红书，B站、快手、微博等平台也是美妆行业开展短视频营销的重要平台。

2．国产品牌竞争力不断增强

近年来，国产美妆品牌在短视频平台的营销策略日益突出，国产品牌竞争力不断增强，成为行业中的一股新势力。它们较早地进入了短视频平台，随着其在短视频领域营销预算的不断增加，推出了不少热门单品和"爆款"，用户也开始逐渐习惯购买这些在短视频平台爆火的国产美妆产品。阿里平台数据显示，2021年4月，国产美妆产品的销售额首次反超国际品牌。越来越多的国产品牌通过向国外竞争对手学习，不断提升营销能力、提高品牌形象，推出高质量产品，向高端市场渗透，市场竞争力不断增强。

以护肤品类为例，虽然从客单价分布来看，国际知名品牌占据高端护肤市场，但从销售增速来看，很多国产品牌却在2022年展现出了惊人的增长速度。其中，谷雨深耕美白细分赛道，围绕核心成分"光甘草定"在小红书、抖音等社媒平台进行用户心智培养，既为品牌塑造了强记忆点，也为品牌带来了可观的销售转化。飞瓜数据显示，2022年谷雨在抖音的销售额增幅为374%，其中美白系列产品的贡献比超过50%。

3．国际品牌发力自播抢占市场

2022年度抖音美妆百强以国产品牌为主，数量占比接近七成。但从增幅来看，国际品牌成绩也不错，雅诗兰黛、兰蔻均在2022年开启了抖音自播首秀，为品牌带来可观销售增量的同时，也促使品牌排名大幅提升，成功跻身美妆年度总榜TOP10。

以兰蔻为例，兰蔻于2022年5月4日在抖音开设了第一场品牌自播，当月就为品牌贡献了14%销售额。在随后的7个月里，兰蔻又基于彩妆和护肤两条主要产品线搭建自播矩阵，并通过精细化的直播运营来触达不同消费群体，助力账号销售转化。

仅12月，兰蔻关联3个自播账号产生的商品交易总额占比已高达51%，逐渐成为品牌日常经营的中坚力量。与此同时，兰蔻也通过多领域、多体量达人的组合投放，持续渗透各个圈层。

4．年轻女性用户占比较大

随着新生代用户对外在形象的注重，美妆市场的新增用户呈现出指数级增长的趋势。随着"95后"和"00后"逐渐成为消费主力，现在至未来的一段时间内，美妆市场将处于个性化消费升级阶段。

许多美妆类账号的用户以18～25岁年轻女性为主，唇釉、假睫毛、粉底、眼影、彩色隐形眼镜等彩妆品类成为她们线上消费的首选。26～35岁用户也占有较大比例，但这个年龄区间的用户更关注护肤、抗衰等产品，"抗衰""精华""保养"是其搜索关键词。

随着"男颜经济"的蓬勃发展，2022年男性美妆用户占比较2021年提升3%，为美妆市场发展带来新机遇。值得一提的是，以男性为购买主力的男士眼唇精华、男士彩妆品类表现出较强的支付能力，即渠道的平均客单价高于品类整体客单价，或成为男性美妆品牌的破局发力点。

5．营销方式多样

美妆行业在短视频营销中需要注重内容的质量和吸引力，同时利用好各种营销方式，才能达到最佳的推广效果。下面是常见的营销方式。

（1）干货类。干货类的账号主要是发布美妆的干货测评内容，如口红、粉底液、腮红、眉笔等的测评内容。这类短视频一方面有干货，可以让用户观看后得到一些具体的信息，另一方面有趣味性，能让用户产生共鸣，如介绍一些涂口红的小技巧、上粉底液的小技巧等。

这类短视频在平台上经久不衰，而要做好这类短视频，最重要的是输出的内容必须能满足用户关于妆容实用性的需求，这类短视频可以重点突出化妆前后的效果对比，展示出自己的专业能力，增强用户的信任感。

（2）"种草"类。"种草"类的账号主要是"达人"给用户介绍一些使用效果好的美妆产品，在自己使用后把使用心得分享给用户。尤其是在小红书上，"好物分享"已经成为高阅读量的话题之一。此类短视频需要通过真实描述使用感受和反馈等来吸引用户，并且要持续输出优质的内容，从而让用户得到有效的信息。

（3）Vlog类。Vlog主要用来记录日常生活，博主通过Vlog将自己平时用的护肤品、彩妆等好物分享出来。需要注意的是，Vlog要具有创新性、观赏性，要让用户感觉轻松，内容更倾向于自然、真实、有情感，广告植入的痕迹不能太明显，不然会引起用户的反感。

（4）剧情类。剧情类是美妆达人短视频中使用最多的营销方式，其区别于其他美妆类内容，以产品或者妆容为核心。剧情类美妆内容以故事为主，往往会将产品自然而然地植入其中，用户的关注重点在于剧情发展，所以内容的观赏性和趣味性更强。

一方面，剧情形式能使短视频的内容更充盈；另一方面，剧情与美妆店铺绑定，可以配合剧情，让产品植入得更为自然，不会太突兀和生硬。

但是剧情类的内容相比于常规的美妆内容，制作门槛高、周期长，对于出镜人物的表现力有很高的要求，同时也需要经常更新换代，否则很容易让用户产生审美疲劳。

7.1.2　美妆行业短视频营销策略

美妆行业经过数十年的发展，受众群体广泛，前景可观，营销策略也多种多样。下面介绍美妆行业短视频营销的常见策略。

7-1　美妆行业短视频营销策略

1．以直播"带货"与短视频内容营销为主

目前，美妆行业短视频营销以直播"带货"和短视频内容营销为主。美妆品牌通过直播展示产品使用效果、化妆技巧等，吸引用户下单购买。此外，短视频内容营销则是通过短视频发布品牌故事、产品特点、化妆教程等内容，吸引用户关注，提高品牌知名度。

2．多平台布局账号

常见的短视频平台有抖音、快手、小红书、B站、视频号等，对于品牌方来说，任何一个平台都有其潜在的用户群体，都是较好的宣传渠道。品牌方不应该忽视任何一个主流平台，应该在全网各个主流平台搭建账号，形成传播矩阵。珀莱雅在抖音、小红书、视频号等不同平台搭建的账号如图7-1所示。

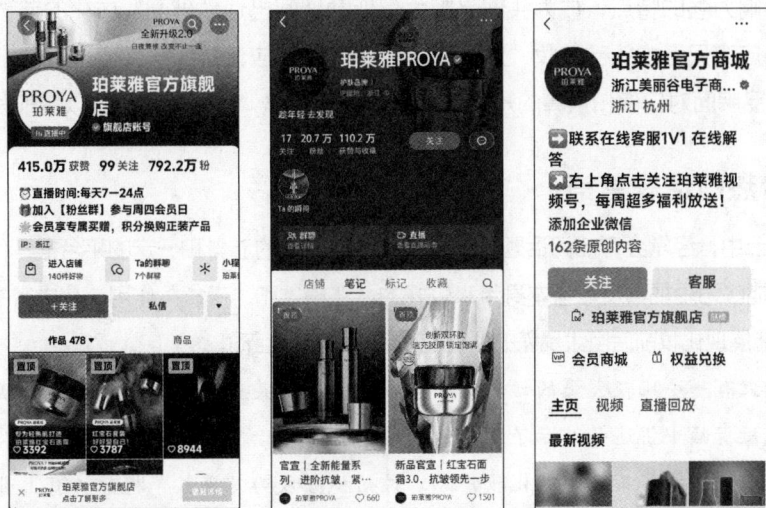

图7-1　珀莱雅多平台布局账号

3．明确产品卖点

短视频可以用来展示产品的效果和卖点。美妆品牌可以利用这一特点，选择品牌中卖点较为突出的产品来打开市场，制作产品试用视频，展示产品在不同人群中的适用性和效果，使用户形成对品牌的差异化印象，从而与其他品牌区别开来。通过这种方式，用户可以更直观地了解产品并产生购买欲望。

4．与美妆"达人"合作

在美妆行业中，很多品牌都会选择与具有影响力的美妆"达人"合作。"达人"可以通过制作短视频来展示美妆品牌的产品，为品牌带来更多的流量和关注，并增加产品的销量。与知名"达人"合作，对于品牌的推广和销售都具有积极的影响。品牌可在达多多上搜索，寻找适合自己的"达人"，如图7-2所示。

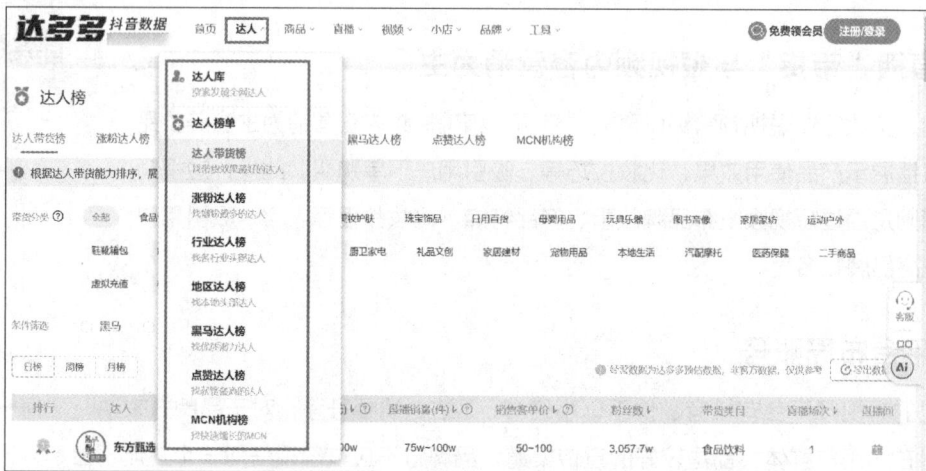

图7-2　在达多多平台上搜索"达人"

目前，"达人"仍是美妆类的推广主力，其销售占比超过七成。其中，头肩部"达人"具有粉丝体量大、影响力强的特点，成为头部品牌大促活动期间迅速"破圈"转化的首选。品牌在寻找合作账号时，不应该只考虑头部美妆"达人"，中小品牌更应该选择腰部甚至是尾部美妆垂类"达人"。众多新锐品牌面对口碑和预算的短板，更偏向于与腰部"达人"合作，以实现长效曝光。

5．利用平台热门话题营销

在短视频平台中，经常会有热门话题，这类话题有着较高的流量和一定的平台推荐作用。利用平台热门话题营销，能够为短视频及账号本身带来较好的"涨粉"和"带货"作用。从内容主题来看，"变装""逆袭"等能展现化妆前后巨大反差的话题能有效吸引用户互动。

例如，抖音上有一个比较火爆的话题是"美妆教程"，某美妆博主就借势这个话题制作并发布了短视频。她在短视频中讲述并演示了化妆的小技巧，并展示了化妆前后的对比效果。在化妆过程中，该美妆博主顺势介绍了某品牌的化妆产品。该短视频成为"爆款"视频，有上百万点赞量和数十万转发量，产品的数据效果和营销效果都比较可观。

据飞瓜数据统计，2022年度发布话题的美妆品牌较2021年度增长143%，话题累计播放量超过479亿次，2022年度美妆品牌话题营销情况如图7-3所示。各个短视频平台上经常会有美妆教程、美妆分享、美妆护肤、美妆种草、美妆推荐等与美妆相关的热门话题，如图7-4所示，美妆品牌可以充分参与这些话题，与"达人"们合作进行借势营销。

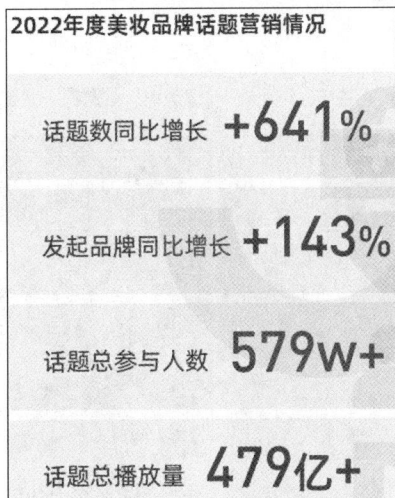

图7-3　2022年度美妆品牌话题营销情况

图7-4　与美妆相关的热门话题

7.1.3　谷雨短视频营销案例分析

谷雨2016年成立，2022年凭借一款明星产品荣登抖音"双11"新锐品牌榜榜首，获得人民日报"2022年度中国品牌创新案例奖"大奖，成为新国货势力之一。作为新锐国产护肤品牌，谷雨在一众国产品牌中成功出圈，主要是因为做到了以下几点。

1．品牌账号以节气命名，具有辨识度

对于一个新兴品牌来讲，品牌名称是形成品牌概念的基础，是品牌的核心要素。谷雨取自中国的二十四节气之一，指春季的最后一个节气，寓意雨生百谷、雨润万物。

谷雨账号的信息设置极具差异化特征，账号具有极强的辨识度。谷雨以节气命名，坚定文化自信，外观遵循国风之美，并在众国货中独树一帜。谷雨小红书账号主页如图7-5所示，账号简介为"谷雨，更适合中国人肤质的植萃美白品牌"，直接、简明地表明了自己的定位——专注于美白领域，同时也表明了自己的产品风格，凸显了自己的与众不同之处。

2．打造多款"爆品"

谷雨围绕多种场景打造出了多个"爆品"，如针对美白场景的光感系列、清洁场景的氨基酸洁面系列、补水场景的仙人掌果沁润系列、抗衰场景的山参紧致系列。对于不同用户的不同皮肤状态和痛点，谷雨以精细化的场景方案来解决。

谷雨走的是打造全场景美白的植萃功效护肤路线，它相继推出了两款明星单品——光感水和美白

小奶罐。在小红书平台上，有关光感水"种草"笔记的数据反馈很不错，如图7-6所示。测评类笔记都围绕使用感、功能性等方面进行了讲解，以尽可能地降低用户的决策成本，甚至直接替他们做选择。因此，谷雨卖的不是产品，而是一套肌肤问题解决方案。

图7-5　谷雨小红书账号主页

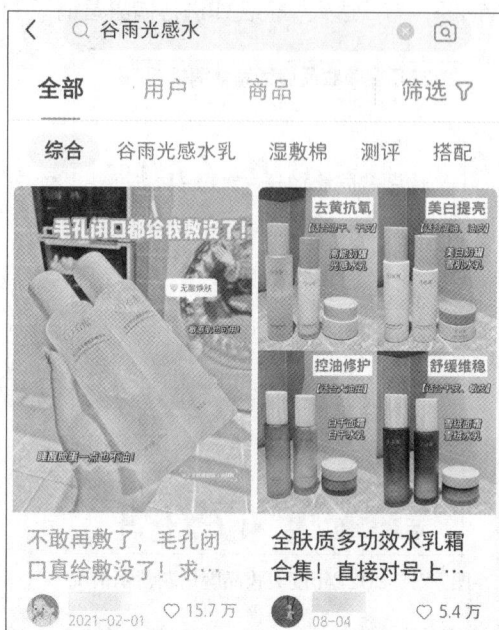

图7-6　谷雨光感水在小红书上的"种草"笔记

谷雨在短视频平台的"种草"步骤如下。

（1）设定需求场景，使用户产生代入感。

（2）放大用户痛点，引起用户的场景共鸣。

（3）提供解决方案，唤醒用户的产品需求。

3．多渠道、多平台布局

谷雨2023年已经实现了线上线下全渠道覆盖，线下渠道目前已布局超过5000家门店，线上也全平台入驻。据统计数据，在2018年以前，谷雨近80%的销售额来源为直播，除此之外就是"达人"短视频、KOC传播，以此形成产品"种草"矩阵。

4．自播

在快手上，谷雨的自播能力位居国产品牌前列。谷雨在短视频平台上开启自播，意味着品牌拥有了承接流量的资产池，能够借此更加有深度地参与全域营销。作为品牌的自主阵地，直播间同样也可以开展广告营销。

2023年"双11"，谷雨在快手平台的自播GMV相对于2022年同比增长了3倍，"达人"直播GMV相对于2022年同比增长了4倍。在整个"双11"期间，谷雨采用了"总裁驾到"的营销方法，双人直播的模式增强了直播间的互动性和吸引力，加上"总裁"亲自到直播间发福利，有效拉近了品牌与用户的距离，进而提升了直播间的转化率。

5．多元整合营销

快手电商通过采用联合打造综艺节目、新疆生产源头直播、创意话题等多元的整合营销方式，成功帮助谷雨实现了快手平台的"种草"转化。"谷雨陪你追光"话题深挖品牌故事和价值观，联合全网"达人"组成百人种草团，传达高光女性的力量，以内容形式种草，单条视频播放量超131万，视频总播放量超5.5亿，如图7-7所示。

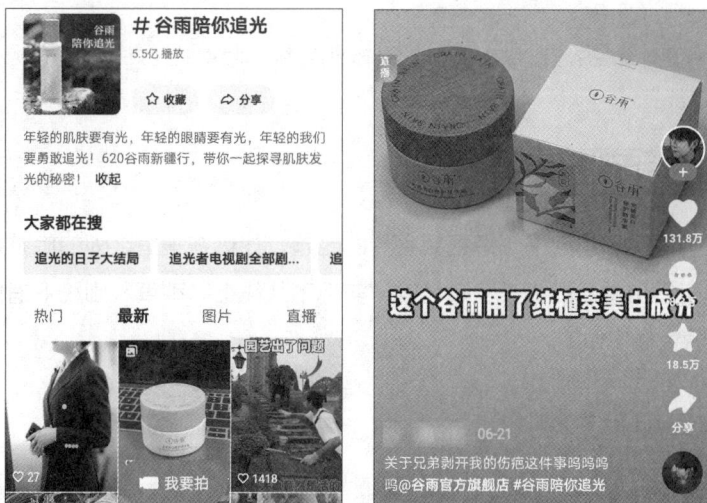

图7-7　"谷雨陪你追光"话题

对于谷雨来说，"光甘草定"这一中国式原料就是其最佳的推广工具，因此谷雨始终将成分作为卖点，打造一系列的话题爆点。例如，2022年年底谷雨入选由美丽修行与中国国家地理联袂出品的《这就是中国成分Ⅱ》，通过镜头带领用户走进中国首个光果甘草种植基地，如图7-8所示。短视频通过一个个长短镜头展现晾晒、翻制、剪切工艺，揭开光果甘草强大美白力的面纱。谷雨通过生产地溯源展现出品牌强有力的生命力，将科研赋能发挥到极致，在行业及用户的心中刻下中国实力品牌的烙印。

图7-8　新疆光果甘草种植基地

7.2 旅游行业短视频营销案例分析

短视频的发展对于旅游行业的影响无疑是巨大的，短视频可以展现旅游景点的美丽风光、独特文化、美食、民俗风情等，吸引更多游客前来旅游。短视频作为一种新兴的营销手段，正成为不少旅游景点运营者的新宠。

> **课堂讨论**
>
> 在短视频平台中找出几个旅游行业短视频账号，分析他们的短视频是如何营销的，采用了哪些营销策略。

7.2.1 旅游行业短视频营销概况

近年来，抖音、快手、小红书等短视频平台的崛起，让远在千里之外的旅游景点在手机中变得近在眼前，进一步帮助旅游景点提升了知名度，实现了从线上"种草"到线下销售的转化。目前，旅游行业的短视频营销概况如下。

1. 4亿的旅游兴趣用户

4亿的旅游兴趣用户是旅游行业短视频营销的基础。2023年第一季度，抖音平台中旅行相关内容发布人数占比居平台全行业的第二位，如图7-9所示。抖音旅游兴趣用户数保持持续增长态势。从国宝顶流"花花""萌兰"的横空出世，到烧烤带火一座淄博城，人们对于旅游的兴趣与热情达到了一波新的高潮。

短视频平台为人们提供了便捷的旅游内容分享渠道，短视频代替文字和图片成为分享的主要方式。随着用户需求的不断增加，各类旅游企业的平台账号数量也呈现不同程度的增长，基于短视频、直播的个性化内容也更容易满足用户的需求。

2. 旅游"达人"成为出游指南针

以前人们在选择旅游目的地和行程安排时主要依赖于旅行社的推荐或者自己的独立探索。现在，随着社交媒体和在线旅游平台的兴起，越来越多的旅游"达人"开始通过分享自己的旅行经历、心得和建议来吸引关注和引导他人。这些旅游"达人"通常拥有丰富的旅行经验和独特的视角，他们可以提供独到的旅游攻略、景点推荐、美食介绍以及旅行技巧，成为其他旅游者的可靠导航。截至2023年3月31日，抖音旅游"达人"超3.8万人，同比增长30%，"达人"类型多样，包括旅行风景、环球旅行、旅行机构、旅行攻略等，其中增速最快的是环球旅行，增速高达93.5%，如图7-10所示。

对旅游景点来说，与旅游"达人"合作是快速入局短视频平台的方式之一。借助"达人"的创作能力凸显自身商品和服务的优势，可以帮助旅游景点更好地触达目标客户群，快速、高效地实现经营目标。旅游"达人"凭借人气高、关注度高、粉丝精准度高等优势，成为景点开展营销推广时的首要合作对象。

图7-9　各行业内容发布人数占比

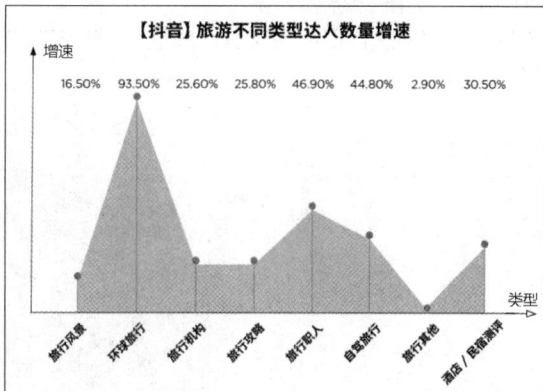

图7-10　抖音旅游不同类型"达人"数量增速

3. 用户自发参与传播，年轻人成为营销主受众

公开数据显示，在抖音旅游兴趣用户中，女性是主力，占比达到55%。在年龄段分布上，以31～40岁用户群体为主，41～50岁的用户群体次之。从群体社会特征来看，这两类人群是社会的中流砥柱，二者占比之和超过半数。抖音旅游兴趣用户的性别与年龄分布如图7-11所示。对于多数旅游企业而言，女性人群、31～40岁人群的旅游需求更应该被重视和挖掘。

此外，年轻用户群体会在旅行之前在短视频平台、旅行App上查询旅行信息，预订门票或住宿服务。年轻用户的信息查询能力和对新鲜事物的接受能力使其成为旅游行业开展营销的主要受众，并且年轻用户会通过短视频平台、朋友圈、微博等分享自己的旅行动态，传播与旅游景点风景相关的视频，从而形成二次传播。

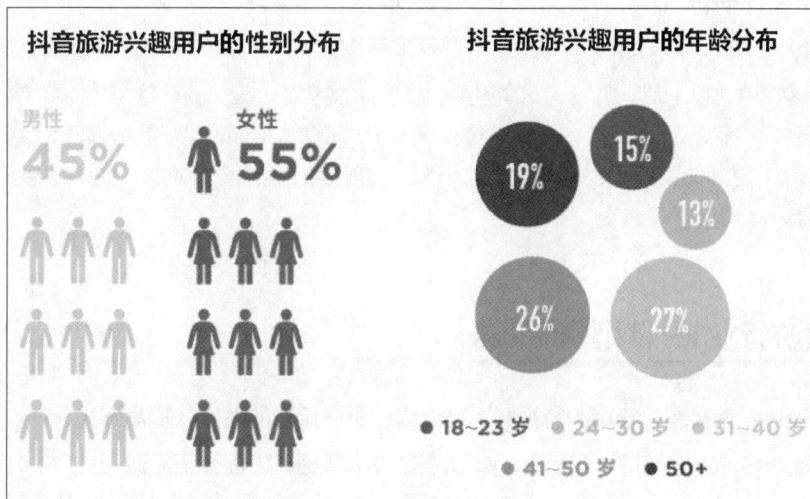

图7-11　抖音旅游兴趣用户的性别与年龄分布

4. "旅游+""+旅游"产业融合带来的创新迭代

近年来，"旅游+""+旅游"不断催生出新的业态，文旅与其他产业融合发展已成为主流模式，如图7-12所示。近年来，国务院、国家发展和改革委员会、文化和旅游部、农业农村部等各部委陆续发文，鼓励支持交通、体育、养老、健康等产业与文旅产业融合发展。在这一阶段，产业融合带来的创新迭代已成为文旅产业迭代升级的主旋律。

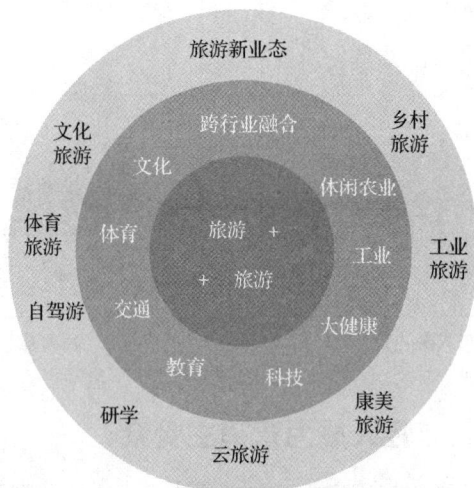

图7-12　旅游新业态

旅游+：通过产业延伸，获取除传统旅游产业（景区、酒店等）以外的延伸产业的收入，从而将旅游的溢出效益最大化。

+旅游：其他产业发展到一定程度之后，具备相应资源条件的能够向旅游产业延伸，从而实现产业多元化布局。

📖 素养课堂

文化自信驱动国潮崛起

近年来，国潮文化崛起，逐渐成为消费新风尚。保留中国传统文化核心底色、兼容当下时代潮流的产品越来越受到当代年轻用户的青睐。国潮文化具有丰富的表现形式和独特魅力，可以为旅游行业注入新的活力和吸引力，从而促进文化和旅游实现更深层次的融合。在文旅领域，国潮文化无处不在，从沉浸式主题街区到文旅演艺，从景区汉服游园会到国潮艺术节，从《唐宫夜宴》到《洛神水赋》，从北京十三陵景区2023年春节期间打造的"明文化节"到洛阳牡丹文化节开启国潮盛典，各类项目将传统文化结合国潮元素，以现场表演的方式呈现在游客面前，让游客沉浸式感受国潮文化的魅力。

7.2.2　旅游行业短视频营销策略

旅游景区通过发布有趣、新颖的短视频，可以吸引更多用户的关注，提高曝光率，还可以挖掘更多的潜在用户，为后续的营销活动打下基础。下面介绍旅游行业短视频营销策略。

7-2　旅游
行业短视频
营销策略

1. 开设官方账号

旅游景区可以在短视频平台上建立官方账号，发布与景区相关的信息、视频和照片，与用户进行互动和交流。通过建立官方账号，旅游景区可以更好地管理和控制宣传内容，提升宣传效果。官方账号的设立要注意以下几点。

（1）账号名称尽可能简洁，可以直接使用景区简称，如"乌镇旅游景区""杭州西湖""南浔古镇景区""故宫博物院""北京环球度假区"等，这样易于用户直接搜索。账号主页的背景图可以设置成景区图片。

（2）账号要认证为景区官方账号，以增强用户信任感，防止其他账号发布不实信息。

（3）账号的短视频质量要保持稳定水平，坚持发布高清短视频，同时尽可能控制直接营销类短视频的比例。运营前期以自然"涨粉"为主，用风景吸引用户关注；后期粉丝数量较多以后可以进行强化营销，适当发布营销性强的宣传视频。

2. 强化景区记忆点，打造"网红"景区

我国有千万景区，要想使景区被用户记住，就必须让用户形成关于景区的独特记忆点，并不断强化这个记忆点，打造"网红"景区。这个记忆点可以是景区中的某一个特殊的景点、某一个特别的角落，或者是景区中某个有特色的工作人员、某种特殊的动植物等。

例如，稻城亚丁景区集雪山、冰川、海子、草甸、森林等高原风光于一身，有着"香格里拉之魂""最后的香巴拉"的称号，它因电影《从你的全世界路过》而迅速闻名，成为抖音"网红"景点之一，也被称为"蓝色星球的最后一片净土"。大唐不夜城以盛唐文化为布景，以唐风元素为主线，融入了商业、休闲、娱乐、体验等多种元素，为海内外游客提供优质的文旅消费体验。2019年，23岁的抖音用户"皮卡晨"化身"不倒翁小姐姐"吸引了无数游客争相到实地打卡。强化景区记忆点有利于提升景区的自然热度，从而使景区在一定时间内成为"网红"景区。

景区的记忆点，有些是游客自发讨论形成的，有些是景区刻意打造的。景区宣传人员要善于抓住景区中有助于形成互动、提升热度的特色之处，强化宣传，使之成为用户对景区的独特记忆点。

3. 优化短视频内容

景区需要创作优质的短视频内容，以吸引用户关注和产生共鸣。在内容方面，可以选择一些与景区相关的主题，如特色亮点、自然风光、历史文化、旅游攻略等。同时，需要注意短视频的画质和声音效果，保证短视频的质量。除了较为常规的景点介绍和旅游攻略外，短视频还可以结合新兴的应用场景为景区带来更多的营销机会。

（1）虚拟旅游。通过AR/VR等技术，将景区真实场景与虚拟场景相结合，创造出一种全新的旅游体验。这种方式可以吸引更多年轻用户的关注，增强用户黏性，提升转化率。

（2）互动体验。通过在短视频中设置互动环节，如评论抽奖、游玩打卡、景区挑战赛等，提升用户的参与度和互动性。

（3）特色推荐。通过展示景区所在城市的特色美食、特产和餐饮文化等，吸引游客前来品尝，增强游客的消费意愿；还可以展示民俗风情，如节庆活动、民间艺术、传统服饰等。

（4）科普教育。通过制作短视频，向游客介绍景区内的自然生态、地质地貌等知识，增加游客的地理知识，增强游客的环保意识。

4. 以游客视角带入，激励用户二次传播

除了日常的风景宣传，景区也可以从游客的视角出发来制作短视频，包括景区的游玩攻略、一天时间怎么逛遍景区等主题。这类从用户关心的角度切入，注重主题的实用性和知识性的短视频，可以使用户有所收获，从而从侧面宣传景区。

同时，景区还可以鼓励用户发布自己拍摄的景区短视频，首先要明确短视频内容的策划方案及激励手段，如特色项目挑战赛或者拍短视频送福利等；其次要在平台设置话题进行传播，引发打卡热潮，激励用户二次传播，以增加景区自然流量，提高景区曝光度，吸引更多游客。

7.2.3 重庆洪崖洞案例分析

随着短视频的广泛流行，旅游短视频成为旅游景区营销的又一手段，短、新、快、奇的短视频内容带火了一大批国内旅游景区。

近年来，洪崖洞通过短视频营销策略的成功实施，成为备受瞩目的"网红"旅游景点。洪崖洞营销的成功，主要在于做到了以下几点。

1. 寻找差异，成功引流

洪崖洞是经过现代人二次造景的景区——拥有别具一格的"立体式空中步行街"，是极具层次与质感的城市景区商业中心。为了打造出这座具有巴渝建筑特色的吊脚楼，设计师对方案进行了多次修改，最终成功打造出一个与《千与千寻》动漫场景类似的梦幻世界，作为线下的引流端口。洪崖洞自身的景点特色也在于此——美轮美奂的电影化夜景，洪崖洞美景如图7-13所示。洪崖洞场景的趣味性、共鸣性和可传播性等特点，使其在受众中引发了广泛的共鸣，从而调动了受众在一定范围内自发地对景区进行宣传与推广。

图7-13 洪崖洞美景

2. 打造"网红"景区

2017年，一些旅行博主打卡洪崖洞，并将所拍摄的短视频上传到短视频平台，因短视频中的地点与经典动漫电影《千与千寻》中的油屋极度相似，洪崖洞一夜之间爆红网络。马蜂窝旅游网推出的"2018年五一小长假境内热门景点TOP10"中，重庆洪崖洞跃居第二，仅次于北京故宫，如图7-14所示。洪崖洞成为重庆旅游的重要"名片"，很长一段时间内都占据着旅游景点热搜榜单的前几名，热度与长城、故宫不相上下。2018 年，主流短视频平台涌现了大量关于"洪崖洞夜景"的短视频，出现了"10条短视频，9条重庆"的爆点传播现象。仅一年时间，洪崖洞接待的游客就从原来的400万人次变为1200万人次，超过了当年故宫的游客接待量。2019年6月，宫崎骏的《千与千寻》在中国首次上映，间接地为洪崖洞的人气献上了有力的助攻，洪崖洞持续走红。2023年春节期间，洪崖洞接待游客85万人次，平均每天多达12万人次，堪称中国景区游客密集度之最。

排名	城市	景点
TOP1	北京	故宫
TOP2	重庆	洪崖洞
TOP3	成都	成都大熊猫繁育研究基地
TOP4	大理	洱海
TOP5	成都	锦里
TOP6	杭州	杭州西湖
TOP7	武隆	武隆天生三桥
TOP8	临潼	秦始皇兵马俑博物馆
TOP9	西安	西安古城墙
TOP10	泸沽湖	泸沽湖

【2018年五一小长假境内热门景点TOP10】

图7-14　2018年五一小长假境内热门景点TOP10

3. 跨界营销持续发酵

洪崖洞充分借力短视频，紧扣"80后""90后""00后"等消费主体的喜好和需求，跨界营销，持续发酵。其主要做到了以下几点。

（1）通过创造场景和道具，引导游客自发传播而非景区自主传播。在洪崖洞1980街区内，最红、最受欢迎的莫过于神秘打卡官——一只叫锤锤的猫。

（2）孵化培育自有的特色"网红"。这里不仅有众多吸引年轻人的"网红"店，还有更多自带流量的"网红达人"。如洪崖洞保安大叔，其由于"魔性"又"可爱"的夸奖式拍照，成为洪崖洞最有特色的"网红"之一，也形成了非常火爆的二次及多次传播。

（3）2020年4月，宽窄巷子和洪崖洞两大"网红"景区联手，"宽洪大量CP"官宣出道。

4. 开发旅游周边产品，增加变现渠道

洪崖洞围绕项目定位，以穿越为关键词，分楼层打造穿越洪崖洞产品体系；用不同时期的城市特质分批次打造多个洪崖洞二级IP，构成洪崖洞的全新沉浸式业态体验。

这样的产品体系建设不仅丰富了内容，让产品间相互和谐过渡、互为补充，给游客带来了自然的穿越感及不同的游览体验；也解决了洪崖洞游人集中在1楼、4楼、9楼的街巷里，而其他楼层却少人探访的问题。

7.3 美食餐饮行业短视频营销案例分析

在当今的数字化时代，短视频营销已经成为美食餐饮行业越来越重要的营销手段之一。通过短视频平台，美食餐饮企业可以向用户展示餐厅的环境、美食、服务等方面的优势，从而吸引更多的用户前来消费。

课堂讨论

在短视频平台找到几个美食餐饮店和美食"达人"的短视频账号，分析他们的短视频是如何营销的，采用了哪些营销策略。

7.3.1 美食餐饮行业短视频营销概况

美食餐饮行业在短视频平台的宣传营销得到了迅速的发展，短视频平台成为美食餐饮行业的重要营销和推广渠道。目前美食餐饮行业短视频营销概况如下。

1. 短视频平台成为美食餐饮行业的重要推广渠道

美食行业在短视频营销方面起步较早，早在2017年，就有很多美食类"达人"在抖音、B站等平台发布探店短视频。从2019年开始，各地的探店类账号大量崛起，美食类型短视频也逐渐丰富。从2021年开始，随着抖音团购功能的开启，基于本地生活服务的美食餐饮类短视频层出不穷，其分佣机制更是激励用户自发参与美食类短视频的拍摄与传播，这种全民打卡式传播直接带动了线下餐饮店铺的线上成交。许多餐饮品牌和从业者通过在短视频平台上发布优惠活动、新品推广和品牌活动等内容，吸引更多的用户关注和参与，提升了营销效果和品牌知名度。

2. 短视频平台成为用户点评和口碑传播的重要渠道

许多用户在用餐后会通过短视频平台分享自己的用餐体验、点评菜品口味、环境和服务，这些用户生成的内容对于美食餐饮品牌的口碑传播和形象塑造具有重要的影响。同时，美食餐饮品牌也可以通过短视频平台来回应用户的点评，增强用户互动和改善品牌形象。

3. 用户人群广，决策成本低

俗话说，民以食为天。美食餐饮类短视频具有庞大的用户基础。如抖音平台上对美食餐饮感兴趣的用户数量稳定攀升，2023年上半年，超6200万人在抖音发布打卡美食餐饮门店的短视频；2023年6月，美食餐饮打卡用户数比1月增长54%。越来越多的用户在抖音养成"观看一种草一拔草"习惯，观看美食餐饮内容高达5560亿次，点赞97亿次，搜索9.1亿次，美食餐饮打卡超2.1亿次。饮品、地方菜成为节假日最受欢迎的美食品类。

4．内容细分，营销形式多样化

随着近几年美食餐饮类账号的大量涌现，美食餐饮行业短视频营销的种类和形式也逐渐丰富起来。目前，美食餐饮行业短视频营销主要有以下几种形式。

（1）农副产品短视频营销。在抖音、快手、视频号等平台，经常会有一些销售苹果、橙子、大枣、红薯等农副产品的短视频，并且短视频中带有商品购买链接。这些农副产品短视频多在原产地拍摄，营造出一种田园、绿色、原生态的氛围，并且以较低的价格吸引用户点击商品购买链接。

（2）线下餐饮店短视频营销。线下餐饮店短视频营销是目前美食餐饮行业中最为常见的一种营销形式，总体上可分为两类：一类是美食制作，一类是美食品尝。

（3）零食品牌方短视频营销。零食一直是电商平台和短视频平台的热销品类。目前很多零食品牌方都已入驻短视频平台，且其账号已经积累较多粉丝。除了自营短视频账号，零食品牌方还会在短视频平台投放信息流广告，或者和一些"达人"合作宣传产品。

5．美食"达人"类账号较受欢迎

虽然现阶段美食餐饮行业的短视频营销类型丰富，但内容持续更新、数据较为稳定的账号多为一些美食"达人"类账号。例如，抖音上的美食"达人"类账号众多，已细化出美食教学类、"达人"探店类、日常生活美食类、户外美食类等类型。

7.3.2　美食餐饮行业短视频营销策略

短视频平台庞大的流量池已成为美食餐饮行业营销的新战场，通过短视频平台一夜爆火的美食餐饮店铺不计其数。越来越多的美食餐饮店铺加入短视频营销的热潮。有的美食餐饮店铺投入了大量的人力和物力，拍了不少短视频，营销效果却并不理想。那么，美食餐饮店铺到底该如何正确利用短视频营销呢？本节介绍美食餐饮行业短视频营销策略。

1．搭建官方账号

美食餐饮店铺有必要在短视频平台搭建官方账号。将短视频发布在官方账号上，一方面可以吸引潜在用户的关注，另一方面可以宣传店铺的菜品和活动，为店铺引入新客源。需要注意的是，在发布短视频时要带上店铺的位置信息，在平台推广时也要选择对应地理范围内的人群。

2．优化短视频拍摄

在美食类短视频营销中，食物呈现得好，能有效刺激用户的味蕾，引导用户收藏或下单。如何使食物呈现得更加诱人呢？有以下几个拍摄技巧可供参考。

（1）使用慢动作和特写镜头。使用慢动作和特写镜头突出食物的细节和美味之处。

（2）展示制作过程。可以展示不同菜品的制作过程，让用户了解食材的选择和处理方法。

（3）展示品尝过程。在视频中展示食物的品尝过程，让用户了解食物的味道和口感。

3．产品为王，主推"爆款"菜品

美食餐饮店铺要有主推的"爆款"菜品，展现这个菜品的制作工艺、制作过程，以及相关的匠心故事、创新服务等，如东来顺具有选料精、糖蒜脆、调料香、火锅旺四大特点，就能迅速帮助店铺树立独特、差异化的品牌形象和口碑。

4．以奖励刺激用户参与

美食餐饮店铺要与用户互动，把用户变成短视频中的参与者，这既有利于裂变更多用户，也能提升用户体验，增强用户兴趣。店铺可以以各种奖励刺激用户参与，如"凡拍摄关于店铺菜品的短视频并带店铺位置发抖音，即可享受全场菜品9折优惠"，激励用户主动传播，为店铺带来更多自然流量。

5．借助美食"达人"宣传

美食"达人"是指那些对美食有浓厚兴趣和专业知识的人，他们活跃在各种美食类社交媒体上，拥有大量的粉丝。与他们合作，可以让美食餐饮店铺获得更多的曝光和关注。对于新开业或者有活动的餐饮店铺来说，与多个美食类"达人"账号合作，大量开展短视频营销宣传，无疑是一种极具潜力的策略。

借助美食"达人"之力进行短视频营销宣传，是美食餐饮店铺在激烈市场竞争中脱颖而出的有效策略。通过与美食"达人"的合作，美食餐饮店铺可以扩大宣传覆盖面，提升店铺知名度，吸引更多潜在用户前来消费。

6．团购引流获客

团购可以提高销量，吸引更多用户。首先，团购的价格通常比普通价格更优惠，用户会更愿意购买。其次，团购可以增加品牌曝光率。在抖音短视频平台上，美食餐饮店铺可以通过开展团购活动来吸引更多的用户，提高销量和知名度。短视频中可以展示团购产品的外观和口感，以及团购活动的具体细节，如价格、起止时间等。

很多人刷抖音的时候经常能刷到美食餐饮店铺，它们还往往都是家附近的店铺，其低至3～8折的优惠套餐非常有吸引力，而且这种优惠信息往往会在亲朋好友之间迅速传播。

7．做直播线上线下联动

2023年上半年，多个餐饮品牌在抖音生活服务平台高频开展直播，交易额屡破高峰。据抖音生活服务平台官方报道，茶饮和火锅领域均产生了直播销售额破亿元的品牌；在直播间的互动上，各品牌也尝试了生日派对、音乐会、海边场景化直播等形式。

直播具有真实性，烧烤、火锅、海鲜就特别适合以这种方式销售，如直播"爆炒小龙虾""炭烧铁板大肥蚝""活烧鲍鱼"等。直播还有个好处，就是能把餐饮店铺的一些特别的制作工艺和培训场景展现出来，让其产品和服务更好地传播出去。

7.3.3 全聚德烤鸭店案例分析

2023年全聚德已经成为抖音上最热门的餐饮老字号之一，搜索量达3.5亿次。不仅流量高，全聚德的销量也不错。其在抖音的第一场直播的前10分钟就卖了10万元，直播带货累计销量超600万元。更重要的是全聚德的核销率较高，最高在75%左右。

全聚德是怎样利用抖音开展短视频营销的？其有哪些值得借鉴的方法？下面将一一介绍。

1. 用矩阵账号打造IP，传递品牌信息

全聚德在抖音平台开通了多个矩阵账号，进行差异化运营，如图7-15所示。官方账号"中国全聚德集团"发布的内容以活动介绍、产品讲解、福利放送为主；账号"全聚德星厨甄选"的重点则放在营销和引流上，其发布的短视频以剧情和动漫等内容为主导，如图7-16所示。

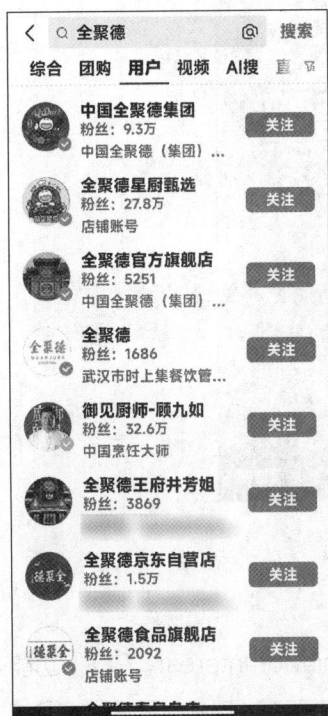

图7-15 开通多个矩阵账号

图7-16 全聚德星厨甄选

"萌宝星厨"是全聚德的全新IP形象，其中"萌宝鸭"代表品牌，而"星厨"则是来自全聚德集团各品牌的优秀年轻厨师。这个账号采用"线上视频+直播""线下巡演+教学"的形式，通过动画的方式讲述与烤鸭等美食相关的故事，画风偏二次元，内容则以科普性的故事为主，更新频率稳定。这种形式旨在吸引年轻用户，让他们更容易理解其品牌文化和传统。

2. 策划"线上＋线下"联动活动，带动千万精准流量

作为老字号，全聚德的优势是品牌知名度高，线下业务稳定，但曝光和流量增长相对困难。线上流量庞大，每隔一段时间全聚德都会策划一场"线上+线下"的大型联动活动。

2022年店庆期间，全聚德在抖音上发起话题"百年挂炉烤鸭吃出新花样"，如图7-17所示。他们先邀请十余位美食"达人"到全聚德探店。在线下，全聚德则把烤鸭吃出了新花样，打破了人们对烤鸭的"刻板印象"。烤鸭不仅能卷葱和黄瓜，还能卷水果、麻薯和香菜；外皮不一定是荷叶饼，还能是奥利奥和苏打饼干、玉米片。这样一方面可以让用户拥有全新的美食体验，呼应了话题"百年挂炉烤鸭吃出新花样"；另一方面新潮、有趣的吃法会刺激用户在社交平台主动分享、打卡，带动二次裂变及转化。

3天活动下来，"百年挂炉烤鸭吃出新花样"话题搜索量过千万，与话题相关的短视频播放量超过400万，销售额超过100万元，线上的直播和营销为全聚德带来了不少本地的年轻客人。

图7-17　话题"百年挂炉烤鸭吃出新花样"

3. 重视 POI 功能，既能获客还能做转化

与很多美食餐饮店铺强调直播带货不同，全聚德重视兴趣点（Point of Interest，POI）功能。抖音、快手和视频号等平台已经具备POI功能，即展示关于位置的信息聚合，用户在抖音上通过点击短视频中的位置信息即可看到该位置的团购服务、商品信息、用户评价、相关短视频和图片等，如图7-18所示。POI功能帮助全聚德烤鸭店获得了较大的流量入口和潜在的营销机会。

POI功能可以让企业获得独家专享的唯一地址，呈现方式就是抖音视频中的定位图标。简单来说，POI功能对于美食餐饮商家的营销价值在于，其帮助商家建立起了线下门店与线上用户直接互动沟通的桥梁，提升了转化效率，能有效为线下门店导流。

图7-18　全聚德POI

4．使用"团购＋直播"模式

全聚德作为老字号，对抖音的定位仍然是以宣传为主，期待借此触达更多年轻群体。除此之外，他们也在尝试使用"团购＋直播"模式，实现销售转化。全聚德第一次在抖音做团购"带货"是在2022年3月，为了拓展用户，全聚德第一次把整桌烤鸭搬进抖音直播间，进行卖货，直播效果远超预期，前10分钟销售额就超过10万元，前3天GMV就达到了100万元。

7.4　萌宠类短视频营销案例分析

近年来，随着短视频平台的兴起，短视频已经成为一种流行的营销方式，而其中与宠物相关的短视频尤其受到用户的喜爱。

> **课堂讨论**
>
> 在短视频平台找到几个萌宠类短视频账号，分析其短视频是如何营销的，采用了哪些营销策略。

7.4.1　萌宠类短视频营销概况

随着短视频平台的兴起，萌宠行业也纷纷进军短视频领域。许多宠物品牌、宠物用品商家、宠物医院等纷纷通过短视频平台进行品牌推广和产品宣传。同时，萌宠类短视频营销也逐渐成为相关品牌的一种重要营销手段。通过在短视频中植入广告、品牌宣传语等，萌宠类短视频不仅能够吸引更多的用户关注，还能够提升品牌知名度和美誉度。

《2022年中国宠物行业白皮书》显示，中国城镇宠物（犬、猫）主人数超过了7043万人，同比增长2.9%。

1. 宠物经济相关产业规模逐渐扩大

随着养宠家庭的逐年增多，宠物经济相关产业正蓬勃发展，展现出不可忽视的"它力量"。艾媒数据中心预测，至2025年中国宠物市场规模有望突破8000亿元。

在抖音等短视频平台中，萌宠类话题一直有着很高的关注度，用户对宠物用品的需求也越来越高，宠物用品逐渐成为抖音中销售的重要品类之一。从销售热度来看，2022年宠物用品与2021年相比增长了3.7倍。宠物用品在"双11"等大促节点对销售表现的带动十分明显，抖音已成为宠物头部品牌的重要销售阵地。

2. 行业品牌竞争加剧

2022年，TOP10品牌销售集中度由2021年的26%下降至23%，TOP50品牌更替率高达45%，头部宠物品牌竞争越发激烈。但值得关注的是，TOP10品牌销量在抖音增长十分明显。

3. 女性用户是主要客群

抖音宠物市场以女性客群为主，但可以看到，男性群体占比正逐渐攀升，已超过30%。从年龄与地域分布来看，用户主要以有较高消费能力的客群为主。

4. "抖 in 萌宠"计划助力行业发展

"抖in萌宠计划"联合亚洲宠物展览会和宠物行业头部品牌网易天成、喜跃、耐威克、麦德氏共同推出"夏日萌友季"主题活动，活动整体曝光量超20亿。活动期间，抖音电商宠物行业全域增长46%，四大品牌GMV平均增幅超109%，"抖in萌宠计划"成为商家声量、销量双丰收的杰出营销样本。

7.4.2 萌宠类短视频营销策略

随着互联网的普及和网络视频的迅猛发展，萌宠类短视频营销对于宠物行业而言已经成为不可忽视的一股力量。这些短视频通过展示可爱、逗趣的宠物形象，吸引了大批用户，同时也为萌宠行业带来了巨大的商业价值。

7-3 萌宠类
短视频营销策略

1. 萌宠类短视频的形式和题材

萌宠类短视频主要分为以下几种形式和题材。

（1）日常记录。这种形式主要是记录宠物日常生活中的点滴趣事，如吃饭、玩耍、睡觉等。

（2）情感表达。这种形式主要是通过宠物与主人之间的亲密互动来传递情感，如表达爱意、撒娇等。

（3）技能展示。这种形式主要是展示宠物的各种才艺表演，如杂技、舞蹈、唱歌等。

（4）互动游戏。这种形式主要是通过让宠物与主人或其他宠物进行互动游戏来展现宠物的可爱和聪明，如智力拼图、寻宝游戏等。

2．展示宠物的各种萌态

萌宠类短视频的主要特点是可爱、逗趣、温馨，通过展示宠物的各种萌态，吸引用户的注意力，宠物的萌态如图7-19所示。在创作短视频时，可以结合宠物的特点，创作一些有趣、有故事性的内容。这些短视频通常由宠物主人或专业摄影师拍摄，以高清画质和精美的后期制作呈现出宠物的可爱之处。同时，这些短视频也注重使用户产生情感共鸣，通过讲述宠物与主人的故事，传递出温暖、关爱和陪伴的情感价值。

图7-19　宠物的萌态

> **提示与技巧**
>
> 但是现在萌宠类短视频泛滥，短视频内容大同小异，因此要想在一众萌宠类短视频中脱颖而出，就必须发掘自身特色。同样，萌宠类短视频的软广告植入也需要找到自己的特点。

3．"实拍＋配音＋字幕"视频结构

"实拍＋配音＋字幕"视频结构让萌宠类短视频更具观赏性和故事性，如图7-20所示。这种结构不仅还原了宠物的真实生活，也为主人与宠物之间的互动赋予了更深的意义。它让用户仿佛置身其中，感受到了宠物们的喜怒哀乐，也更加理解了它们的行为。

实拍是萌宠类短视频的基础。它捕捉到了宠物真实的生活瞬间，展示了它们活泼可爱的特性。在镜头下，宠物奔跑、跳跃、撒娇、安静，每一个动作、每一个表情，都充满了生命的活力和乐趣。

配音是萌宠类短视频的点睛之笔。配音通常轻快活泼，配合主人的解说，为每一个镜头赋予了情感和意义。主人对宠物行为的分析、动作的讲解，不仅揭示了宠物的内心世界，也使画面感扑面而来。

字幕是使配音视觉化的重要工具。字幕不仅为配音提供了相应文字，更在视觉上增强了短视频的吸引力。字幕的字体、颜色、位置都经过精心设计，与短视频内容紧密结合，使整个短视频看起来更加和谐统一。

图7-20　"实拍＋配音＋字幕"视频结构

4．热点话题引爆活动

短视频平台发起了许多与萌宠有关的热点话题活动，抖音发起的萌宠话题活动如图7-21所示，其中最热门的话题播放量达5153.8亿次。这些活动不仅为用户提供了展示自己萌宠特长的机会，也为他们提供了分享与宠物互动的快乐时光的平台。

图7-21　抖音发起的萌宠话题活动

短视频平台上的萌宠热门话题活动涵盖了各种主题，包括但不限于宠物日常、宠物技能展示、宠物萌照评选等。用户可以通过拍摄和上传萌宠相关的短视频，与其他用户互动、分享自己的创意和热情。萌宠热门话题活动吸引了大量的用户关注和参与。许多用户通过拍摄和分享自己的萌宠视频，获得了大量的点赞、关注和互动。

5. 宠物直播

随着互联网的普及和直播行业的飞速发展，宠物直播已经成为新的潮流。宠物直播不仅在短视频领域红火，更在淘宝直播等平台上每天吸引着上百万人观看。越来越多的萌宠开始进军宠物直播领域，展现出惊人的魅力和影响力。在消费规模居头部的宠物直播商家中，宠物生活服务、宠物食品、宠物诊疗三大赛道较为突出。这些赛道不仅满足了人们对于宠物的各种需求，也展现出了巨大的市场潜力。

直播中，商家通过展示宠物的饮食变化和健康状况，向用户传递正确的宠物食品选择和喂养知识。同时，商家也会通过现场试吃和互动，让用户直观地了解不同品牌和口味的宠物食品的差异，从而做出更明智的购买决策。

7.4.3　"王泡芙"案例分析

"王泡芙"最早是在2019年年初开始出现在短视频平台上的，主要是由泡芙的女主人用Vlog的形式记录她和泡芙的生活，如给泡芙洗澡、做美食，带它去上班、出去玩。泡芙也因可爱的外表和精致的生活被誉为"猫中白富美"，可谓是宠物界"顶流"之一。

1. "精致猫猫生活 + 治愈配音解说"的风格

2019年年初，"王泡芙"还停留在发布"朋友圈式"的内容，其发布的内容多为可爱日常片段。3个月以后，短视频开始有主题和配音，逐渐形成"精致猫猫生活+治愈配音解说"的风格，泡芙吃夜宵、打疫苗、收到生日礼物戒指等短视频，均获得了数十万点赞，账号也积攒起了第一波流量。

2. 形象鲜明

"王泡芙"的账号内容是以猫咪的日常生活为中心展开的，如图7-22所示，通过泡芙与人的互动，展现了泡芙的可爱，吸引了众多年轻粉丝的关注。关注"王泡芙"的粉丝并不完全是养宠一族，还有因为种种原因无法拥有自己宠物的"云养宠"用户，他们把泡芙当成自己的宠物，每日和它进行着友好互动，这大大提高了账号的粉丝活跃度。

图7-22　"王泡芙"的账号内容

3. 多种变现方式

精致"猫中白富美"的生活方式，让"王泡芙"受到了不少品牌方的青睐。作为宠物"达人"，"王泡芙"合作的品牌十分多元，不仅有"专业对口"的宠物用品，还有家电、家居、珠宝、银行、电商App、手机等。除了接品牌广告，"王泡芙"还通过直播"带货"、知识付费、直播打赏和创作者激励计划，获得商业化收入。

2022年11月3日，"王泡芙"在快手开启回归后的直播首秀，和粉丝在线连麦互动，还和泡芙的"男朋友"连麦直播，网友们直呼太可爱了，如图7-23所示。不到半小时，"王泡芙"直播间便拿下河南榜第一名。11月6日，账号再次进行了分享泡芙日常生活的直播。据快手官方数据，这两场直播的单场场观人次均超过500万，累计涨粉超过10万。

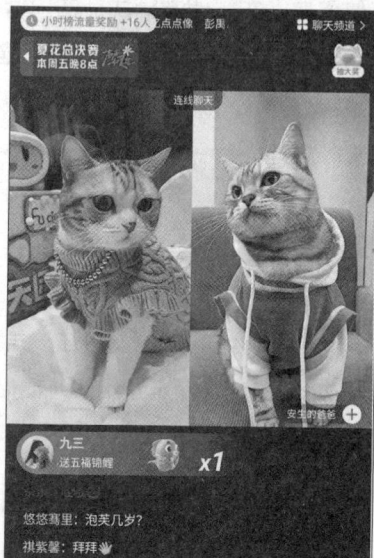

图7-23 "王泡芙"直播间

4．将品牌产品植入视频

在萌宠类短视频中，将宠物与品牌产品巧妙地结合是一种非常有效的策略。通过展示宠物的日常生活，"王泡芙"将品牌产品的形象融入其中，从而让用户在欣赏泡芙可爱姿态的同时，也能记住品牌产品，如图7-24所示。例如，选择一些具有代表性的宠物食品、宠物用品和宠物医疗产品，并在短视频中展示它们的优点和使用效果，以此吸引用户的注意力。

图7-24 将软广告植入短视频

> **提示与技巧**
>
> 虽然通过萌宠类短视频植入软广告是一种有效的手段，但也要注意不要过度商业化。在推广过程中，需要保持品牌的形象和价值观，避免让用户产生厌倦或不满。可以通过一些有趣、有创意的方式来展示产品，而不是简单地推销产品。

思考与练习

一、填空题

1. 在抖音上，品牌方会通过_____、_____、_____、_____等形式开展短视频营销。

2. 目前，美妆行业短视频营销以_____、_____营销为主。

3. 抖音上的美食"达人"类账号众多，细化出_____、_____、_____、_____等类型。

4. 美食餐饮行业短视频营销主要有_____、_____、_____等类型。

二、单选题

1. （　　）账号主要是"达人"给用户介绍一些使用效果好的美妆产品，在自己使用后把使用心得分享给用户。

    A. "种草"类   B. 干货类

    C. Vlog分享   D. 美妆+剧情

2. 下面哪一项拍摄技巧不能使食物的呈现更加诱人？（　　）

    A. 使用慢动作和特写镜头   B. 使背景丰富

    C. 展示制作过程   D. 展示品尝过程

3. （　　）这种形式主要是记录宠物日常生活中的点滴趣事，如吃饭、玩耍、睡觉等。

    A. 情感表达   B. 技能展示   C. 日常记录   D. 互动游戏

4. （　　）是使配音视觉化的重要工具。

    A. 实拍   B. 配音   C. 剪辑   D. 字幕

三、思考题

1. 美妆行业短视频营销策略有哪些？

2. 旅游行业短视频营销策略有哪些？

3. 美食餐饮行业短视频营销策略有哪些？

4. 萌宠类短视频营销策略有哪些？

任务实训

　　美妆、旅游、美食餐饮和萌宠等领域由于各有特点，短视频营销任务也有所不同。下面我们将分别介绍这些领域的短视频营销任务实训，以帮助大家更好地理解如何进行有效的短视频营销。

一、实训要求

　　1. 了解美妆、旅游、美食餐饮和萌宠等领域的短视频营销概况。

　　2. 掌握美妆、旅游、美食餐饮和萌宠等领域的短视频营销策略。

　　3. 在短视频营销过程中，通过数据分析及时获取反馈并进行改进。

二、实训步骤

　　1. 确定目标受众。需要根据不同年龄、职业、消费能力等因素来确定美妆、旅游、美食餐饮和萌宠等不同领域短视频的目标受众，从而制定有针对性的营销策略。

　　2. 注重拍摄技巧。拍摄要注重角度的选择和画面的流畅性等方面，以呈现最佳的视觉效果；同时要注重对拍摄光线等的处理，以呈现最佳的视觉效果。

　　3. 内容策划。根据美妆、旅游、美食餐饮和萌宠等不同领域，确定短视频的内容策划和创意。

　　4. 营销推广。通过各大短视频平台发布和推广短视频，可以通过广告投放、与KOL合作、直播、参加话题活动等方式扩大传播范围，提高品牌知名度和销售额；同时还可以通过线下活动等方式吸引更多用户关注和互动。